省级精品课程教材

高职高专教育会计专业精品课程教材新系

21世纪新概念教材：多元整合型一体化系列

财务管理——原理、实务、案例、实训

训练手册

（第二版）

马元兴　孙作林　主　编

钭志斌　刘景忠　副主编

东北财经大学出版社
Dongbei University of Finance & Economics Press
大连

图书在版编目(CIP)数据

财务管理：原理、实务、案例、实训：训练手册 / 马元兴，孙作林主编．—2版．—大连：东北财经大学出版社，2016.5

（21世纪新概念教材：多元整合型一体化系列·高职高专教育会计专业精品课程教材新系）

ISBN 978-7-5654-2265-2

Ⅰ．财… Ⅱ．①马… ②孙… Ⅲ．财务管理-高等职业教育-教学参考资料 Ⅳ．F275

中国版本图书馆CIP数据核字(2016)第033210号

东北财经大学出版社出版
（大连市黑石礁尖山街217号 邮政编码 116025）
教学支持：（0411）84710309
营 销 部：（0411）84710711
总 编 室：（0411）84710523
网　　址：http：//www.dufep.cn
读者信箱：dufep@dufe.edu.cn

大连永盛印业有限公司印刷　　东北财经大学出版社发行

幅面尺寸：185mm×260mm　　字数：420千字　　印张：18 3/4

2016年5月第2版　　2016年5月第2次印刷

责任编辑：许景行　王　玲　李　栋　　责任校对：那　欣

封面设计：冀贵收　　版式设计：钟福建

定价：32.00元

第二版前言

《〈财务管理——原理、实务、案例、实训〉训练手册》自出版以来，以其新颖丰富、多样翔实的训练内容，加上师生共享的助学光盘，得到了全国高职高专院校财务会计类专业师生的广泛好评，满足了主教材学习、训练和参考的需要。

为了进一步提高“十三五”高等职业教育财务会计类专业人才培养水平，实现“坚持育人为本，德育为先”“强化能力培养，创新人才培养模式”“着重培育学生的主动精神和创造性思维”“把提高学生职业技能和培养职业精神高度融合”等新时期目标，我们对《〈财务管理——原理、实务、案例、实训〉训练手册》进行了修订。

本书第二版进一步完善了上一版的设计：将各章“客观题”（指“理论题”“实务题”“案例题”“实训题”）的习题数量分别压缩了1/4；各章“主观题”中的“理论题”和“实务题”数量压缩了1/3，“案例题”新设为“案例分析”“善恶研判”两种题型；“课业范例”增补了“善恶研判”的范例等。此外，本书第二版增加了各章节的“教学互动”专栏。

修订后的《〈财务管理——原理、实务、案例、实训〉训练手册》，通过内容提要与结构、重点与难点、主要公式、理论题、实务题、案例题、实训题、善恶研判、教学互动、课业范例、参考答案与提示等，突出了“问题思维”与“创新意识”，强化了职业道德教育，基本实现了“职业知识”“职业技能”“职业精神”的“三重培养”目标。

本书第二版由无锡商业职业技术学院马元兴和孙作林主编，钭志斌和刘景忠副主编。“附录”由东北财经大学出版社许景行编审撰写。

编者在本书修订过程中参阅了有关中外书籍，得到了有关领导、专家的支持，在此一并表示衷心的感谢!

马元兴

2016年1月

第一版前言

本书是《财务管理——原理、实务、案例、实训》的配套练习手册。与侧重财务管理课程“教学环节”的主教材不同，本书侧重财务管理课程的“训练环节”，其各章内容包括“预习要览”“客观题”“主观题”“实训资料”“课业范例”“参考答案与提示”，书后附有“综合训练”，“职业核心能力强化训练‘知识准备’参照范围”，“案例分析、职业核心能力和职业道德训练与考核参照规范”两个“附录”和助学光盘。

“预习要览”是指学生在使用本手册进行训练之前，先行预习的主要教学内容，包括“内容提要与结构”“重点与难点”“主要公式”。

“客观题”涵盖“单元训练”和“综合训练”的全部“自测题”，全面充分地练习这些类型多样、数量足够的习题，可以巩固和强化各章“教学环节”的知识建构，并为学生通过助学光盘进行自我测试与考核，乃至进行“主观题”训练提供必要准备。其中：“理论题”的功能是通过训练，强化学生对“是什么”的概念或观念的记忆，这种记忆的强化是了解“做什么”和“怎么做”的前提条件；“实务题”的功能是通过训练，强化学生对“做什么”和“怎么做”的操作规则的记忆，记住并强化这些规则建构，旨在克服学生实训操练时对专业规范的盲目性；“案例题”的功能是通过训练，强化学生对“主要观念”的记忆，记住并强化这些“主要观念”建构，是学生在主教材“主观题”的“案例分析题”中运用“主要观念”分析问题和制定决策的前提和基础；“实训题”的功能是通过训练，强化学生对“职业核心知识”“职业核心能力”的“考核指标与标准”和“职业道德”规范的记忆，记住并强化这些知识、标准与规范，旨在克服学生进行主教材要求的实训操练时对“职业核心知识与规范”和“职业道德规范”的盲目性。

“主观题”以学生通过“客观题”对各章知识要点的记忆和掌握为前提，通过对各章教学内容的简要复述、深入解析和实际运用，全面培养其职业胜任力。与四大“教学环节”相对应的主观“操练题型”亦为“理论题”“实务题”“案例题”“实训题”。

“实训资料”与各章“单元训练”和“综合训练”中“主观题”的“实训题”相配套，为每章的“情境设计”提供了至少两组资料，供“实训组”在进行实训操练时选择。

“课业范例”为“单元训练”和“综合训练”的“案例分析课业”与“实训操练课业”展示了具体的示范参照，有助于化解学生完成相关课业的难点。

“参考答案与提示”收入“客观题”“主观题”“实训资料”相关题型的“参考答案与提示”，旨在帮助学生查证其各项训练任务完成结果的对错。

“职业核心能力强化训练‘知识准备’参照范围”系参照中华人民共和国劳动和社会保障部职业技能鉴定中心的《职业核心能力标准》编制，其范围是针对操练影响学生职业发展后劲的那些能力圈定的，任课教师的“指导准备”和学生的相关操练均可按图索骥。

“案例分析、职业核心能力和职业道德训练与考核参照规范”参照行业标准编制，为本课程的学生训练与考核提供了可以参照的规范与标准。

助学光盘内含“‘自测/考核’系统”，其范围涉及本手册的全部“客观题”。使用建议：对学生进行“客观题”考核前，应要求学生预习本手册中相关范围的“客观题”各题型习题，并利用本系统进行必要的自我测试；“客观题”的“单元考核”和“期末考核”均可通过助学光盘的“考核系统”进行，考核结束可自动输出学生的“考核成绩单”。

本书由无锡商业职业技术学院的马元兴和孙作林任主编，丽水职业技术学院的钭志斌和山东淄博职业学院的刘景忠任副主编。具体分工如下：马元兴编写第1章，孙作林编写第2章并负责第3、4、7章初稿的修改，钭志斌编写第5、6两章，刘景忠编写第3、4两章初稿，山东淄博职业学院的于艳编写第7章初稿，许景行编写书后的两个“附录”。全书由马元兴总体设计和总纂定稿。

本书在编写过程中参阅了有关中外书籍，得到了有关领导、专家的支持，在此一并表示衷心的感谢!

尽管我们付出了不懈的努力，但由于水平有限，问题与不足之处在所难免，恳请广大读者批评指正。

马元兴

2012年3月

目　录

第 1 章 财务管理基础

1.1 预习要览

1.1.1 内容提要与结构

1）内容提要

●本章从介绍财务活动开始，说明财务活动包括筹资活动、投资活动、资金营运活动和分配活动等四部分内容。在财务活动中与有关各方所发生的经济利益关系称为财务关系，财务关系的核心是经济利益关系。企业在经营中客观存在的财务活动和财务关系催生财务管理，财务管理是组织资金运动、处理财务关系的一项综合性管理工作。财务管理的内容是筹资管理、投资管理、资金营运管理和收益分配管理，财务管理的目标是追求企业价值最大化。在企业财务管理中要面对复杂的内外部环境，包括经济环境、法律环境和金融环境。财务管理工作者必须熟悉环境，发挥财务管理的作用。实现财务管理目标，完成财务管理任务必须运用科学的财务管理方法。财务管理方法包括财务预测方法、财务决策方法、财务预算方法、财务控制方法和财务分析方法。学习财务管理还必须了解财务管理体制，即财务管理职权、财务管理组织形式和财务管理制度。通过以上学习对财务管理的内容、财务管理的目标、财务管理的环境和财务管理的方法有一个总体印象。

●货币时间价值和风险与报酬，是现代财务管理的两个基本观念。企业财务活动的开展、财务关系的处理、财务管理目标的实现等，都建立在这两个观念的基础上。货币时间价值是指货币在不同的时点上是不等价的，现代财务管理离不开货币时间价值。掌握财务管理首先应掌握货币时间价值的计算，重点应掌握复利现值、复利终值、年金现值、年金终值的计算。财务管理也离不开风险与报酬，对经营风险、财务风险，风险的衡量，风险与报酬的关系要有充分的认识。

2）内容结构

本章内容结构如图 1-1 所示。

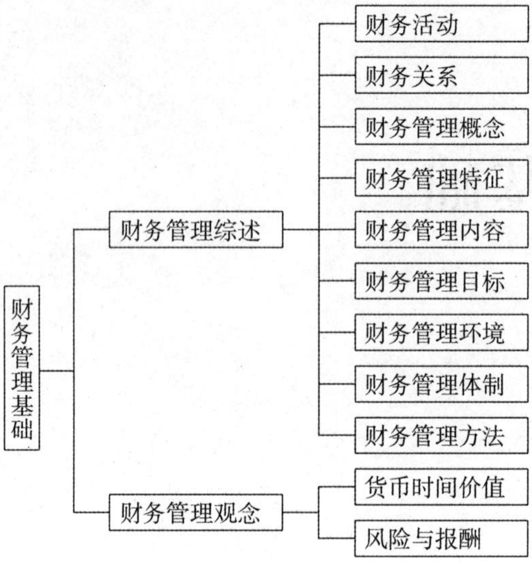

图 1-1　本章内容结构

3）主要概念和观念

（1）主要概念

财务管理　财务活动　财务关系　财务预测　财务决策　财务计划　财务控制　财务分析　财务管理环境　财务管理目标　货币时间价值　单利计算法　复利计算法　复利终值　复利现值　年金　普通年金　永续年金　经营风险　财务风险　风险的衡量　风险与报酬

（2）主要观念

财务活动　财务关系　财务管理特征　财务管理内容　财务管理目标　财务管理环境　货币时间价值　风险与报酬

1.1.2　重点与难点

1）重点理论

财务关系　财务管理特征　财务管理内容　财务管理目标　财务管理环境

2）重点实务

财务管理的方法与流程　资金时间价值的计算评价　风险收益的计算评价　风险控制对策　相关“业务链接”

3）重点操作

货币时间价值的计算　用货币时间价值评判投资方案优劣　风险与收益的计算衡量

4）难点

财务管理目标　财务管理环境　资金时间价值的计算评价　风险收益的计算评价和风险控制对策

1.1.3　主要公式

1）单利利息的计算公式

$I=P\times i\times n$

2）单利终值的计算公式

$S=P+P\times i\times n$

3）单利现值的计算公式

$P=S-I=\frac{S}{1+n\times i}$

4）复利终值的计算公式

$S=P\times(1+i)^{n}$

5）复利现值的计算公式

$P=S\times(1+i)^{-n}$

6）普通年金终值的计算公式

$S=A\times\frac{(1+i)^{n}-1}{i}=A\times(S/A,\ i,\ n)$

7）偿债基金的计算公式

$A=S\times\frac{i}{(1+i)^{n}-1}$

8）普通年金现值的计算公式

$P=A\times\frac{1-(1+i)^{-n}}{i}=A\times(P/A,\ i,\ n)$

9）预付年金终值的计算公式

$S=A\times\left[\frac{(1+i)^{n+1}-1}{i}-1\right]$

10）预付年金现值的计算公式

$P=A\times\left[\frac{1-(1+i)^{-(n-1)}}{i}+1\right]$

11）递延年金终值的计算公式

$F=A\times(F/A,\ i,\ n)$

递延年金的终值计算与普通年金的终值计算一样，只是要注意期数。

式中，“n”表示的是A的个数，与递延期无关。

12）递延年金现值的计算公式

$P_0=A\times(P/A,\ i,\ n)\times(P/F,\ i,\ m)$

$P_0=A\times[(P/A,\ i,\ m+n)-(P/A,\ i,\ m)]$

13）永续年金现值的计算公式

$P=\frac{A}{i}$

14）期望值的计算公式

$\bar{E}=\sum_{i=1}^{n}P_iX_i$

15）标准离差的计算公式

$$\delta = \sqrt{\sum_{i=1}^{n} P_i (X_i - \bar{E})^2}$$

16）标准离差率的计算公式

$$q=\frac{\delta}{\bar{E}}$$

17）期望投资报酬率的计算公式

期望投资报酬率=时间价值+风险报酬率

18）风险报酬率的计算公式

风险报酬率=风险报酬斜率×风险程度

1.2 客观题

1.2.1 理论题

1）单项选择题

（1）企业支付股利属于由（　　）引起的财务活动。

A.投资　　B.分配

C.筹资　　D.资金营运

（2）财务管理以（　　）为财务管理的目标。

A.利润最大化　　B.每股收益最大化

C.企业价值最大化　　D.收入最大化

（3）下列各项中（　　）会引起企业财务风险。

A.举债经营　　B.生产组织不合理

C.销售决策失误　　D.新材料出现

（4）以下不属于企业财务管理内容的是（　　）。

A.投资决策　　B.筹资决策

C.人事任免决策　　D.股利分配决策

（5）财务管理的基本特征区别于企业其他管理，在于它是一种（　　）。

A.物资管理　　B.价值管理

C.全面管理　　D.现代管理

（6）（　　）是指一定时间内每期期末等额收付的系列款项。

A.普通年金　　B.预付年金

C.递延年金　　D.永续年金

2）多项选择题

（1）财务关系是指企业组织财务活动过程中与有关各方所发生的经济利益关系，包括（　　）之间的关系。

A.企业与政府　　B.企业与职工

C.企业与供应商　　D.企业与客户

E.企业与投资者

（2）金融环境是企业最为主要的环境因素，财务管理的金融环境包括（　　）。

A.金融机构　　B.金融市场

C.税收法规　　D.金融工具

E.证券市场

（3）下列属于财务管理的特征的是（　　）。

A.财务管理与企业各方面联系较少

B.财务管理的基本特征是价值管理

C.财务管理与企业各方面具有广泛的联系

D.财务管理是一项综合性管理

E.财务管理是单一价值管理

（4）在财务管理中，经常用来衡量风险大小的指标有（　　）。

A.标准离差　　B.边际成本

C.风险报酬率　　D.标准离差率

E.无风险报酬率

（5）以企业价值最大化为理财目标的优点是（　　）。

A.考虑了资金的时间价值和风险价值

B.有利于社会资源的合理配置

C.有利于克服管理上的短期行为

D.反映了对资产保值增值的要求

E.会追求短期利益

（6）下列关于货币时间价值的表述正确的是（　　）。

A.货币经过一定时间的投资而增加的价值

B.货币经过一定时间的投资和再投资所增加的价值

C.现在的一元钱和一年后的一元钱的经济价值不相等

D.没有考虑风险和通货膨胀条件下的社会平均资金利润率

E.考虑风险和通货膨胀条件下的社会平均资金利润率

3）判断题

（1）每半年付息一次的债券利息是一种年金的形式。（　　）

（2）普通年金是指从第一期起，在一定时期内每期等额发生的系列收付款项。（　　）

（3）利率不仅包含时间价值，也包含风险价值和通货膨胀补偿率。（　　）

（4）企业所有者、经营者在财务管理工作中的目标是完全一致的，所以他们之间没有任何利益冲突。（　　）

（5）在本金和利率相同的情况下，若只有一个计息期，单利终值与复利终值是相同的。（　　）

（6）复利计算法是指将每一期利息分别滚入下期连同本金一起计算利息的方法。（　　）

1.2.2 实务题

1）单项选择题

（1）财务管理方法不包括（　　）。

A.财务预测方法　　B.财务核算方法

C.财务预算方法　　D.财务控制方法

（2）预付年金终值系数可以表示为（　　）。

A.（A/S，i，n）　　B.[（P/A，i，n-1）+1]

C.[（S/A，i，n+1）-1]　　D.$(1+i)^n$

（3）减少风险常用的方法有（　　）。

A.放弃可能明显导致亏损的投资项目　　B.及时与政府部门沟通获取政策信息

C.向保险公司投保　　D.有计划地计提资产减值准备

（4）某一项年金前3年没有流入，后5年每年年初流入4 000元，则该项年金的递延期是（　　）年。

A.4　　B.3

C.2　　D.1

（5）已知利率为10%的一期、两期、三期的复利现值系数分别是0.9091、0.8264、0.7513，则可以判断利率为10%、3年期的年金现值系数为（　　）。

A.2.5436　　B.2.4868

C.2.8550　　D.2.4342

（6）关于期望投资报酬率说法正确的有（　　）。

A.期望投资报酬率=风险报酬斜率×风险程度

B.期望投资报酬率=时间价值+风险报酬率

C.期望投资报酬率=风险报酬率

D.期望投资报酬率=时间价值

2）多项选择题

（1）下列说法正确的是（　　）。

A.普通年金终值系数和偿债基金系数互为倒数

B.复利终值系数和复利现值系数互为倒数

C.普通年金终值系数和普通年金现值系数互为倒数

D.普通年金现值系数和资本回收系数互为倒数

E.年金终值系数和复利现值系数互为倒数

（2）复利的计息期可以是（　　）。

A.一年　　B.月份

C.季度　　D.日

E.半年

（3）某项年金前3年没有流入，从第四年开始每年年末流入1 000元，共计4次，假设年利率为8%，则该递延年金现值的计算公式正确的是（　　）。

A.1 000×（P/A，8%，4）×（P/F，8%，4）

B.1 000×[（P/A，8%，8）-（P/A，8%，4）]

C.1 000×[（P/A，8%，7）-（P/A，8%，3）]

D.1 000×（F/A，8%，4）×（P/F，8%，7）

E.1 000×（F/A，8%，3）×（P/F，8%，7）

（4）β系数是衡量风险大小的重要指标，下列有关β系数的表述正确的有（　　）。

A.某股票的β系数等于0，说明该证券无风险

B.某股票的β系数等于1，说明该证券系统风险等于市场平均风险

C.某股票的β系数小于1，说明该证券系统风险小于市场平均风险

D.某股票的β系数大于1，说明该证券系统风险大于市场平均风险

E.某股票的β系数大于1，说明该证券系统风险小于市场平均风险

（5）下列表述正确的有（　　）。

A.在利率大于零，计息期一定的情况下，年金现值系数一定都大于1

B.在利率大于零，计息期一定的情况下，年金终值系数一定都大于1

C.在利率大于零，计息期一定的情况下，复利终值系数一定都大于1

D.在利率大于零，计息期一定的情况下，复利现值系数一定都小于1

E.在利率大于零，计息期一定的情况下，复利现值系数一定都等于1

（6）某人向银行借入一笔款项，银行贷款的年利率为8%，每年复利一次。银行规定前5年不用还本付息，但第6年开始至第10年，每年年末等额偿还3 000元，以下求现值公式正确的有（　　）。

A.P=3 000×（P/A，8%，5）×（P/F，8%，5）

B.P=3 000×（P/A，8%，6）×（P/F，8%，4）

C.P=3 000×[（P/A，8%，10）-（P/A，8%，5）]

D.P=3 000×[（P/A，8%，10）-（P/F，8%，4）]

E.P=3 000×[（P/A，8%，10）-（P/F，8%，3）]

3）混合选择题

（1）下列各项中，代表即付年金现值系数的是（　　）。

A.[（P/A，i，n+1）+1]　　B.[（P/A，i，n+1）-1]

C.[（P/A，i，n-1）-1]　　D.[（P/A，i，n-1）+1]

（2）利息计算方法有（　　）。

A.复利计息法　　B.单利计息法

C.趋势分析法　　D.比率分析法

E.综合分析法

（3）在利率和计算期相同的条件下，以下公式正确的是（　　）。

A.复利终值系数×复利现值系数=1

B.普通年金终值系数×普通年金现值系数=1

C.普通年金终值系数×偿债基金系数=1

D.普通年金现值系数×投资回收系数=1

E.预付年金终值系数×预付年金现值系数=1

(4) 某人拟进行一项投资，投资额为2 000元，该项投资每半年可以给投资者带来50元的收益，则该项投资的年实际报酬率为（　）。

A.4%　　B.5.06%

C.6%　　D.5%

(5) 规避风险常用的方法有（　）。

A.在开发新产品前，充分进行市场调研

B.拒绝与不守信用的厂商进行业务往来

C.进行准确的预测

D.及时与政府部门沟通获取政策信息

(6) 在利率一定的条件下，随着预期使用年限的增加，下列表述不正确的是（　）。

A.复利现值系数变大　　B.复利终值系数变小

C.复利终值系数变大　　D.复利现值系数变小

E.复利现值系数不变

4）判断题

(1) 方差和标准离差两个指标适用于任何决策方案的风险程度的比较。（　）

(2) 在利率和计算期相同的条件下，普通年金终值系数和预付年金终值系数相差一个（1+i）。（　）

(3) 已知（F/P，5%，5）=1.2763，则由此可以算出（P/A，5%，5）=4.3297。（　）

(4) 普通年金现值是一系列复利现值之和。（　）

(5) 如果年复利期数大于1，则实际利率大于名义利率。（　）

(6) 永续年金无终值。（　）

1.2.3 案例题

企业财务管理指标体系

图1-2是一张股份制企业的财务管理指标体系图，请你认真阅读后回答下列问题：

1）根据企业的资本状况，确定企业财务管理目标主要依据（　）。

A.企业的发展　　B.销售预测

C.利润预测　　D.每股收益

E.资本预算

2）编制预计资产负债表的主要目的是（　）。

A.销售预测　　B.目标利润

C.资金供求与筹资计划　　D.每股收益

3）筹集股权资本除从外部筹集外，还可以从（　）筹集。

A.内部　　B.每股股利

C.普通股　　D.每股收益

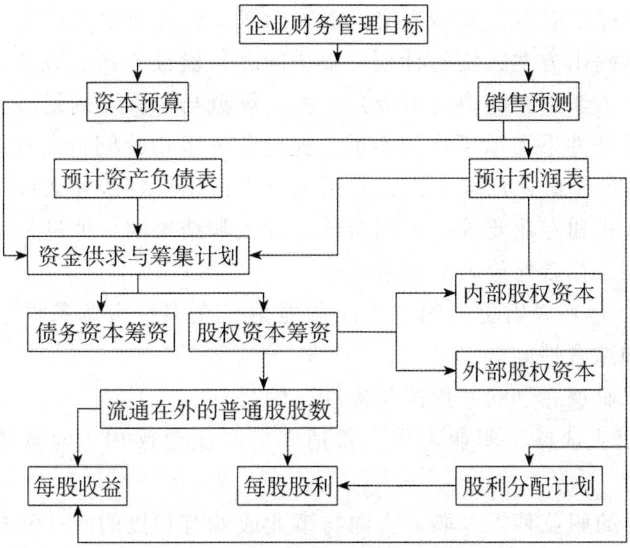

图1-2 股份制企业财务管理指标体系图

4）持有流通在外的普通股的股民最关心企业的（ ）。

A.预计利润 B.股利分配

C.每股股利 D.每股收益

5）企业经营者在确定企业财务管理目标时最关键的指标是（ ）。

A.预计利润 B.预计资产

C.每股股利 D.每股收益

1.2.4 实训题

就“职业道德”相关领域的“规范与标准”，“职业核心能力”和“专业能力”各技能点的“规范与标准”（参见“操练题”的“能力与道德领域”），以及“职业核心能力强化训练‘知识准备’参照范围”（参见“附录一”），在下列题目中填入正确的选项：

1）单项选择题

（1）“自我学习能力（中级）”的“基本要求”是（ ）。

A.具备学习的基本能力，在常规条件下能运用这些能力适应工作和学习要求

B.具备学习的超强能力，在特殊条件下能运用这些能力适应工作和学习要求

C.能较熟练灵活地运用各种学习方法在最短时间内掌握急需的知识信息；能广泛地搜集、整理、开发和运用信息，善于学习、接受新的事物，以适应复杂工作和终身发展的要求

D.主要用理解式接受法，对有兴趣的任务可以用发现法掌握知识信息；在更广泛的工作范围内灵活运用这些能力以适应工作岗位各方面的需要

（2）“解决问题能力（中级）”包括的技能点是（ ）。

A.分析问题、提出问题，实施计划、解决问题，验证方案、改进计划

B.分析问题、提出方案，实施计划、解决问题，验证方案、改进方式

C.分析问题、提出对策，实施方案、解决问题，验证方案、改进计划

D.分析问题、提出方案，实施计划、解决问题，验证方案、改进计划

（3）不属于“革新创新能力（中级）”的“规范与标准”的是（　　）。

A.能在新需求条件下揭示事物的不足，提出改进事物的创新点和具体方案

B.能从多种选择中确认最佳方案，并利用外界信息、资源和条件开展创新活动

C.能按常规方式和专业要求，对创新改进方法和结果的价值进行评估，根据实际条件进行调整，并指导他人的创新活动

D.在工作岗位上表现出更强的解决问题能力，在多种资源条件下，根据工作需要解决复杂和综合性问题

（4）属于“职业观念”的“规范与标准”的是（　　）。

A.对职业、职业选择、职业工作、营销人员职业道德和企业营销伦理等问题具有正确的看法

B.对将要从事的职业种类、职业方向与事业成就有积极的向往和执着的追求

C.在履行职业义务时具有强烈的道德责任感和较高的自我评价能力

D.在职业模拟、职业实践或职业生活的自觉行动中，具有体现职业道德内涵的一贯表现

（5）属于“职业理想”的“规范与标准”的是（　　）。

A.对职业或职业模拟有愉快的主观体验、稳定的情绪表现、健康的心态、良好的心境，具有强烈的职业认同感、职业荣誉感和职业敬业感

B.对将要从事的职业种类、职业方向与事业成就有积极的向往和执着的追求

C.在履行职业义务时具有强烈的道德责任感和较高的自我评价能力

D.在职业模拟、职业实践或职业生活的自觉行动中，具有体现职业道德内涵的一贯表现

（6）属于“职业态度”的“规范与标准”的是（　　）。

A.在履行职业义务时具有强烈的道德责任感和较高的自我评价能力

B.在职业模拟、职业实践或职业生活的自觉行动中，具有体现职业道德内涵的一贯表现

C.对职业选择或模拟选择有充分的认知和积极的倾向与行动

D.对将要从事的职业种类、职业方向与事业成就有积极的向往和执着的追求

2）多项选择题

（1）“财务管理基础”这一“专业能力领域”包括的技能点有（　　）。

A.撰写《企业财务管理认知调研报告》的技能

B.资金时间价值计算评价技能

C.风险与收益计算评价技能

D.撰写《资金时间价值计算评价实训报告》的技能

E.撰写《风险与收益计算评价实训报告》的技能

（2）“撰写《企业财务管理认知调研报告》”的“规范与标准”有（　　）。

A.能简明扼要介绍企业的概况

B.能正确描述财务部门的职责和财务管理人员配备
C.能详细介绍企业财务经理的岗位职责
D.能简要评价理财环境对该企业财务管理的影响
E.能分析说明企业对财务管理人员的岗位素能要求
(3)“资金时间价值计算评价技能”的“规范与标准”有( )。
A.能正确掌握资金时间价值、单利、复利、年金等概念
B.能正确掌握单利条件下终值和现值的概念与计算
C.能正确掌握复利条件下终值和现值的概念与计算
D.能正确掌握年金条件下终值和现值的概念与计算
E.能正确区分和计算普通年金、预付年金、递延年金、永续年金
(4)“撰写《资金时间价值计算评价实训报告》”的“规范与标准”有( )。
A.能合理设计《资金时间价值计算评价实训报告》的结构,且层次较分明
B.能正确计算银行存款、购买国债和经营商品的获利情况
C.能较规范地撰写《资金时间价值计算评价实训报告》
D.能如实地填写实训班级、小组、成员名称,实训时间、地点
E.能运用较规范的文字如实地描述实训目的、实训步骤、实训感言等
(5)“风险与收益计算评价”的“规范与标准”有( )。
A.能正确掌握风险、概率分布、期望值、标准离差、标准离差率和报酬等概念
B.能正确计算期望值
C.能正确计算标准离差
D.能正确计算标准离差率
E.能正确计算期望投资报酬率并进行评价
(6)撰写《风险与收益计算评价实训报告》的“规范与标准”有( )。
A.能合理设计《风险与收益计算评价实训报告》的结构,且层次较分明
B.能正确计算期望值、标准离差和标准离差率
C.能引入风险报酬系数,正确计算风险报酬率
D.能如实地填写实训班级、小组、成员名称,实训时间、地点
E.能运用较规范的文字如实地描述实训目的、实训步骤、实训感言等

1.3 主观题

1.3.1 理论题

1)简答题
(1)简述财务管理的总目标与具体目标。
(2)简述财务管理的内容。
(3)简述货币时间价值的作用。
2)理解题
(1)财务活动与财务关系的联系。

（2）财务管理目标与财务管理环境的关系。

（3）风险与报酬的关系。

1.3.2 实务题

1）规则复习

（1）货币时间价值的计算有哪些方法？其计算公式如何？

（2）普通年金终值和现值的计算公式是什么？

（3）衡量风险的指标有哪些？其计算公式如何？

2）业务解析

（1）比较资产风险衡量指标标准离差和标准离差率的不同。

（2）理解复利终值和复利现值的关系。

（3）分析普通年金终值系数、普通年金现值系数和预付年金终值系数、预付年金现值系数的关系。

1.3.3 案例题

1）案例分析

合理推迟税款缴纳时间

背景与情境：

（1）公司背景。盛大计算机软件开发公司是一家私营企业，公司成立于2008年，公司注册资本10万元，员工人数为10人，公司的税款征收方式是查账征收，该企业的经营范围为计算机信息技术服务，计算机软件开发，销售及平面设计，计算机系统集成，计算机硬件及耗材与办公设备租赁、销售，计算机网络技术咨询服务。

（2）政策背景。2008年1月1日起施行的《中华人民共和国企业所得税法》第二十八条第一款规定，符合条件的小型微利企业，减按20%的税率征收企业所得税。

《中华人民共和国企业所得税法实施条例》第九十二条规定，《中华人民共和国企业所得税法》第二十八条第一款所称符合条件的小型微利企业，是指从事国家非限制和禁止行业，并符合下列条件的企业：工业企业，年度应纳税所得额不超过30万元，从业人数不超过100人，资产总额不超过3 000万元；其他企业，年度应纳税所得额不超过30万元，从业人数不超过80人，资产总额不超过1 000万元。

依据《财政部、国家税务总局关于小型微利企业有关企业所得税政策的通知》（财税〔2009〕133号），为有效应对国际金融危机，扶持中小企业发展，经国务院批准，现就小型微利企业所得税政策通知如下：

①自2010年1月1日至2010年12月31日，对年应纳税所得额低于3万元（含3万元）的小型微利企业，其所得减按50%计入应纳税所得额，按20%的税率缴纳企业所得税。

②本通知所称小型微利企业，是指符合《中华人民共和国企业所得税法》及其实施条例以及相关税收政策的小型微利企业。

案例资料：

盛大计算机软件开发公司2010年12月准备与华雄公司签订一项专利权转让合同，将其拥有的某项专利转让给对方，转让费为50万元，合同规定于年内支付全部款项。盛大计算机软件开发公司为微利企业，2009年盈利2万元，2010年如果没有该转让收入，盈利约为3万元。该公司采用按季预交（按上年应纳税所得额的1/4预交）、年终汇算清缴方式缴纳企业所得税。公司的年资金回报率为10%。

（1）案例要点。该公司的此项专利权转让合同如果现在签订，应将收款和开票时间定在2011年1月初，理由如下：

①如果将此笔转让收入计入本年，则公司无法享受财政部和国家税务总局“对年应纳税所得额低于3万元（含3万元）的小型微利企业，其所得减按50%计入应纳税所得额，按20%的税率缴纳企业所得税”的税收优惠政策。

②若在年内签订合同并收款，则该笔转让费应作为2010年的收益计算纳税，于2010年年底或2011年年初计算缴纳所得税；若将签订合同和付款日期改为2011年1月，则意味着该笔收入应作为2011年的收益，在2011年计算纳税。由于该公司采用按上年应纳税所得额的1/4分季预交、年终汇算清缴方式，这样就意味着该笔转让费收入的所得税实际上由2010年年底或2011年年初被推迟到2011年年底或2012年年初了，从而实现了相对节税。

（2）案例启示。税款的缴纳也要考虑资金的时间价值，否则会对企业的资金流转造成影响，严重者会使企业资金链断裂，甚至导致企业破产。推迟税款缴纳是税收筹划的基本方法之一。推迟税款缴纳不是偷税漏税，而是在税法允许的范围内合理地避税。

问题：

（1）推迟税款缴纳的方法除了上述推迟收入的确认方法以外还有哪些方法？

（2）如果2011年没有针对小型企业按50%计算应纳税所得额的优惠政策，在所得税税率为20%，企业投资报酬率为10%的情况下相当于为企业节税多少？

（3）如果你是企业的财务经理，你会主张此项合同改在2011年1月初签订并收款吗？

（4）如果公司在2010年12月实现该项收入，但为了税收利益，将此项收入计入2011年1月，这样做有何不足之处？

分析要求：

（1）形成性要求

①学生分析案例提出的问题，分别拟定《案例分析提纲》；小组讨论，形成小组《案例分析报告》；班级交流并修订小组《案例分析报告》，教师对经过交流和修改的各小组《案例分析报告》进行点评；附有“教师点评”的小组优秀《案例分析报告》在班级展出，并纳入本校该课程的教学资源库。

②了解“附录二”中附表2-1“形成性考核”的“考核指标”与“考核内容”。

（2）成果性要求

①案例课业要求：以经班级交流和教师点评的《案例分析报告》为最终成果。

②课业的结构、格式与体例要求：参照“课业范例”的“范例1.5.1”。

③其他要求：了解“附录二”中附表2-1“课业考核”的“考核指标”与“考核

内容”。

2）善恶研判

企业伦理与企业财务管理目标的相关性

背景与情境：

诸如弄虚作假、偷税漏税、编造虚假信息、欺诈上市、欺骗投资者、套取银行资金、泄露秘密信息或交易秘密、进行内幕信息交易、行贿受贿、贪污腐化、挪用公款、任人唯亲、扶持亲信、冒功领赏、假公济私、污染环境等企业非伦理行为，不仅在商业伦理方面的研究和实践起步都比较晚的我国大量存在，即便是在商业伦理学的发源地——西方也大量存在着。

近几年，号称市场经济体系最为完善的美国所曝光出来的一系列企业舞弊案就是最好的例证。如果说我国的企业是由于我国还处在经济体制转型时期，法律法规建设滞后、企业对伦理道德在商业上的重要性认知不够等，致使很多企业在市场经济体制下发生了伦理道德的混乱、追求目标的混乱、追求手段的混乱，那么西方的企业为什么也有大量的非伦理行为存在？用企业高管人员的伦理道德水平低下能解释吗？如果说企业的高管人员并没有意识到或并不认为上述非伦理行为是不道德的，笔者则认为做这样的判断是对企业高管人员的“素质和智商”水平缺乏基本认识的。我们应该承认的一个基本事实是：企业高管人员在当今社会中仍是属于精英之列的。而这也正是问题的严重性所在和可悲之处。当企业有关人员每每发生非伦理行为时都能够有所收获，还有谁会相信和愿意遵守伦理道德规范呢？

透过上述企业的种种非伦理行为，我们可以发现，导致企业出现非伦理行为的最主要原因是利益驱动，特别是眼前利益或短期利益，而对于利益驱动下的行为只进行简单的伦理道德说教显然是不够的。因此，笔者希望从论证企业伦理与企业价值的关系角度入手，说明企业伦理的价值。如果现实情况说明企业的非伦理行为会增加企业的价值，增加各利益相关者的利益，则说明市场对企业的伦理行为敏感度低，企业伦理处于无效状况，企业采用非伦理行为理所当然；反之，则说明企业的非伦理行为会降低企业的价值，损害各利益相关者的利益，包括股东和经营者的利益，企业伦理处于有效状况。

（资料来源：周喜革.论企业伦理与财务管理目标的相关性［J］.西藏民族学院学报：哲学社会科学版，2007（5）.）

问题：

（1）本案例中存在哪些道德伦理问题？

（2）试对上述问题作出你的善恶研判。

（3）本案例对你有哪些启示？

研判要求：

（1）形成性要求

①学生分析案例提出的问题，拟出《善恶研判提纲》；小组讨论，形成小组《善恶研判报告》；班级交流、相互点评和修订各组的《善恶研判报告》；在校园网的本课程平台上展出经过修订并附有教师点评的各组《善恶研判报告》，供学生借鉴。

②了解本教材“附录二”的附表2中“形成性训练与考核”的“参照指标”与“参照内容”。

（2）成果性要求

①课业要求：以经过班级交流和教师点评的《善恶研判报告》为最终成果。

②课业结构、格式与体例要求：参照本《训练手册》“课业范例1.5.2”。

③了解本教材“附录二”的附表2中“课业训练与考核”的“参照指标”与“参照内容”。

1.3.4　实训题

“财务管理观念运用”业务胜任力训练

【实训目的】

见主教材本章“章名页”之“学习目标”中的“实训目标”。

【实训内容】

专业能力训练：其“领域”“技能点”“名称”和“参照规范与标准”见表1-1。

表1-1　**专业能力训练领域、技能点、名称及其参照规范与标准**

能力领域	技能点	名称	参照规范与标准
财务管理观念运用	技能Ⅰ	货币时间价值的计算技能	1）能运用复利计算货币的终值和现值。 2）能运用年金计算货币的终值和现值。 3）能正确掌握货币时间价值的概念
	技能Ⅱ	用货币时间价值评判投资方案优劣的技能	1）能懂得货币时间价值的作用。 2）能熟悉货币时间价值比较的方法。 3）能运用货币时间价值计算方法计算投资方案的现值或终值。 4）能比较投资方案的优劣并从中选取最优方案
	技能Ⅲ	风险与收益计算衡量技能	1）能懂得风险与收益的含义和关系。 2）能熟悉对待风险的态度。 3）能正确计算投资项目的期望值。 4）能正确计算投资项目的标准离差。 5）能正确计算投资项目的标准离差率。 6）能正确计算投资项目的无风险报酬率
	技能Ⅳ	撰写关于“财务管理观念运用”的相应《实训报告》的技能	1）能合理设计关于“财务管理观念运用”的相应《实训报告》,其结构、层次较分明。 2）能较规范撰写所述《实训报告》。 3）本教材网络教学资源包中《学生考核手册》考核表1-2所列各项“考核指标”和“考核标准”

职业核心能力和职业道德训练：其内容、种类、等级与选项见表1-2。

表1-2　　职业核心能力与职业道德训练内容、种类、等级与选项表

内容	职业核心能力							职业道德						
种类	自我学习	信息处理	数字应用	与人交流	与人合作	解决问题	革新创新	职业观念	职业情感	职业理想	职业态度	职业良心	职业作风	职业守则
等级	中级			中级	中级	中级	中级	认同级		认同级	认同级	认同级	认同级	认同级
选项	√			√	√	√	√	√		√	√	√	√	√

【组织形式】

将班级学生分成若干实训小组，根据实训内容和项目需要进行角色划分。

【实训任务】

对表1-1所列专业能力领域各技能点，依照其“参照规范与标准”实施阶段性基本训练。

【实训要求】

（1）实训前，学生要了解并熟记本实训的“目的”“能力与道德领域”“任务”与“要求”，了解并熟记本教材网络教学资源包中《学生考核手册》考核表1-1各表和考核表1-2中的“考核指标”与“考核标准”的内涵，将其作为本实训的操练点和考核点来准备。

（2）通过“实训步骤”，将“实训任务”所列三种训练整合并落实到本实训的“活动过程”和“成果形式”中。

（3）实训后学生要对本次“财务管理观念实训”的实训活动进行总结，在此基础上撰写实训报告。

【情境设计】

将学生分成若干实训组，各组从“实训课业”题目中任选其一，结合题目内容和本章相关“实训资料”，进行关于“财务管理观念运用”的实训。各实训组通过参与和体验所述项目的运作、实训任务的完成，相应《实训报告》的准备、撰写、讨论与交流等实践活动，完成各自实训任务。

【指导准备】

知识准备：

（1）“财务管理观念”的理论与实务知识。

（2）“附录一”附表1中，与本章“职业核心能力‘强化训练项’”各技能点相关的“‘知识准备’参照范围”。

（3）“附录二”附表2-2、附表2-3中，涉及本章“职业核心能力领域‘强化训练项’”各技能点和“职业道德领域‘相关训练项’”的“规范与标准”知识。

操作指导：

（1）教师向学生阐明“实训目的”“能力与道德领域”和“知识准备”。

（2）教师就“知识准备”中的第（2）、（3）项，对学生进行培训。

（3）教师指导学生就操练项目资料进行熟悉、分析、判断，并根据分析、判断的结

果准确地进行会计要素的归类。

(4) 教师指导学生就操练项目货币时间价值计算、风险与报酬确定情况及结果进行正确的分析。

(5) 教师指导学生撰写关于“财务管理观念运用”的相应《实训报告》。

【实训时间】

本章课堂教学内容结束后的双休日和课余时间，为期一周。

【实训步骤】

(1) 将学生组成若干个实训组，每6~8位同学分成一组，每组确定1~2人负责。

(2) 对学生进行“财务管理观念运用”实训的“知识准备”培训。

(3) 指导各实训组熟悉操练项目货币时间价值和风险报酬资料。

(4) 指导各实训组讨论并完成所选投资项目货币时间价值的计算或风险报酬的衡量。

(5) 各实训组在实施上述训练的过程中，融入对“自我学习”“解决问题”和“革新创新”等职业核心能力的各“技能点”的中级“强化训练”和对“职业观念”“职业理想”“职业态度”和“职业守则”等职业道德各“素质点”的“认同级”相关训练。

(6) 各实训组成员撰写、交流和完善作为最终成果形式的关于“财务管理观念运用”的相应《实训报告》。

【成果形式】

实训课业（任选其一）：

《大昌公司财务管理观念运用实训报告》

《文昌公司财务管理观念运用实训报告》

课业要求：

(1) 实训报告的内容、结构与体例参照“课业范例”的“范例1.5.3”。

(2) 各组成员撰写的《实训报告》初稿须先经小组讨论，然后选拔优胜者参加班级交流讨论。

(3) 各组成员在班级交流的基础上进一步完善《实训报告》。

(4) 各组成员完成的《实训报告》须由项目指导教师、项目组长、项日组成员三方签字。

(5) 将附有“教师点评”的优秀实训报告在班级展出，并纳入本校该课程的教学资源库。

1.4　实训资料

实训资料1.4.1

大昌公司财务管理观念运用

背景与情境：

1）大昌公司拟存入一笔资金以备3年后使用。假定银行3年期存款利率为5%，大昌公司3年后需用的资金总额为46 000元。

2）大昌公司准备购买一套设备，有两种付款方案可供选择：

A方案：从现在起每年年初付款200万元，连续支付5年共计1 000万元。

B方案：从第6年起，每年年初付款300万元，连续支付5年，共计1 500万元。

3）大昌公司拟购买一台新设备替换旧设备，新设备较旧设备价格高出50 000元，但每年可节约费用10 000元。假设该公司要求的投资报酬率为10%。

4）大昌公司准备投资的A投资项目与经济环境状况有关，有关概率分布与预计收益率见表1-3。

表1-3 **概率分布与预计收益率表**

经济情况	发生概率	收益率
1	0.15	-0.10
2	0.25	0.14
3	0.40	0.20
4	0.20	0.25

问题：

1）分别计算在单利计息情况下和复利计息情况下大昌公司目前需存入的款额。

2）假定利率为10%，大昌公司购买设备应选择哪种付款方式？

3）计算新设备应至少使用多少年才值得进行投资。

4）计算A投资项目的期望报酬率、标准离差和标准离差率。

实训资料1.4.2

文昌公司财务管理观念运用

背景与情境：

1）文昌公司向保险公司借款一笔，预计10年后归还，本息和为200万元，为归还这笔借款，拟在各年年末提取相当数额的基金，假定银行的借款利率为12%。

2）文昌公司准备购买一套办公用房，有两个付款方案可供选择：

甲方案：从现在起，每年年初付款200万元，连续支付10年，共计2 000万元；

乙方案：从第五年起，每年年初付款250万元，连续支付10年，共计2 500万元。

3）文昌公司用银行贷款投资兴建一工程项目，总投资8 000万元，工程当年投资当年生产，假定银行贷款利率为14%。

4）文昌公司有甲、乙两个投资项目，计划投资额均为1 000万元，其收益率的概率分布见表1-4。

表1-4 **收益率的概率分布表**

市场状况	概　率	甲项目	乙项目
好	0.2	20%	30%
一般	0.6	10%	10%
差	0.2	5%	-10%

问题：

1）计算年偿债基金额。

2）假定该公司的资本成本为10%，通过计算说明购买办公用房应选择哪个方案。

3）该工程建成投产后，分10年等额归还银行借款，问每年年末应还多少？如果项目投产后，每年可获净利2 386.63万元，全部用来归还借款本息，用数据说明需要几年还清。

4）分别计算甲、乙两个项目收益率的期望值、标准离差，并比较甲、乙两个投资项目风险的大小。

1.5 课业范例

范例1.5.1

无锡商业大厦大东方股份有限公司
企业财务管理调研报告

（组长：　　　　　组员：　　　　　　　　　　　　　　　　　　　）

背景与情境：

学习企业财务管理课程应对企业财务管理及财务管理岗位职责等有一个感性认识，为此，应组织学生调研考察企业财务管理情况，撰写企业财务管理调研报告。

（1）任务描述：学生按6~8人分为一组，选定正、副组长负责组内工作，每一组学生联系一个企业对企业的财务管理情况进行调研，选择调研的企业性质不限，规模不限。调研的内容包括企业名称、性质、规模，法人代表，企业生产经营范围，企业机构设置，财务管理人员配备，财务经理岗位职责，财务管理人员的岗位素能要求，当前的理财环境对该企业财务管理的影响。

（2）任务要求：完成企业《财务管理调研报告》，不少于2 000字。

（3）企业《财务管理调研报告》基本内容：

________企业财务管理调研报告
一、企业概况介绍（包括企业名称、性质、规模，法人代表，企业生产经营范围，企业机构设置）
二、企业财务管理人员配备
三、企业财务经理岗位职责
四、企业财务管理人员的岗位素能要求
五、当前的理财环境对该企业财务管理的影响
学习小组成员签字：

（4）学生对无锡商业大厦大东方股份有限公司《财务管理调研报告》摘录如下：

一、企业概况

法定中文名称：无锡商业大厦大东方股份有限公司

法定英文名称：WUXI COMMERCIAL MANSION CORP., LTD.

中文简称：大厦股份

法人代表：潘霄燕，女，无锡商业大厦集团董事长、总经理。潘霄燕以身作则，廉洁自律。她思维敏捷，锐意进取，务实创新，工作勤恳。她作风民主，注意倾听员工意见，关心员工生活，尽企业财力之所能为职工定期体检，职工生日会收到来自企业并由她亲笔签名的生日贺卡及礼物等，她在员工中有着很高的威望。潘霄燕先后获得“全国三八红旗手”“全国职业道德先进个人”“全国内贸系统劳动模范”“江苏省劳动模范”“无锡市劳动模范”“优秀共产党员”和“无锡市优秀企业家（经理）”等荣誉称号。

企业生产经营范围：国内贸易（国家有专项规定的，办理审批手续后经营），移动电话机及配件的销售，金饰品的修理改制，摩托车维修，家用电器的安装、维修，服装、眼镜的加工服务，商品包装，汽车货运，自有场地出租，电子游艺，经济信息咨询服务，利用无锡商业大厦大东方股份有限公司自身媒介设计、制作和发布国内广告，网络技术服务、转让及咨询服务，软件开发、销售，美容，桶装饮用纯净水销售，停车场服务。

二、财务部门岗位设置

企业财务部设财务经理，下设：

1. 会计核算中心。

2. 结算收银中心。

3. 财会委派人员（总部派出财务人员到其他子公司）。

三、财务经理岗位职责

1. 全面负责财务部的日常管理工作。

2. 组织制定财务方面的管理制度及有关规定，并监督执行。

3. 制定、维护、改进公司财务管理程序和政策，制订年度、季度财务计划。

4. 负责编制及组织实施财务预算报告，包括月、季、年度财务报告。

5. 负责公司全面的资金调配、成本核算、会计核算和分析工作。

6. 负责资金、资产的管理工作。

7. 监控可能会对公司造成经济损失的重大经济活动。

8. 管理与银行及其他机构的关系。

9. 协助财务总监开展财务部与内、外的沟通和协调工作。

10. 完成上级交给的其他日常事务性工作。

四、公司对财务人员的基本要求

了解税务政策和会计准则，了解相关软件及数据库，了解劳动法、公司法等法律，熟悉本行业的情况。

五、公司对财务人员的教育

1. 坚持以人为本，抓好财务人员队伍建设。建立定期学习制度，提高财务人员对新形势下财务工作的重要性的认识，增强财务人员的责任感和使命感。

2. 针对制度和业务的不断创新，及时组织财务人员开展业务培训工作。

3. 定期对财务会计人员进行相关的财经法规知识培训，加强对财务主管人员的后续教育，使财务会计人员能够不断更新知识，提高业务管理水平，有效化解财务风险。

六、财务管理环境对财务管理的影响

理财环境是指对企业财务活动和财务管理产生影响的企业内外的各种条件。理财环境是企业财务管理赖以生存的土壤，是企业开展财务活动的舞台，企业进行财务决策、制定财务策略都离不开对理财环境的分析。企业的财务活动是受理财环境制约的，企业内外的生产、技术、法律、市场、物价、金融、税收等因素，对企业财务活动都有重大的影响。因此，企业进行财务管理活动必须以理财环境为依据，正确地制定财政策略。任何企业的财务管理活动都是在一定的环境和条件下展开的，理财环境的变迁必定会对企业财务管理产生深远影响。

问题：

1）调查报告是否详细地反映了该公司财务管理的基本情况？

2）作为未来的财务经理，你能够履行该公司财务经理的岗位职责吗？

3）作为未来的一名财务工作者，你最想知道企业财务管理的哪些问题？

分析：

1）调查报告的核心是企业财务管理人员配备、企业财务经理岗位职责和企业财务管理人员的岗位素能要求，从报告摘录上看这三个方面说明不详。

2）作为未来的一名财务经理，不但应该能够履行该公司财务经理的岗位职责，而且应该创造性地履行该公司财务经理的岗位职责。

3）首先，想知道企业的财务管理目标；其次，想知道企业如何实现自己的财务管理目标；再次，想知道企业如何实现财务管理具体环节的目标等。

范例1.5.2

奥林巴斯舞弊案——风险识别方面善恶研判报告

（组长：　　　　　组员：　　　　　　　　　　　　　　　　　　）

背景与情境：

在20世纪90年代末，奥林巴斯公司由于投机性投资而损失将近1 350亿日元（17.4亿美元），而该公司高层试图通过复杂的交易来掩盖这一事实。奥林巴斯公司是日本相机和医疗设备制造商，该公司委托第三方调查委员会调查被掩盖的事实真相。调查结果显示，奥林巴斯前副总裁森久志以及前内部审计员秀雄山田精心策划了财务作假。辞去总裁职务的菊川刚以及他的前任岸本正寿亦涉及隐瞒财务亏空。

一方面，奥林巴斯未能合理识别和评估外部经济大环境和法律法规的变化为企业经营带来的风险，使企业陷入投资损失的泥沼中，并在日本引入公允价值计量准则后使亏损不得不公之于众，严重影响企业业绩、形象和公信力；另一方面，奥林巴斯公司内部也并未设立针对高管操控失误和高管舞弊的风险管理系统，内部控制制度不够健全。20世纪80年代中期，奥林巴斯总裁开始转变经营战略，实施积极的投资管理活动。他把资金投入到大规模的金融投机活动中，购买了大量的金融商品。泡沫经济崩溃后，奥林巴斯的这些金融投资遭受了巨大损失，到了1990年的后期，这些投资亏损开始逐渐扩大，最后累计达到1 000亿日元。新上任的总裁并未过多关注这一笔巨额的金融投资亏损，只是将其丢给了投资管理部门，未采取有效的管理措施。而后面的高层管理者更是串通一气违反法律法规，隐瞒损失，酿成舞弊大案。

问题：

1）本案例中存在哪些道德伦理问题？

2）试对上述问题作出你的善恶研判。

3）本案例对你有哪些启示？

（资料来源：杨丽莎.财务造假暴露的内部控制问题——以奥林巴斯舞弊案为例［J］.经济视角（下），2013（11）.）

分析：

1）未能合理识别和评估外部经济大环境和法律法规的变化以及高层管理者串通一气违反法律法规，隐瞒损失，都存在道德伦理问题。

2）奥林巴斯高管的舞弊以及未能合理识别和评估外部经济大环境和法律法规的变化为企业经营带来风险，使企业陷入投资损失的泥沼中，严重影响企业业绩、形象和公信力。

3）企业生产经营、对外投资等方面必须遵守法律法规；在进行风险投资时，必须做好风险识别、评估，做好风险应对等。

范例1.5.3

资金时间价值计算评价实训报告

（组长：　　　　组员：　　　　　　　　　　　　　　　　）

资料：

ABC公司2011年10月20日拥有闲置流动资金5 000万元，在3年时间内可灵活运作，现有银行存款、购买国债和商品买卖三种运作方案，请选择最优方案。

1）2011年10月金融机构人民币存款基准利率：

（1）整存整取。

3个月 3.15%

半年 3.51%

1年 3.87%

2年 4.41%

3年 5.13%

5年 5.58%

（2）定活两便。

按1年整存整取同档次利率打6折，2.322%。

2）2011年10月国家国债发行公告：

根据国家国债发行的有关规定，财政部决定发行2011年凭证式（五期）国债（以下简称本期国债），现将有关事项公告如下：

一、本期国债发行总额200亿元，其中3年期140亿元，票面年利率5.53%；5年期60亿元，票面年利率5.98%。

二、本期国债发行期为2011年10月20日至2011年11月4日。各承销机构在规定的额度内发售本期国债。本期国债从购买之日开始计息，到期一次还本付息，不计复利，逾期兑付不加计利息。

三、本期国债为记名国债，以填制“凭证式国债收款凭证”的方式按面值发行，可以挂失，可以质押贷款，但不能更名，不能流通转让。个人购买凭证式国债实行实名制，具体办法比照国务院公布的《个人存款账户实名制规定》（国务院令第285号）办理。

四、在购买本期国债后如需变现，投资者可随时到原购买网点提前兑取。提前兑取时，按兑取本金的1‰收取手续费，并按实际持有时间及相应的分档利率计付利息。

从购买之日起，3年期和5年期凭证式国债持有时间不满半年不计付利息；满半年不满1年按0.72%计息；满1年不满2年按3.15%计息；满2年不满3年按4.14%计息；5年期凭证式国债持有时间满3年不满4年按5.49%计息，满4年不满5年按5.76%计息。

五、公告公布日至发行结束日，如遇银行储蓄存款利率调整，尚未发行的本期国债票面利率，在利率调整日按3年期、5年期银行储蓄存款利率调整的相同百分点做同向调整，提前兑取分档利率另行通知。

六、本期国债面向社会公开发行，投资者可到中国工商银行、中国农业银行、中国银行、中国建设银行以及部分股份制商业银行、城市商业银行、农村商业银行等39家凭证式国债承销团成员的营业网点购买。

特此公告。

中华人民共和国财政部

二〇一〇年十月十五日

3）2011年10月商品买卖市场行情见表1-5。

表1-5 商品买卖市场行情表

品名	规格	材质	钢厂/产地	现金含税进价（元/吨）	现金含税售价（元/吨）
螺纹钢	Φ12mm	HRB335	宝钢	4 810	5 010
螺纹钢	Φ18mm	HRB335	宝钢	4 590	4 790

钢材买卖1年周转3次，经营费用为毛利的40%。

要求：

1）计算银行存款的最高本利额。

2）计算购买国债的最高本利额。

3）计算商品买卖的最高本利额。

4）分析评价、选择确定最佳方案。

实训步骤解答：

步骤一：制订实训工作计划书

1）学生分组。将学生按6~8人分为一组，选定正、副组长负责组内工作。

2）熟悉资料。由组长负责，组织小组人员对提供的资料进行研讨，明确任务要求。

3）制订工作计划书（见表1-6）。每个小组制订一份工作计划书，工作计划书根据工作内容，由小组学生讨论制订，并经指导老师审阅批准后实施。

表1-6 **资金时间价值计算评价工作计划书**

计算评价的主要内容	实施时间	实施形式	主要负责人
计算银行存款的最高本利额			
计算购买国债的最高本利额			
计算商品买卖的最高本利额			
分析评价、选择确定最佳方案			
撰写资金时间价值的计算评价报告			
制作PPT汇报材料			

其他：

学习小组组长：　　学习小组成员：

年　月　日

指导老师审阅意见：

签名：

年　月　日

步骤二：各小组计算银行存款的本利额

整存整取本利和=5 000+5 000×5.13%×3=5 769.5（万元）

定活两便本利和=5 000+5 000×3.87%×60%×3=5 348.3（万元）

步骤三：各小组计算购买国债的本利额

本利和=5 000+5 000×5.53%×3=5 829.5（万元）

步骤四：各小组计算商品买卖的本利额

如果商品买卖风险相同，则选择购买Φ18mm螺纹钢，因为利润率比第一种要高。

经营利润率=（4 790−4 590）×（1−40%）÷4 590=2.61%

商品买卖3年后本利和=5 000×（1+2.61%）^{9}=6 305.35（万元）

步骤五：撰写《资金时间价值计算评价实训报告》(见表1-7)

表1-7　　资金时间价值计算评价实训报告

项目实训班级：1004201	项目小组：05	项目组成员：王尚娟等
实训时间：2015年9月10日	实训地点：多媒体教室	
实训目的：熟悉资金时间价值等概念、掌握资金时间价值的计算与评价方法		
实训步骤： ①以小组为单位，制订实训工作计划书；②各小组计算银行存款本利额；③各小组计算购买国债本利额；④各小组计算商品买卖本利额；⑤各小组撰写资金时间价值计算评价实训报告；⑥PPT汇报交流		
实训结果： 银行存款的最高本利额5 769.5万元；购买国债的最高本利额5 829.5万元；商品买卖的最高本利额6 305.35万元。 选择确定最佳方案为商品买卖		
问题注意： 一是银行存款有多种方式，应明确银行存款方式与利息高低的关系； 二是商品买卖仅计算本金带来的利润		
实训感言： 通过本实训，熟悉了资金时间价值等概念，掌握了单利终值和现值计算、复利终值和现值计算、年金终值和现值计算，有助于理解和掌握资金时间价值的基本概念与理论，有助于动手能力的提高		
关于“能力与道德领域”其他训练的补充说明： 实训前，我们对列入本章“实训题”指导准备中“知识准备”的那些知识进行了必要预习，接受了指导老师的全部“操作指导”。通过参加“知识准备”第(2)、(3)项的培训，我们了解了本章涉及的“专业能力”各项技能、“职业核心能力”和“职业道德”的“规范与标准”，克服了实训过程中对相关操作规范的盲目性。 在本实训中，我们在体验本章“专业能力”基本训练的同时，也体验到了“自我学习”“解决问题”和“革新创造”等“职业核心能力”强化训练和“职业观念”、“职业理想”、“职业态度”和“职业守则”等“职业道德”的相关训练的甜头。要提高我们的“学习迁移能力”和“可持续发展能力”，这些训练是必不可少的。我们相信，通过本课程和后读课程的同类学习和训练，在我们建构“职业胜任力”的过程中，我们的“职业核心能力”也将不断增强，我们的“职业道德”也将不断由“他律”变为“自律”。 当我们的“专业能力”“职业核心能力”（特别是“问题思维”与“革新创新”）和“职业道德”由单纯重复变为习惯，由习惯变为本能之时，我们将无往而不胜		
不足与改进：(略)		
附件：(略)		
指导老师点评：(略)		
项目组长签字：	指导教师签字：	

步骤六：汇报交流

首先，各小组用PPT汇报交流，限时不超过10分钟。其次，各小组听取汇报交流并打分互评。最后，指导老师打分并点评。

1.6 参考答案与提示

教学互动1-1

引导提示

界定企业财务管理中的不相容岗位主要依据以下情况判断：

（1）授权与执行不相容。

（2）执行与审批不相容。

（3）执行与记录不相容。

（4）保管与记录不相容。

（5）登记总账与登记明细账不相容。

（6）登记总账与登记日记账不相容等。

教学互动1-2

引导提示

（1）科学计算利息的方法应该是复利计算法。

（2）计算银行存款利息一般用单利计算法，主要是因为面向社会比较直观。

（3）虽然银行存款利息用单利法计算，但是其也已考虑了复利的因素。

“1.2 客观题”参考答案

1.2.1 理论题

1）单项选择题

（1）B （2）C （3）A （4）C （5）B （6）A

2）多项选择题

（1）ABCDE （2）BCE （3）BCD （4）AD （5）ACD （6）BCD

3）判断题

（1）√ （2）× （3）√ （4）× （5）√ （6）√

1.2.2 实务题

1）单项选择题

（1）B （2）C （3）B （4）C （5）B （6）B

2）多项选择题

（1）ABD （2）ABCDE （3）CD （4）BCD （5）BCD （6）AC

3）混合选择题

（1）D （2）AB （3）ACD （4）B （5）B （6）ABE

4）判断题

（1）× （2）√ （3）√ （4）√ （5）√ （6）√

1.2.3　案例题

1）BE　2）C　3）A　4）C　5）D

1.2.4　实训题

1）单项选择题

（1）D　（2）D　（3）D　（4）A　（5）B　（6）C

2）多项选择题

（1）ABCDE　（2）ABCDE　（3）ABCDE　（4）ABC　（5）ABCDE　（6）ABC

"1.3　主观题"参考答案与提示

1.3.1　理论题

参考答案：

1）简答题

（1）企业价值最大化是目前企业财务管理的总目标。具体目标为：①筹资管理目标要求所筹资的数量既要满足企业生产经营的需要，又要使资本成本风险达到最小。②投资管理目标要求企业经营者在认真分析影响投资决策各种因素的基础上，进行投资报酬和风险的权衡，作出决策，以使企业价值不断提高，实现企业财务管理的整体目标。③营运资金管理的目标就是加速资金周转，提高企业资金利用率。④企业利润管理目标，实现这一目标必须努力挖掘企业潜力，使企业合理利用人力和物力，以尽可能少的耗费取得尽可能多的经营成果，实现的利润要合理分配，使企业的发展获得不断的动力，同时及时解决各种矛盾和利益纠纷。

（2）企业的财务活动具体包括资金的筹集、运用、回收及分配等一系列行为。这些财务活动将财务管理的内容确定为以下四个方面：筹资活动；投资活动；资金营运活动；收益分配活动。

（3）货币时间价值的作用：货币时间价值是评价投资方案是否可行的基本依据；货币时间价值是评价企业收益的尺度。

2）理解题

（1）财务活动是以现金收支为主的企业资金收支活动的总称。财务活动包括：资金的筹集、运用、耗费、收回及分配等一系列行为，其中资金的运用、耗费和收回可统称为投资。财务活动具体由筹资活动、投资活动、资金营运活动和分配活动四部分组成。

财务关系是指企业在财务活动中与有关各方所发生的经济利益关系。财务关系的核心是经济利益。在财务活动中企业与各方所发生的财务关系表现为：①筹资活动的财务关系；②投资活动的财务关系；③分配活动的财务关系。

（2）所谓财务管理目标又称理财目标，是指企业财务活动所要达到的结果，也是评价企业理财活动是否合理的基本标准。只有明确了财务目标，才能明确财务管理到底是干什么的，它能干什么，它该怎么干。明确了财务目标有利于充分发挥财务职能，有利于实施目标管理，有利于调动员工的积极性，创造出最佳成绩。目标具有客观性、可验证性，因此，也具有业绩考核的作用。

财务管理环境是指对企业财务活动和财务管理产生影响的企业外部条件或因素。它们是企业财务决策和管理难以改变的外部约束条件，企业财务管理必须适应它们的要求而主动变化。财务管理环境涉及的范围很广，其中最重要的财务管理环境是经济环境、法律环境和金融环境。

（3）风险与报酬之间是因果关系，一般情况下，风险越大，报酬率越高。在经济活动中，各投资项目的风险大小是不同的，在投资报酬率相同的情况下，人们都会选择风险小的投资，结果竞争使其风险增加，报酬率下降。最终，高风险的项目必须有高报酬，否则就没有人投资；低报酬的项目必然风险很低，否则也没有人投资。风险与报酬的这种关系，是市场竞争的结果。

1.3.2　实务题

参考答案：

1）规则复习

（1）货币时间价值的计算有单利和复利两种方法。

单利利息的计算公式为：$I=P\times i\times n$

复利利息的计算公式为：$I=P\times(1+i)^n-P$

（2）普通年金终值的计算公式为：$S=A\times\frac{(1+i)^n-1}{i}=A\times(S/A,i,n)$

普通年金现值的计算公式为：$P=A\times\frac{1-(1+i)^{-n}}{i}=A\times(P/A,i,n)$

（3）衡量风险的指标有标准离差和标准离差率。

标准离差的计算公式为：$\delta=\sqrt{\sum_{i=1}^{n}P_i(X_i-\bar{E})^2}$

标准离差率的计算公式为：$q=\frac{\delta}{\bar{E}}$

2）业务解析

（1）标准离差以绝对数衡量决策方案的风险，在期望值相同的情况下，标准离差越大，风险越大；反之，标准离差越小，则风险越小。标准离差率是一个相对数指标，它以相对数反映决策方案的风险程度。

（2）互为逆运算。

（3）预付年金终值系数和普通年金终值系数相比，期数加1，而系数减1，可记作[（S/A，i，n+1）-1]；预付年金现值系数和普通年金现值系数相比，期数要减1，而系数要加1，可记作[（P/A，i，n-1）+1]。

1.3.3　案例题

1）案例分析

分析提示：

（1）推迟税款缴纳有两种方法，一是缓纳时间，推迟收入的确认；二是缓纳项目，通过多个项目推迟税款缴纳。

（2）转让费为50万元，按所得税税率20%计算，应缴纳所得税10万元。10万元所得税留在企业用1年，企业投资报酬率为10%，相当于为企业节税1万元。

（3）主张，这样可以将推迟缴纳的税款资金用于企业经营，从而节约资金。

（4）如果公司在2010年12月份实现该项收入，但为了税收利益，将此项收入计入2011年1月，则这样做是偷税，会导致企业被税务机关处罚。

2）善恶研判

研判提示：

（1）弄虚作假、偷税漏税、编造虚假信息、欺诈上市、欺骗投资者、套取银行资金、泄露秘密信息或交易秘密、进行内幕信息交易、行贿受贿、贪污腐化、挪用公款、任人唯亲、扶持亲信、冒功领赏、假公济私、污染环境等企业非伦理行为。

（2）企业价值与企业对伦理道德的投资正相关；企业价值与企业非伦理行为负相关。

（3）企业应加强对伦理道德的投资，包括企业对伦理道德的建设、教育、培训支出；有时企业行为的道德选择与企业价值最大化的目标表面上看起来并不一致，但它却为企业赢得了信誉，使企业最大限度地避免了不必要的法律纠纷，为企业创造了良好的经营环境，其最终目的仍是要实现企业价值最大化。

1.3.4　实训题

教学建议：

【实训任务】中的基本技能训练尽量要求全部在课堂内严格按照实训步骤分组一次完成，“实训目标”“能力与道德领域”和“知识准备”等则可以在教师的辅导下，学生利用课余时间完成（其中：“职业核心能力”的“‘知识准备’参照范围”所列各项知识，学生可自行通过网络收集，通过自学完成实训操练前的准备）。

“1.4　实训资料”参考答案

实训资料1.4.1

1）单利计息情况下，目前需存入的款额为40 000元；复利计息情况下，目前需存入的款额为39 736.53元。

2）应该选择B方案。

3）至少使用7.28年才值得进行投资。

4）A投资项目的期望报酬率为15%，标准离差为0.11，标准离差率为0.73。

实训资料1.4.2

1）年偿债基金额35.40万元。

2）公司应选择乙方案。

3）每年年末应归还的金额为1 533.71万元，需4.84年还清。

4）甲项目收益率的期望值为11%，标准离差为4.90%；乙项目收益率的期望值为10%，标准离差为12.65%。乙项目的风险大于甲项目。

第2章 资金筹集管理

2.1 预习要览

2.1.1 内容提要与结构

1）内容提要

●筹集资金是企业生存与发展的必要前提。资金筹集管理就是为了满足企业生产经营和投资活动的需要，对资金的筹集进行科学、有效的计划、分析、预测、决策。应合理地安排筹资数量、方式及其结构。应有效地降低筹资成本，规避财务风险，提高企业整体效益。企业可以从各种渠道取得生产所需资金，其中主要是权益资金的筹集和负债资金的筹集两种方式。

●企业筹资决策中必须注意的三个问题：资本成本、杠杆效应与风险、资本结构及其优化。资本成本是指企业为筹集和使用资本而付出的代价，通常包括资本筹资费用和资本使用费用两部分。资本结构决策需要在杠杆收益与相关风险之间进行合理的权衡。杠杆原理所涉及的内容包括经营杠杆、财务杠杆和复合杠杆。资本结构决策是企业筹资决策的核心内容。资本结构是指公司长期资本来源的构成和比例关系。企业研究资本结构的目的在于权衡资本成本和财务风险的关系，确定最优资本结构。最优资本结构是指企业在一定时期财务风险适当的情况下，使公司预期综合资本成本最低，而又使公司价值最大的资本结构。

2）内容结构

本章内容结构如图2-1所示。

3）主要概念和观念

（1）主要概念

资金筹集　资金需要量　销售百分比法　线性回归分析法　资金筹集渠道　资金筹集方式　吸收直接投资　股票　债券　长期借款　商业信用　短期借款　资本成本　加权平均资本成本　边际资本成本　经营杠杆　财务杠杆　复合杠杆　资本结构　最优资本结构

（2）主要观念

资金预测　资金筹集　资本成本　资本结构

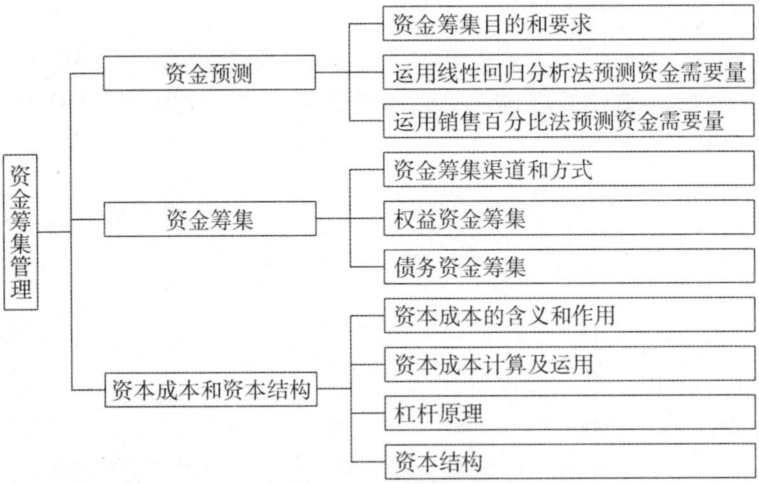

图2-1　本章内容结构

2.1.2　重点与难点

1）重点理论

资金筹集目的、种类与渠道　各种筹资方式的优缺点　资本成本的作用　经营风险和财务风险的影响因素　资本结构理论

2）重点实务

资金筹集的要求与方式　资金需要量预测的方法与步骤　各种来源资金的资本成本计算　资本成本的计算及运用　经营杠杆、财务杠杆与复合杠杆的计算　最优资本结构的确定方法、步骤和计算　相关"业务链接"

3）重点操作

资金需要量预测　筹资方式选择　资本成本计算与运用　财务风险和经营风险衡量　最优资本结构确定

4）难点

资金需要量预测方法　个别资本成本和综合资本成本计算　财务风险和经营风险衡量最优资本结构确定方法

2.1.3　主要公式

1）资本成本的计算公式

资本成本=用资费用÷实际用资额×100%

2）一次还本、分期付息借款成本的计算公式

$$K_l=\frac{I_l\times(1-T)}{L\times(1-F_l)}$$

3）债券资本成本的计算公式

$$K_b=\frac{I_b\times(1-T)}{B\times(1-F_b)}$$

4）优先股成本的计算公式

$$K_p=\frac{D_p}{P_p\times(1-F_p)}$$

5）普通股成本的计算公式

$$K_s=\frac{D_s}{P_s\times(1-F_s)}$$

6）普通股成本的计算公式

$$K_s=\frac{D_1}{P_s\times(1-F_s)}+g$$

7）普通股成本的计算公式

$$K_s=R_s=R_F+\beta\times(R_m-R_F)$$

8）普通股成本的计算公式

$$K_s=K_b+R\times P_c$$

9）综合资本成本的计算公式

$$K_w=\sum_{j=1}^{n}K_jW_j$$

10）经营杠杆系数的计算公式

$$DOL=\frac{\frac{\Delta EBIT}{EBIT}}{\frac{\Delta Q}{Q}}$$

$$DOL_q=\frac{Q\times(P-V)}{Q\times(P-V)-F}$$

$$DOL_s=\frac{S-VC}{S-VC-F}$$

11）财务杠杆系数的计算公式

$$DFL=\frac{\frac{\Delta EPS}{EPS}}{\frac{\Delta EBIT}{EBIT}}$$

$$DFL=\frac{EBIT}{EBIT-I}$$

12）复合杠杆系数的计算公式

$$DTL=DOL\times DFL$$

$$=\frac{Q\times(P-V)}{Q\times(P-V)-F-I}$$

13）每股收益EPS的计算公式

$$EPS=\frac{(S-VC-F-I)\times(1-T)}{N}$$

2.2 客观题

2.2.1 理论题

1）单项选择题

（1）企业取得资金的来源是（　　）。

A.资金筹集方式　　　　B.资金筹集成本

C.资金筹集渠道　　　　D.资金筹集风险

(2) 属于“自然融资”的是（　　）。

A.企业内部形成的资金　　　　B.银行信贷资金

C.非银行金融机构资金　　　　D.国家财政资金

(3) 以股票票面金额为发行价格的发行方式称为（　　）。

A.溢价发行　　　　B.平价发行

C.折价发行　　　　D.时价发行

(4) 要求企业主要领导人在合同有效期内担任领导职务和企业主要领导人购买人身保险属于长期借款的（　　）。

A.一般性保护条款　　　　B.例行性保护条款

C.特殊性保护条款　　　　D.常规性保护条款

(5) 非股份制企业筹集权益资金最主要的方式是（　　）。

A.发行股票　　　　B.吸收直接投资

C.发行债券　　　　D.银行借款

(6) 从融资的角度，下列融资方式中融资风险较小的是（　　）。

A.发行债券　　　　B.股权融资

C.长期借款　　　　D.融资租赁

2）多项选择题

(1) 属于资金筹集费的有（　　）。

A.律师费　　　　B.资信评估费

C.发行手续费　　　　D.股息

E.利息

(2) 属于短期债务资金筹集的有（　　）。

A.商业信用　　　　B.短期借款

C.优先股　　　　D.融资租赁

E.留存收益

(3) 吸收直接投资的优点有（　　）。

A.增强企业信誉　　　　B.尽快形成生产能力

C.财务风险较低　　　　D.成本较低

E.产权关系比较清晰

(4) 资本结构理论包括（　　）。

A.净收入理论　　　　B.净营运收入理论

C.传统理论　　　　D.权衡理论

E.MM理论

(5) 股票上市的优点有（　　）。

A.不会分散控制权　　　　B.保密性高

C.资本大众化，分散风险　　　　D.提高公司知名度，吸引更多顾客

E.便于确定公司价值

（6）商业信用融资的具体形式有（　　）。

A.应付账款　　B.应付票据

C.预收账款　　D.商业银行信用贷款

E.应收账款

3）判断题

（1）留存收益筹资的优点之一是基本不发生筹资费用。（　　）

（2）财务风险是指企业在经营活动中与筹资有关的风险，尤其指负债经营可能导致企业因资不抵债而破产的风险。（　　）

（3）加息法是银行向企业发放贷款时，先从本金中扣除利息部分，而到期时借款企业则要偿还全部本金的一种计息方法。（　　）

（4）买方企业在规定的折扣期内享受折扣而获得的信用是有代价信用。（　　）

（5）资本成本包括筹资费用和用资费用两部分，其中筹资费用是资本成本的主要部分。（　　）

（6）我国可以折价发行股票。（　　）

2.2.2　实务题

1）单项选择题

（1）某企业按年利率5.8%向银行借款1 000万元，银行要求保留15%的补偿性余额，则这项借款的实际利率约为（　　）。

A.5.8%　　B.6.4%

C.6.8%　　D.7.3%

（2）某企业按“1/10，N/40”的条件购进商品50 000元，若放弃现金折扣，则资金的机会成本为（　　）。

A.2%　　B.12%

C.14.4%　　D.14.69%

（3）某公司没有发行优先股，当前已获利息倍数为5，则财务杠杆系数是（　　）。

A.1.25　　B.1.5

C.2.5　　D.0.2

（4）某企业权益和负债资金的比例为6∶4，债务平均利率为10%，股东权益资本成本是15%，所得税税率为25%，则加权平均资本成本为（　　）。

A.12%　　B.13%

C.8.4 %　　D.11%

（5）已知某企业目标资金结构中长期债务的比重为20%，债务资金的增加额在0~10 000元范围内，其利率维持5%不变，则该企业与此相关的筹资总额分界点为（　　）元。

A.5 000　　B.20 000

C.50 000　　D.200 000

（6）当固定成本为0时，经营杠杆系数（　　）。

A. 大于1　　B. 小于1
C. 等于1　　D. 不确定

2）多项选择题

（1）下列各项中，可用于确定企业最优资金结构的方法有（　　）。
A. 高低点法　　B. 比较资本成本法
C. 企业价值分析法　　D. 每股收益无差别点法
E. 因素分析法

（2）企业可以通过以下措施降低经营风险（　　）。
A. 降低产品单位变动成本　　B. 降低固定成本的比重
C. 提高售价　　D. 扩大销售量
E. 增加固定成本的比重

（3）可以降低企业债务比重的方法有（　　）。
A. 发行股票　　B. 债转股
C. 减少企业的利润分配　　D. 发行优先股
E. 发行债券

（4）下列各项资本成本的计算中，需要考虑筹资费率的有（　　）。
A. 长期借款成本　　B. 债券成本
C. 优先股成本　　D. 普通股成本
E. 留存收益成本

（5）放弃现金折扣的成本受折扣百分比、折扣期和信用期的影响。下列各项中，使放弃现金折扣成本提高的情况有（　　）。
A. 信用期、折扣期不变，折扣百分比提高
B. 折扣期、折扣百分比不变，信用期延长
C. 折扣百分比不变，信用期和折扣期等量延长
D. 折扣百分比、信用期不变，折扣期延长
E. 折扣百分比、折扣期不变，信用期缩短

（6）在计算个别资本成本时，需要考虑所得税抵减作用的筹资方式有（　　）。
A. 留存收益　　B. 银行借款
C. 长期债券　　D. 优先股
E. 普通股

3）混合选择题

（1）当企业负债筹资额为0时，财务杠杆系数为（　　）。
A.1　　B.0
C. 不确定　　D.∞

（2）某企业2010年息税前利润为800万元，固定成本（不含利息）为200万元，预计企业2011年销售量增长10%，则2011年企业的息税前利润会增长（　　）。
A.8%　　B.10%
C.12.5%　　D.15%

（3）某公司的经营杠杆系数为1.8，财务杠杆系数为1.5，则该公司销售额每增长1倍，就会造成每股收益增加（　　）倍。

A.1.2　　B.1.5

C.0.3　　D.2.7

（4）预测资金需要量的方法有（　　）。

A.销售百分比法　　B.线性回归分析法

C.上加法　　D.加息法

E.企业价值分析法

（5）计算每股收益EPS，需知道的条件有（　　）。

A.息前税前盈余　　B.债务利息

C.所得税税率　　D.流通在外普通股股数

E.利润总额

（6）只要企业存在固定成本，当企业息税前利润大于0时，那么有关经营杠杆系数的表述正确的有（　　）。

A.大于1　　B.与销售量成反比

C.与固定成本成反比　　D.与经营风险成反比

E.与经营风险成正比

4）判断题

（1）同一渠道的资金可以采用不同的方式取得，而同一筹资方式又往往可适用于不同的筹资渠道。（　　）

（2）补偿性余额的约束有助于降低银行贷款风险，但同时也减少了企业实际可以动用的借款额，提高了企业借款的实际利率。（　　）

（3）无论是经营杠杆系数变大，还是财务杠杆系数变大，都可能导致企业的复合杠杆系数变大。（　　）

（4）在计算债券成本时，债券筹资额应按面值确定，而不应按发行价格确定。（　　）

（5）当企业资本结构达到最佳时，企业价值最大，财务风险最小。（　　）

（6）在其他条件不变的情况下，权益乘数越大，则财务杠杆系数越大。（　　）

2.2.3　案例题

金蝶融资

金蝶的前身为深圳爱普电脑技术有限公司，由现任金蝶董事长兼总裁徐少春于1991年11月与深圳大学一位教授一起创立，注册资本30万元，徐少春占90%股份。因为无法解决员工户口问题，员工频繁跳槽，这对于软件企业来说，打击太大，因此徐少春不得不为企业另谋出路。

1993年，由深圳市蛇口社会保险公司、美籍华人赵西燕以及徐少春代表的爱普公司共同投资成立了深圳金蝶科技软件有限公司，注册资本为500万元，徐少春让出控股权，以技术和资金共持股35%，赵西燕持股25%，深圳市蛇口社会保险公司持股40%。

此次筹集资金使金蝶获得多方面的好处：第一，获得了发展资金；第二，获得了外商投资企业待遇；第三，解决了员工户口、住房、调动等方面的燃眉之急；第四，能够随时知悉美国最先进的技术。不过徐少春付出的代价是此次筹资后放弃了控股权，表现出了一个企业家兼容并蓄的襟怀。

金蝶意识到要想实现高效率的积累，资本市场是一条行之有效的捷径。1997年，金蝶开始酝酿上市，最早瞄准国内A股市场。但在当时，企业上市要通过审批来取得指标，国内主板市场的苛刻条件也使得金蝶通过这条路上市根本不可能。

此时出现了一个现实的融资机会：IDG广州太平洋技术创业投资基金正在广深两地寻找投资项目，金蝶抓住了这个机会，经过短短3个月的接触就与IDG达成合作协议。1998年5月1日，金蝶吸收美国风险投资商IDG投入的现金2 000万元人民币，作价25%的股份，同时深圳市蛇口社会保险公司获得200万元人民币现金退出金蝶。徐少春在接受记者采访时说："吸收风险投资首先可以获得资金；其次，得到了先进的管理经验和海外商业资源；最后，有助于企业未来上市。"

利用风险资本创业的高新技术企业，由于企业自身的快速成长，往往需要可持续的融资和即时的融资。这样风险企业需要的常常不是一个融资对象，而是更为广阔的融资渠道，由此来保证融资的源源不断和及时有效。而且，从风险投资的角度看，投资企业是需要高回报的，最终还是要靠企业上市来实现价值。

与此同时，2000年国务院发布了《鼓励软件产业和集成电路产业发展的若干政策》，政策和资本市场环境开始对软件企业上市融资倾斜，金蝶公司瞄准了香港的创业板市场。2001年2月15日，金蝶国际软件集团有限公司正式挂牌香港交易所创业板市场，成为内地首家在香港创业板上市的民营软件企业。此次金蝶集团以配售的方式发行8 750万股新股，筹集资金近9 000万港元。

上市后的金蝶国际软件集团的股权结构是开放式的。国际数据集团属下的IDG是最大股东，占20%的股份，徐少春持有19.11%的股份，另外两位公司创办人章文兴和赵西燕分别持有13.33%和18.52%的股份，管理层和员工持有9.04%的股份，余下20%由公众持有。另外，根据香港联合交易所创业板上市规则，并经香港证监会豁免，可在上市之日起10年内享有高达总发行股本30%的股票期权额度。

请根据案例在下列题中填入适当选项：

1）深圳爱普电脑技术有限公司在1993年，与深圳市蛇口社会保险公司、美籍华人赵西燕共同投资成立了深圳金蝶科技软件有限公司，此次筹资目的是（　　）。

A.偿还债务　　B.设立企业

C.应付意外　　D.企业发展

2）不属于吸收风险投资优点的是（　　）。

A.可以获得资金

B.得到了先进的管理经验和海外商业资源

C.有助于企业未来上市

D.掌握控制权

3）金蝶上市后会获得的好处有（　　）。

A.便于确定公司价值　B.提高公司知名度，吸引更多顾客
C.有利于保护公司的商业秘密　D.资本大众化，分散风险
E.减少信息披露成本

4）影响金蝶资本成本高低的因素有（　　）。
A.总体经济环境　B.证券市场条件
C.筹资规模　D.企业的经营风险
E.企业的财务风险

5）案例中金蝶多次获得的发展资金属于（　　）。
A.债务资金　B.权益资金
C.债券资金　D.借款资金

2.2.4 实训题

就“职业道德”相关领域的“规范与标准”，“职业核心能力”和“专业能力”各技能点的“规范与标准”（参见“操练题”的“能力与道德领域”），以及“职业核心能力强化训练‘知识准备’参照范围”（参见“附录一”），在下列题中填入正确的选项：

1）单项选择题

（1）“信息处理（中级）”的“基本要求”是（　　）。
A.在更广泛的工作范围内获取需要的信息，进行信息开发处理，并根据工作岗位各方面的需要展示组合信息
B.具备学习的超强能力，在特殊条件下能运用这些能力适应工作和学习要求
C.能较熟练灵活地运用各种学习方法在最短时间内掌握急需的知识信息；能广泛地搜集、整理、开发和运用信息，善于学习、接受新的事物，以适应复杂工作和终身发展的要求
D.主要用理解式接受法，对有兴趣的任务可以用发现法掌握知识信息；在更广泛的工作范围内灵活运用这些能力以适应工作岗位各方面的需要

（2）属于“解决问题能力（中级）”的规范与标准的是（　　）。
A.分析问题、提出问题，实施计划、解决问题，验证方案、改进计划
B.能准备、制订和实施获得支持的较具体计划，并充分利用相关资源
C.分析问题、提出对策，实施方案、解决问题，验证方案、改进计划
D.能寻找方法，实施检查，鉴定结果，提出改进方式

（3）“数字应用能力（中级）”的“技能点”是（　　）。
A.采集、解读数据信息，进行数据计算，展示和使用数据信息
B.在更广泛的工作范围内，灵活地运用数字进行分析以适应工作岗位各方面的需要
C.解读数据信息，进行数据计算，展示和使用数据信息
D.在工作岗位上表现出更强的解决问题能力，在多种资源条件下，根据工作需要解决复杂和综合性问题

（4）属于“职业情感”的“规范与标准”的是（　　）。
A.对职业或职业模拟有愉快的主观体验、稳定的情绪表现、健康的心态、良好的

心境，具有强烈的职业认同感、职业荣誉感和职业敬业感

B.对职业、职业选择、职业工作、营销人员职业道德和企业营销伦理等问题具有正确的看法

C.对将要从事的职业种类、职业方向与事业成就有积极的向往和执着的追求

D.在履行职业义务时具有强烈的道德责任感和较高的自我评价能力

(5) 属于“职业作风”的“规范与标准”的是（　　）。

A.对将要从事的职业种类、职业方向与事业成就有积极的向往和执着的追求

B.对职业选择或模拟选择有充分的认知和积极的倾向与行动

C.在职业模拟、职业实践或职业生活的自觉行动中，具有体现职业道德内涵的一贯表现

D.爱岗敬业，诚实守信，廉洁自律，客观公正，坚持原则，提高技能，参与管理，强化服务

(6) 属于“职业守则”的“规范与标准”的是（　　）。

A.对职业或职业模拟有愉快的主观体验、稳定的情绪表现、健康的心态、良好的心境，具有强烈的职业认同感、职业荣誉感和职业敬业感

B.对职业、职业选择、职业工作、营销人员职业道德和企业营销伦理等问题具有正确的看法

C.对将要从事的职业种类、职业方向与事业成就有积极的向往和执着的追求

D.爱岗敬业，诚实守信，廉洁自律，客观公正，坚持原则，提高技能，参与管理，强化服务

2) 多项选择题

(1)“资金筹集管理”这一“专业能力领域”包括的技能点有（　　）。

A.资金需要量预测技能　　B.筹资方式的选择技能

C.资本成本计算技能　　D.经营风险和财务风险衡量技能

E.最优资本结构确定技能

(2)“资金需要量预测技能”的“规范与标准”有（　　）。

A.能正确掌握资金需要量预测的概念

B.能运用销售百分比法预测企业资金需要量

C.能运用线性回归分析法预测企业资金需要量

D.能熟悉各种筹资方式的优缺点

E.能正确选择适合企业实际情况的筹资方式

(3)“资本成本计算技能”的“规范与标准”有（　　）。

A.能熟练掌握资本成本含义

B.能正确计算单一资本的资本成本

C.能正确计算综合资本成本

D.能正确计算边际资本成本

E.能正确计算经营杠杆系数、财务杠杆系数和复合杠杆系数

(4)“最优资本结构确定技能”的“规范与标准”有（　　）。

A.能熟练掌握最优资本结构含义
B.能运用比较资本成本法确定企业最优资本结构
C.能运用每股收益无差别点分析法确定企业最优资本结构
D.能运用企业价值法确定企业最优资本结构
E.能正确运用经营杠杆和财务杠杆
(5)“撰写《资金筹集管理实训报告》技能”的“规范与标准”有（　　）。
A.能合理设计《资金筹集管理实训报告》的结构，层次较分明
B.能熟练掌握经营风险和财务风险含义
C.能较规范撰写《资金筹集管理实训报告》
D.能如实地填写实训班级、小组、成员名称，实训时间、地点
E.能运用较规范的文字如实地描述实训目的、实训步骤、实训感言等
(6)“筹资方式的选择技能”的“规范与标准”有（　　）。
A.能熟悉各种筹资方式的优缺点
B.能熟练掌握经营风险和财务风险含义
C.能正确选择适合企业实际情况的筹资方式
D.能如实地填写实训班级、小组、成员名称，实训时间、地点
E.能正确计算单一资本的资本成本

2.3 主观题

2.3.1 理论题

1）简答题
(1）简述普通股筹资优缺点。
(2）简述债务资金特点。
(3）简述企业筹资目的。
2）理解题
(1）比较资金筹集渠道与方式异同。
(2）经营杠杆与经营风险的关系。
(3）财务杠杆与财务风险的关系。

2.3.2 实务题

1）规则复习
(1）影响债券发行价格的因素有哪些？债券发行价格的计算公式是什么？
(2）企业综合资本成本如何表示？其计算公式是什么？
(3）普通股成本可以根据哪些模型计算？其计算公式是什么？
2）业务解析
(1）比较最佳资本结构确定方法的优缺点和运用条件。
(2）比较资金需要量预测方法的不同。

（3）比较债务资本成本计算和权益资本成本计算的异同。

2.3.3　案例题

1）案例分析

2009年中国长江电力股份有限公司公司债券发行

背景与情境：

中国长江电力股份有限公司是由中国三峡总公司作为主发起人，以原葛洲坝电厂所有发电资产及与发电业务密切相关的辅助性生产设施等资产配比相应负债作为出资，联合华能国际电力股份有限公司、中国核工业集团公司、中国石油天然气集团公司、中国葛洲坝水利水电工程集团有限公司和长江水利委员会长江勘测规划设计研究院等五家发起人以发起方式设立的股份有限公司。公司创立于2002年11月4日，设立时总股本为553 000万股。

案例资料：

（1）公司债券发行批准及核准情况

①2007年8月22日，公司第二届董事会第十六次会议审议通过了《关于发行人民币80亿元公司债券的议案》，并提交公司2007年第三次临时股东大会审议。

②2007年9月7日，公司2007年第三次临时股东大会审议通过了《关于发行人民币80亿元公司债券的议案》。

③2007年9月7日，公司第二届董事会第十七次会议审议通过了《关于2007年第一期公司债券发行方案的议案》。

④2007年9月19日，经中国证监会证监发行字〔2007〕305号文核准，本公司获准发行不超过80亿元（含80亿元）公司债券，采取分期发行的方式，第一期发行40亿元；第二期在中国证监会核准后的24个月内择期发行，发行规模不超过40亿元（含40亿元）。

⑤2007年9月，公司成功发行了总额为40亿元的2007年第一期公司债券。

⑥根据发行人2007年第三次临时股东大会对董事会的授权，本期债券的主要发行方案已于2009年6月29日通过发行人第二届董事会第三十次会议审议批准。本期债券的发行规模为35亿元，为发行人2007年第三次临时股东大会批准和中国证监会核准范围内的剩余额度限额内发行。

（2）本期公司债券发行的基本情况及发行条款

①公司债券的名称：中国长江电力股份有限公司2009年第一期公司债券。

②公司债券的发行规模：35亿元。

③公司债券的票面金额：每一张票面金额为100元。

④发行价格：按面值发行。

⑤债券期限：10年。

⑥债券利率及其确定方式：票面利率在债券存续期内固定不变，采取单利按年计息，不计复利，发行人按照登记机构相关业务规则将到期的利息及本金足额划入登记机构指定的银行账户后，不再另计利息。票面利率由发行人和保荐人（主承销商）通过市

场询价协商确定。

⑦还本付息的期限和方式：本期公司债券票面利率为4.78%，在债券存续期内固定不变，采取单利按年计息，不计复利，逾期不另计利息。本期公司债券按年付息，到期一次还本。利息每年支付一次，最后一年利息随本金一起支付。本期公司债券的起息日为公司债券的发行首日，即2009年7月30日。公司债券的利息自起息日起每年支付一次，2010年至2019年间每年的7月30日为上一计息年度的付息日。本期公司债券到期日为2019年7月30日，到期支付本金及最后一期利息。公司债券付息的债权登记日为每年付息日的前1个工作日，到期本息的债权登记日为到期日前6个工作日。在债权登记日当日收市后登记在册的本期公司债券持有人均有权获得上一计息年度的债券利息和/或本金。本期公司债券的付息和本金兑付工作按照登记公司相关业务规则办理。

⑧担保方式：中国长江三峡工程开发总公司为本期债券的按期还本付息提供全额无条件不可撤销的连带责任保证担保。

⑨信用级别及资信评级机构：经中诚信评估综合评定（信评委函字[2009]023号），公司的主体信用等级为AAA，本期公司债券信用等级为AAA。在本期公司债券的存续期内，资信评级机构每年将对公司主体信用和本期公司债券进行至少一次跟踪评级。

⑩债券受托管理人：华泰证券股份有限公司。

⑪发行对象：

网上发行：持有中国证券登记结算有限责任公司（以下简称“登记公司”）开立的首位为A、B、D、F证券账户的社会公众投资者（法律、法规禁止购买者除外）。

网下发行：在登记公司开立合格证券账户的机构投资者（法律、法规禁止购买者除外）。

⑫发行方式：本期公司债券发行采取网上面向社会公众投资者公开发行和网下面向机构投资者协议发行相结合的方式。网上认购按“时间优先”的原则实时成交，网下认购采取机构投资者与主承销商签订认购协议的形式进行。2009年7月30日，网上发行实际认购数量为2.63148亿元，网上发行额度未获得全额认购，发行人和保荐人（主承销商）协商后决定启动回拨机制，将网上发行剩余部分0.86852亿元债券回拨至网下发行。

⑬承销方式：由保荐人（主承销商）华泰证券股份有限公司组织承销团，采取余额包销的方式承销。

⑭发行费用：预计不超过募集资金总额的1.30%。

（3）近3年债券的发行及偿还情况

2007年9月19日，经中国证监会证监发行字〔2007〕305号文核准，公司获准发行不超过80亿元的公司债券，采取分期发行的方式，第一期发行40亿元，已于2007年9月发行完毕，债券期限为10年，发行利率为5.35%。

根据约定，长江电力2007年第一期公司债券2007年9月24日至2008年9月23日期间的利息已按期支付。

（4）本次发行后累计公司债券余额

本次发行后累计公司债券余额为75亿元，占公司最近一期期末净资产的比重为

19.60%。

问题：

（1）发行人面临哪些风险？

（2）债券筹资利率如何确定？

（3）怎样进行债券筹资规模决策分析？

（4）债券筹资成本如何计算？

（5）在以上的分析基础上，你认为债券筹资存在哪些缺点。

分析要求：

（1）形成性要求

①学生分析案例提出的问题，分别拟定《案例分析提纲》；小组讨论，形成小组《案例分析报告》；班级交流并修订小组《案例分析报告》，教师对经过交流和修改的各小组《案例分析报告》进行点评；附有“教师点评”的小组优秀《案例分析报告》在班级展出，并纳入本校该课程的教学资源库。

②了解“附录二”中附表2-1“形成性考核”的“考核指标”与“考核内容”。

（2）成果性要求

①案例课业要求：以经班级交流和教师点评的《案例分析报告》为最终成果。

②课业的结构、格式与体例要求：参照“课业范例”的“范例2-5-1”。

③其他要求：了解“附录二”中附表2-1“课业考核”的“考核指标”与“考核内容”。

2）善恶研判

上市公司筹资规模、来源、结构不合伦理

背景与情境：

上市公司在筹资决策过程中，会对企业所筹资金的规模、来源和结构作出安排，然而某些上市公司并没有很好地处理好这些问题，从而产生筹资伦理冲突行为。

（1）筹资规模不合伦理

筹资规模不合伦理主要表现在上市公司对未来情况判断出现偏差，过好或过坏地估计市场情况，筹资方案没有准确地反映企业增长所需要的资金；过于保守的筹资方案使企业未来发展中所需要的资金紧张，过于激进的筹资方案则使企业财务成本上升，两种情况都会影响企业未来发展。

（2）筹资来源不合伦理

筹资来源不合伦理主要表现在上市公司不考虑各种资金来源对公司未来发展的影响，某些企业在发展过程中，盲目引入风险投资，财务决策多偏向于短期决策，透支企业未来的发展潜力。

（3）筹资结构不合伦理

筹资结构不合伦理表现在上市公司资产、负债结构搭配不合理，短期债务用于公司长期投资项目，加大企业财务风险，影响公司经营。筹资的不合伦理因没有将其他利益相关者的利益纳入决策体系，阻碍企业长远发展的同时，也间接导致企业相关利益者利益的损失。

（资料来源：万坤.我国上市公司财务行为的伦理规制研究［D］.西南财经大学硕士学位论文，2011.）

问题：

（1）本案例中存在哪些道德伦理问题？

（2）试对上述问题作出你的善恶研判。

（3）试分析上市公司财务行为的伦理冲突原因。

研判要求：

（1）形成性要求

①学生分析案例提出的问题，拟出《善恶研判提纲》；小组讨论，形成小组《善恶研判报告》；班级交流、相互点评和修订各组的《善恶研判报告》；在校园网的本课程平台上展出经过修订并附有教师点评的各组《善恶研判报告》，供学生借鉴。

②了解本教材“附录二”的附表2中“形成性训练与考核”的“参照指标”与“参照内容”。

（2）成果性要求

①课业要求：以经过班级交流和教师点评的《善恶研判报告》为最终成果。

②课业结构、格式与体例要求：参照本《训练手册》“课业范例2.5.2”。

③了解本教材“附录二”的附表2中“课业训练与考核”的“参照指标”与“参照内容”。

2.3.4 实训题

“资金筹集管理”业务胜任力训练

【实训目的】

见主教材本章“章名页”之“学习目标”中的“实训目标”。

【实训内容】

专业能力训练：其“领域”“技能点”“名称”和“参照规范与标准”见表2-1。

表2-1 专业能力训练领域、技能点、名称及其参照规范与标准

能力领域	技能点	名称	参照规范与标准
资金筹集管理	技能I	资金需要量预测技能	1）能正确掌握资金需要量预测的概念。 2）能运用销售百分比法预测企业资金需要量。 3）能运用线性回归分析法预测企业资金需要量
	技能II	筹资方式的选择技能	1）能熟悉各种筹资方式的优缺点。 2）能正确选择适合企业实际情况的筹资方式
	技能III	资本成本计算技能	1）能熟练掌握资本成本含义。 2）能正确计算单一资本的资本成本。 3）能正确计算综合资本成本。 4）能正确计算边际资本成本

续表

能力领域	技能点	名称	参照规范与标准
资金筹集管理	技能Ⅳ	经营风险和财务风险衡量技能	1）能熟练掌握经营风险和财务风险含义。 2）能正确计算经营杠杆系数、财务杠杆系数和复合杠杆系数。 3）能正确运用经营杠杆和财务杠杆
	技能Ⅴ	最优资本结构确定技能	1）能熟练掌握最优资本结构含义。 2）能运用比较资本成本法确定企业最优资本结构。 3）能运用每股收益无差别点分析法确定企业最优资本结构。 4）能运用企业价值法确定企业最优资本结构
	技能Ⅵ	撰写关于“资金筹集管理”的相应《实训报告》的技能	1）能合理设计关于“资金筹集管理”的相应《实训报告》，其结构、层次较分明。 2）能较规范撰写所述《实训报告》。 3）本教材网络教学资源包中《学生考核手册》考核表2-2所列各项“考核指标”和“考核标准”

职业核心能力和职业道德训练：其内容、种类、等级与选项见表2-2。

表2-2　**职业核心能力与职业道德训练内容、种类、等级与选项表**

内容	职业核心能力							职业道德						
种类	自我学习	信息处理	数字应用	与人交流	与人合作	解决问题	革新创新	职业观念	职业情感	职业理想	职业态度	职业良心	职业作风	职业守则
等级		中级	中级	中级	中级	中级	中级		认同级		认同级	认同级	认同级	认同级
选项		√	√	√	√	√	√		√		√	√	√	√

【组织形式】

将班级学生分成若干实训小组，根据实训内容和项目需要进行角色划分。

【实训任务】

对表2-1所列专业能力领域各技能点，依照其“参照规范与标准”实施阶段性基本训练。

【实训要求】

（1）实训前学生要了解并熟记本实训的“目的”“任务”与“要求”，了解并熟记本教材网络教学资源包中《学生考核手册》考核表2-1和考核表2-2中的“考核指标”与“考核标准”的内涵，将其作为本实训的操练点和考核点来准备。

（2）通过“实训步骤”，将“实训任务”所列三种训练整合并落实到本实训的“活动过程”和“成果形式”中。

（3）实训后学生要对本次“资金筹集管理实训”的实训活动进行总结，在此基础上撰写实训报告。

【情境设计】

将学生分成若干实训组，各组从“实训课业”题目中任选其一，结合题目内容和本章相关“实训资料”，进行关于“资金筹集管理”的实训。各实训组通过参与和体验所述项目的运作，实训任务的完成，相应《实训报告》的准备、撰写、讨论与交流等实践活动，完成各自实训任务。

【指导准备】

专业知识准备：

（1）“资金筹集管理”的理论与实务知识。

（2）“附录一”附表1中，与本章“职业核心能力‘强化训练项’”各技能点相关的“‘知识准备’参照范围”。

（3）“附录二”附表2-2、附表2-3中，涉及本章“职业核心能力领域‘强化训练项’”各技能点和“职业道德领域‘相关训练项’”的“规范与标准”知识。

操作指导：

（1）教师向学生阐明“实训目的”和“专业知识准备”。

（2）教师就“知识准备”中的第（2）、（3）项，对学生进行培训。

（3）教师指导学生就操练项目企业的资金筹集资料进行熟悉、分析、判断，并根据分析、判断的结果准确地进行归类。

（4）教师指导学生就操练项目资金需要量预测、筹资方式选择、资本成本计算、风险衡量、最优资本结构确定情况及结果进行正确的分析。

（5）教师指导学生撰写关于“资金筹集管理”的相应《实训报告》。

【实训时间】

本章课堂教学内容结束后的双休日和课余时间，为期1周。

【实训步骤】

（1）将学生组成若干个实训组，每8位同学分成一组，每组确定1~2人负责。

（2）对学生进行“资金筹集管理”实训的“知识准备”培训。

（3）指导各实训组熟悉操练项目企业的资金筹集资料。

（4）指导学生以组为单位，结合课业题目和所选资料，分别讨论完成资金需要量预测、筹资方式选择、资本成本计算、风险衡量或最优资本结构确定。

（5）各实训组在实施上述训练的过程中，融入对“信息处理”“数字应用”和“解决问题”等职业核心能力的各“技能点”的“中级”强化训练和对“职业情感”“职业作风”“职业态度”和“职业守则”等职业道德各“素质点”的“认同级”相关训练。

（6）各实训组成员撰写、交流和完善作为最终成果形式的关于“资金筹集管理”的相应《实训报告》。

【成果形式】

实训课业（任选其一）：

《中新集团公司资金筹集管理实训报告》

《华信集团公司资金筹集管理实训报告》

课业要求：

（1）实训报告的内容、结构与体例参照“课业范例”的范例2.5.3。

（2）各组成员撰写的《实训报告》初稿应先经小组讨论，然后选拔优胜者参加班级交流讨论。

（3）各组成员在班级交流的基础上进一步完善《实训报告》。

（4）各组成员完成的《实训报告》应由项目指导教师、项目组长、项目组成员三方签字。

（5）将附有“教师点评”的优秀实训报告在班级展出，并纳入本校该课程的教学资源库。

2.4 实训资料

实训资料2.4.1

中新集团公司资金筹集管理

背景与情境：

中新集团旗下有四个子公司，分别是欣欣股份有限公司、华源股份有限公司、新元股份有限公司和新联股份有限公司。

1）欣欣股份有限公司原有资本700万元，其中债务资本200万元（每年负担利息20万元）、普通股资本500万元（发行普通股10万股，每股面值50元）。公司的变动成本率为60%，固定成本为180万元，所得税税率为25%。由于扩大业务，需追加投资300万元，其中筹资方式有二：

一是全部发行普通股：增发6万股，每股面值50元。

二是全部筹借长期债务：债务利率仍为10%，利息30万元。

2）华源股份有限公司近几年的财务状况见表2-3，预计2016年销售额将在2015年基础上增加20%，即3 600万元。

3）新元股份有限公司2016年拟筹资4 000万元，财务人员结合公司实际情况编制公司的筹资计划，经过董事会决议，采用了三种方式筹集资金，其中按面值发行债券1 500万元，期限为5年，票面利率为10%，发行时市场利率降低了2%，筹资费率为1%；发行优先股500万元，每股利率为12%，筹资费率为2%；发行普通股2 000万元，筹资费率为4%，预计第一年每股利率为12%，以后每年按4%递增，所得税税率为25%。

4）新联股份有限公司本年只生产经营一种产品，息税前利润总额为90万元，变动成本率为40%，债务筹资的利息为40万元，单位变动成本100元，销售量为10 000台。

问题：

1）试运用EBIT-EPS分析法帮助欣欣股份有限公司选择一个筹资方案。

2）试用销售百分比法，预测华源股份有限公司2016年对外融资需求量。

3）计算新元股份有限公司的综合资本成本。

4）计算新联股份有限公司的经营杠杆系数和财务杠杆系数。

表 2-3　　华源股份有限公司2013—2015年财务报表　　单位：万元

项　目	2013年	2014年	2015年
销售额	2 000	2 400	3 000
净利润	60	75	100
资产：			
货币资金	200	285	300
应收账款	150	160	240
存货	50	55	60
固定资产	600	700	800
资产合计	1 000	1 200	1 400
负债及所有者权益：			
短期借款	80	80	80
应付票据	9	11	11
应付账款	161	209	259
应付费用	350	400	450
应付债券	100	130	100
负债合计	700	830	900
实收资本	200	200	100
资本公积	50	50	50
留存收益	50	120	350
所有者权益合计	300	370	500
总　计	1 000	1 200	1 400

实训资料 2.4.2

华信集团公司资金筹集管理

背景与情境：

华信集团旗下有四个子公司，分别是华元股份有限公司、华明股份有限公司、华山股份有限公司和华宏股份有限公司。

1）华元股份有限公司拟筹资2 000万元，现有甲、乙两个方案备选。有关资料见表2-4。

2）华明股份有限公司2013年至2015年销售额和资金需要量数据见表2-5。2016年的预计销售额为3 600万元。

表2-4 **甲、乙方案资料**

筹资方式	甲方案		乙方案	
	筹资额（万元）	资本成本	筹资额（万元）	资本成本
长期借款	400	6%	200	5%
债券	600	8%	800	8.5%
普通股	1 000	12%	1 000	13%
合计	2 000	—	2 000	—

表2-5 **华明股份有限公司2013—2015年销售额和资金需要量** 单位：万元

年　度	销售额x	资金需要量y
2013	2 000	1 000
2014	2 400	1 200
2015	3 000	1 400

3）华山股份有限公司2016年拟筹资6 000万元，财务人员结合公司实际情况编制公司的筹资计划，经过董事会决议，采用了三种方式筹集资金，公司所得税税率25%，采用筹资方式如下：按面值发行债券2 000万元，票面利率10%，筹资费率为3%；发行优先股1 000万元，股利率为12%，筹资费率为3%；发行普通股3 000万元，筹资费率为5%，第一年已按6%的股利率发放股利，以后每年按5%递增。

4）华宏股份有限公司年销售额为210万元，息税前利润为60万元，变动成本率为60%；全部资本为200万元，负债比率为40%，负债利率为10%。

问题：

1）试运用比较加权平均资本成本法来确定最佳资本结构方案。

2）试用线性回归分析法，预测华明股份有限公司2016年资金需要量。

3）计算华山股份有限公司的综合资本成本。

4）计算华宏股份有限公司的经营杠杆系数和财务杠杆系数。

2.5 课业范例

范例2.5.1

中达公司是否享受现金折扣案例分析报告

（组长：　　　　　组员：　　　　　　　　　　　　　　　　）

背景与情境：

中达公司向夏雨公司购买原材料100万元，夏雨公司开出的付款条件为“2/10，N/30”。中达公司的财务经理查阅公司记录后得知，会计人员对此项交易的处理方式是：一般在收到货物后15天支付货款。当财务经理询问公司会计为什么不争取现金折扣时，负责该项交易的会计不假思索地回答道：“这一交易的资本成本仅为2%，而银行贷款成本却为6%。”

问题：

1）会计人员的说法是否正确？

2）丧失现金折扣的实际成本有多大？

3）如果中达公司无法获得银行贷款而被迫使用商业信用资金，为降低年利息成本，你能向财务经理提出好的建议吗？

分析：

1）会计人员的说法是错误的。

2）如果中达公司在10天内付款，便享受了10天的免费信用期，并获得折扣2万元（100×2%），免费信用额为98万元（100-2）。

如果中达公司放弃折扣，在第15天付款，该公司便要承担因放弃折扣而造成的隐含利息成本，那么该公司放弃折扣所负担的成本为：

$2\%\div(1-2\%)\times360\div(15-10)=146.94\%$

很显然，远远高于银行贷款成本。

3）如果能以低于放弃折扣的隐含利息成本的利率借入资金，应在现金折扣期内用借入的资金支付货款，享受现金折扣。例如，案例中银行短期借款年利率为6%，则中达公司应利用更便宜的银行借款在折扣期内偿还应付账款；反之，中达公司应放弃折扣。当然，即使中达公司放弃折扣优惠，也应将付款日推迟至信用期限内的最后一天（如上述案例中的第30天），以降低放弃折扣的年利息成本。

这样该公司放弃现金折扣所负担的成本为：

$2\%\div(1-2\%)\times360\div(30-10)=36.73\%$

范例2.5.2

上市公司筹资过程中的内幕交易行为善恶研判报告

（组长：　　　　　　组员：　　　　　　　　　　　　　　　　　　　　　　）

背景与情境：

内幕交易是指“在证券的发行及交易过程中，知晓上市公司内幕信息的人员，以赚取非法收益或避免经济损失为目的，在内幕信息尚未在市场公布之前买卖该上市公司证券的行为。”我国《证券法》明文规定：“禁止证券交易内幕信息的知情人和非法获取内幕信息的人利用内幕信息从事证券交易活动。”上市公司筹资过程中的内幕交易行为因公司经营活动中缺乏充分的内控制度所致，对公司的长远发展及股票市场的健康发展构成了严重的威胁。一方面，内幕交易行为违反了股票市场的三公原则，破坏了参与各方的地位平等性，损害了市场的交易规制；另一方面，公司的内幕交易行为影响公司的经营绩效，造成了公司股价和实际情况在时间上的不一致，误导潜在投资者的投资决策的同时，也给公司内部的财务决策、经营决策的作出带来影响。证监会处罚了很多上市公司的内幕交易行为，如：作出对ST黄海董事、总经理赵建广利用中国化工集团公司重组ST黄海过程中的内幕消息获取非法收益的行政处罚决定；作出对新光硅业吕道斌等5名责任人员利用新光硅业乐山和新津多晶硅投资项目议案的内幕消息获取非法收益的行政处罚。

问题：

1）本案例中存在哪些道德伦理问题？

2）试对上述问题作出你的善恶研判。

3）通过适当途径搜集你作善恶研判所依据的行业规范。

分析：

1）本案例中内幕交易存在道德伦理问题。

2）一方面，内幕交易行为违反了股票市场的三公原则，破坏了参与各方的地位平等性，损害了市场的交易规制；另一方面，公司的内幕交易行为影响公司的经营绩效，造成了公司股价和实际情况在时间上的不一致，误导潜在投资者的投资决策的同时，也给公司内部的财务决策、经营决策的作出带来影响。

3）《刑法修正案（七）》，《最高人民检察院、公安部关于公安机关管辖的刑事案件立案追诉标准的规定（二）》，《关于审理证券行政处罚案件证据若干问题的座谈会纪要》，最高人民法院、最高人民检察院关于办理内幕交易、泄露内幕信息刑事案件具体应用法律若干问题的解释，《证券法》等。

范例2.5.3

资本成本计算实训报告

（组长：　　　　　组员：　　　　　　　　　　　　　　　　　　　）

资料：

顺天股份有限公司2009年为拓展法国化妆品销售业务，销售部门已制订了销售可行性分析报告（见表2-6）给公司董事会，并提出需要增加1 000万元投资，公司财务部门制订1 000万元资金筹集计划（见表2-7）。

表2-6　**顺天股份有限公司销售部门制定的《法国化妆品销售可行性分析报告》摘要表**

市场分析	本市为中等城市，没有法国化妆品的专卖商店，本市白领女性150万人，其中：人均年收入50万元以上的占10%，对法国化妆品的喜爱度达100%；人均年收入40万~50万元的占10%，对法国化妆品的喜爱度达90%；人均年收入30万~40万元的占20%，对法国化妆品的喜爱度达80%；人均年收入20万~30万元的占30%，对法国化妆品的喜爱度达70%；人均年收入10万~20万元的占30%，对法国化妆品的喜爱度达60%。白领女性收入增加，对法国化妆品的喜爱度也将不断提高，预计白领女性收入将会增加10%左右
销售预测	白领女性高档化妆品支出占收入的比重： 人均年收入50万元以上白领女性高档化妆品支出占收入的30%；人均年收入40万~50万元白领女性高档化妆品支出占收入的25%；人均年收入30万~40万元白领女性高档化妆品支出占收入的20%；人均年收入20万~30万元白领女性高档化妆品支出占收入的15%；人均年收入10万~20万元白领女性高档化妆品支出占收入的10%。 预计当年的销售收入为700万元，以后每年增长10%
投资收益	总投资需要资金1 000万元，经营期5年。其中：500万元属于可收回的流动资金投资，500万元为不可收回的固定与无形资产投资。 占用场地100平方米，每年交纳场地费20万元。 不包括场地占用费和财务费用的经营管理费用率为20%。 销售毛利率为40%

表 2-7 **顺天股份有限公司财务部门制订的资金筹集计划表**

银行借款200万元	可通过银行取得一年期借款200万元，年利率6%，所得税税率25%，筹资费用率1%，每年还本付息一次，可续借5年
发行债券300万元	可发行5年期债券，面值为300万元，票面年利率8%，每年付息一次，发行价为300万元，发行费用率为5%，所得税税率为25%
发行普通股400万元	可发行普通股40万股，每股10元，筹资费用率为5%，第一年年末每股发放股利1元，预计未来股利每年增长5%
留存收益100万元	可动用留存收益100万元用于投资经营化妆品
合计	1 000万元

要求：

1）计算资本成本，撰写《资本成本效益分析报告》提交公司董事会决策。

2）通过本实训工作的全程参与和体验，能基本完成实训操练任务，并能独立形成《资本成本计算实训报告》。

实训步骤解答：

步骤一： 制订实训工作计划

项目组根据工作任务制订本组工作计划。每个小组制订一份工作计划书（见表2-8），工作计划书根据工作内容，由小组学生讨论制订，并经指导老师审阅批准后实施。

表 2-8 **资本成本计算分析工作计划书**

主要内容	实施时间	实施形式	主要负责人
综合资本成本分析工作分工	××年××月××日	小组讨论	组长
复习个别资本和综合资本成本计算方法	××年××月××日	成员自学	2人一组
学习讨论综合资本成本分析	××年××月××日	小组讨论	分工组长
计算个别资本和综合资本成本率	××年××月××日	分三组计算	分工组长
撰写《综合资本成本效益分析报告》	××年××月××日	分三组撰写	分工组长

其他：

学习小组组长：　　　　　　　　学习小组成员：

××年××月××日

指导老师审阅意见：

签名：×××

××年××月××日

步骤二：计算资本成本

项目组按照分工，分三个小组分别完成银行借款资本成本计算、发行债券资本成本计算、发行股票资本成本计算、留存收益资本成本和综合资本成本计算。具体见《顺天股份有限公司筹集资本成本报告》（见表2-9）。

表2-9　**顺天股份有限公司筹集资本成本报告**

项目	资本成本
银行借款资本成本	资本成本率=200×6%×(1-25%)÷[200×(1-1%)]=4.55%
发行债券资本成本	资本成本率=300×8%×(1-25%)÷[300×(1-5%)]=6.32%
发行股票资本成本	资本成本率=1×40÷[400×(1-5%)]+5%=15.53%
留存收益资本成本	资本成本率=15%
综合资本成本	4.55%×20%+6.32%×30%+15.53%×40%+15%×10%=10.518%

学习小组成员签字：×××　×××

步骤三：撰写《综合资本成本收益分析报告》

项目组成员根据上述计算结果进行分析比较，讨论确定资本成本为10.518%。然后，撰写《综合资本成本收益分析报告》（见表2-10）。

表2-10　**综合资本成本收益分析报告**

一、筹集1 000万元资本成本
根据《顺天股份有限公司筹集资本成本报告》，得出综合资本成本为10.518%
二、经营5年资本成本支出
占用资金1 000万元，按综合资本成本率10.518%计算，每年利息支出为105.18万元。按年金终值计算，5年的资本成本支出为592.91万元(105.18×5.6371)
三、法国化妆品经营5年的净收益
预计5年的销售收入=700×6.1051=4 273.57(万元)
预计5年的销售毛利=4 273.57×40%=1 709.428(万元)
预计5年不可收回投资=500(万元)
预计5年场地占用费=20×5=100(万元)
预计5年的经营管理费用=4 273.57×20%=854.714(万元)
不考虑销售税金的经营利润=1 709.428-500-100-854.714-592.91=-338.196(万元)
四、对投资经营法国化妆品的建议
据计算的经营净收益和市场分析提出合理性的建议
学习小组成员签字:×××　×××

步骤四：撰写《资本成本计算实训报告》（见表2-11）

表2-11 **资本成本计算实训报告**

项目实训班级：财务131　　项目小组：01　　项目组成员：张心怡等

实训时间：2015年10月15日　　实训地点：多媒体教室

实训目的：熟悉资本成本和综合资本成本的含义：掌握单一资本成本和综合资本成本计算公式

实训步骤：

①由项目组根据实训任务编制实训工作计划书；②项目组中分三个小组分别完成银行借款资本成本计算、发行债券资本成本计算、发行股票资本成本计算、留存收益资本成本计算和综合资本成本计算；③项目组成员根据上述计算结果进行分析比较：讨论确定资本成本为10.518%：然后撰写综合资本成本收益分析报告；④由各成员根据上述计算和分析的结果撰写实训报告；⑤讨论评价

实训结果：

资本成本计算分析工作计划书；《筹集资本成本报告》；《综合资本成本收益分析报告》。具体资料见上述计算结果

企业资本成本状况简单说明：

银行借款资本成本为4.55%、发行债券资本成本为6.32%、发行股票资本成本为15.53%、留存收益资本成本为15%、综合资本成本为10.518%

实训感言：

通过本实训：熟悉了资本成本和综合资本成本的含义：掌握单一资本成本和综合资本成本的计算：明确了综合资本成本和单一资本成本之间的关系：进一步理解了综合资本成本决策方式。这一切有助于理解和掌握本章的基本概念与理论：有助于大家动手能力的提高

关于“能力与道德领域”其他训练的补充说明：

实训前，我们对列入本章“实训题”指导准备中“知识准备”的那些知识进行了必要预习，接受了指导老师的全部“操作指导”。通过参加“知识准备”第（2）、（3）项的培训，我们了解了本章涉及的“专业能力”各项技能、“职业核心能力”和“职业道德”选项的“规范与标准”，克服了实训过程中对相关操作规范的盲目性。

在本实训中，我们在体验本章“专业能力”基本训练的同时，也体验到了“信息处理”“数字应用”和“解决问题”等“职业核心能力”强化训练和“职业情感”“职业作风”“职业态度”和“职业守则”等“职业道德”的相关训练的甜头。我们相信只要通过这些相关实训，必将提高我们的“学习迁移能力”和“可持续发展能力”，通过本课程和后续课程的同类学习和训练，在我们建构“职业胜任力”的过程中，我们的“职业核心能力”将不断增强，我们的“职业道德”水平将有更大的提高

不足与改进：（略）

附件：（略）

指导老师点评：（略）

项目组长签字：　　　　指导教师签字：

步骤五：汇报交流

首先，各小组用PPT汇报交流，限时不超过10分钟。其次，各小组听取汇报交流并打分互评。最后，指导老师打分并点评。

2.6 参考答案与提示

教学互动2-1

引导提示

（1）股票上市有助于改善公司财务状况，有利于提高公司知名度，有利于利用股票市场客观评价企业，也有利于用股票激励员工，还可以利用股票收购其他公司等。

（2）股票公开上市不仅需要很高的费用，而且使公司失去了隐私权，也限制了经营人员操作的自由度。

教学互动2-2

引导提示

（1）银行借款。优点：筹资速度快、筹资弹性大、筹资成本低、具有财务杠杆作用。

缺点：筹资风险大、限制条件多、筹资数量有限度。

（2）商业信用。优点：限制条件少、融资便利、筹资成本低。

缺点：融资期限短、信用成本高。

（3）发行债券。优点：筹资成本较低、保证股东对公司的控制权、具有财务杠杆作用、可转移通货膨胀风险。

缺点：筹资风险高、限制条件多、筹资额有限。

教学互动2-3

引导提示

（1）不同资金来源的资本成本率高低各不相同且不固定，但总体上看存在这样一种基本规律，即普通股成本最高，优先股成本次之，长期负债的成本相对较低。在资本市场充分发达的情况下，不同类别资本的成本又呈现出一种相对稳定的状态。

（2）债券融资具有抵税利益。只有当债务融资超过特定临界点时，增加的破产成本和代理成本才会抵消企业节税利益，因此，保持合理的债务比例有助于企业价值的提升。

（3）债务融资对管理者具有激励作用，可在一定程度上降低由于所有权和控制权分离而产生的代理成本。

"2.2 客观题"参考答案

2.2.1 理论题

1）单项选择题

（1）C （2）A （3）B （4）C （5）B （6）B

2）多项选择题

（1）ABC （2）AB （3）ABC （4）ABCDE （5）CDE （6）ABD

3）判断题

（1）√ （2）√ （3）× （4）× （5）× （6）×

2.2.2 实务题

1）单项选择题

（1）C （2）B （3）A （4）A （5）C （6）C

2）多项选择题

（1）BCD （2）ABCD （3）ABCD （4）ABCD （5）ADE （6）BC

3）混合选择题

（1）A （2）C （3）D （4）AB （5）ABCD （6）ABCE

4）判断题

（1）√ （2）√ （3）√ （4）× （5）× （6）√

2.2.3 案例题

1）D 2）D 3）ABD 4）ABCDE 5）B

2.2.4 实训题

1）单项选择题

（1）A （2）B （3）C （4）A （5）C （6）D

2）多项选择题

（1）ABCDE （2）ABC （3）ABCD （4）ABCD （5）AC （6）AC

"2.3 主观题"参考答案

2.3.1 理论题

参考答案：

1）简答题

（1）普通股筹资的优点：普通股所筹资金没有偿还期；普通股筹资风险小；普通股筹资能增强公司的信誉与举债能力；普通股筹资容易吸收社会资金。普通股筹资的缺点：普通股的资本成本较高；可能分散公司的控制权；可能导致股价下跌。

（2）筹集的资金具有使用上的时间性，需到期偿还；不论企业经营好坏，需固定支付债务利息，从而形成企业固定的财务负担；但其资本成本一般比普通股筹资成本低，且不会分散投资者对企业的控制权。

（3）依法设立企业；扩大经营规模；偿还原有债务；调整资本结构；应付偶发事件。

2）理解题

（1）资金筹集渠道和资金筹集方式之间有着密切的关系。不同的筹资渠道，除各种债务以外，都体现着一定的所有制成分，而不同的筹资方式则体现着不同的经济关系。一定的筹资方式可能只适用于某一特定的筹资渠道，但同一渠道的资金可以采用不同的方式取得，而同一筹资方式又往往可适用于不同的筹资渠道。因此，在筹资时，应认真考虑这些筹资方式的经济性质及相应的经济利益问题，合理地选择使用，实现最佳的筹资组合。

（2）经营风险是指企业因经营上的原因而导致利润变动的风险。影响企业经营风险的因素很多，主要有：产品需求；产品售价；产品成本；调整价格的能力；固定成本的比重。在企业全部成本中，固定成本所占比重较大时，单位产品分摊的固定成本额就多，若产品量发生变动，单位产品分摊的固定成本会随之变动，最后导致利润更大幅度地变动，经营风险就大；反之，经营风险就小。在上述影响企业经营风险的诸多因素中，固定成本比重的影响很重要。在某一固定成本比重的作用下，销售量变动对息税前利润产生的作用，被称为经营杠杆。由于经营杠杆对经营风险的影响最为综合，因此常常被用来衡量经营风险的大小。经营杠杆的大小一般用经营杠杆系数表示，它是企业息税前利润变动率与销售额变动率之间的比率。经营杠杆系数越大，表示经营风险越大。

（3）财务风险是指企业在经营活动中与筹资有关的风险，尤其指负债经营可能导致企业因资不抵债而破产的风险。由于债务利息是固定不变的，当债务资本比率较高时，投资者将负担较多的债务成本，加大财务风险；反之，当债务资本比率较低时，财务风险就小，但是没有充分利用债务利息的税收抵减作用，也是不经济的。因此，企业把握财务风险需要合理安排债务资本比率。财务杠杆是指由于固定性利息费用的存在，企业运用债务资本使得普通股每股收益的变动幅度大于息税前利润变动幅度。不管企业盈利多少，债务利息是固定不变的，因此，企业利用财务杠杆会对普通股每股收益产生影响。与经营杠杆作用的表示方式类似，财务杠杆作用的大小通常用财务杠杆系数表示。财务杠杆系数越大，表明财务杠杆作用越大，财务风险也就越大；财务杠杆系数越小，表明财务杠杆作用越小，财务风险也就越小。

2.3.2 实务题

参考答案：

1）规则复习

（1）票面金额、票面利率、到期日和市场利率。计算公式：$P=\frac{M}{(1+i)^n}+\sum_{t=1}^{n}\frac{M\times r}{(1+i)^t}$。

（2）加权资本成本。计算公式：$K_w=\sum_{j=1}^{n}K_jW_j$。

（3）股利折现，计算公式：$K_s=\frac{D_s}{P_s\times(1-F_s)}$，$K_s=\frac{D_1}{P_s\times(1-F_s)}+g$；资本资产定价模型，计算公式：$K_s=R_s=R_F+\beta\times(R_m-R_F)$；无风险利率加风险溢价，计算公式：$K_s=K_b+R\times P_c$。

2）业务解析

（1）每股收益无差别点法：只考虑资本结构对每股收益的影响，并假定每股收益最大，股票价格也就最高，未考虑资金结构变动给企业带来的风险变化，单纯用此方法会作出错误决策。比较资本成本法：优点是计算简便，通俗易懂；缺点是仅限于几种备选方案的比较，可能遗漏最优方案。公司价值分析法：在考虑市场风险基础上，以公司市场价值为标准，进行资本结构优化，即能够提升公司价值的资本结构，就是合理的资本结构。这种方法主要适用于资本规模较大的上市公司。

（2）销售百分比法是假定收入、费用、资产、负债与销售收入存在稳定的百分比关系，并根据预计销售额和相应的百分比预计资产、负债和所有者权益变动，然后利用会计等式确定融资需求的一种方法。线性回归分析法是假定资金需要量与营业业务量之间存在线性关系并建立数学模型，然后根据历史有关资料，用回归直线方程确定参数预测资金需要量的一种方法。

（3）主要相同点：都包括资金筹集费用和资金占用费用。主要不同点：债务资本成本需要考虑所得税影响。

2.3.3 案例题

1）案例分析

分析提示：

（1）发行人面临的风险主要有：电力市场竞争的风险；长江来水的不确定性带来的风险；电源结构单一的风险；财税政策风险。

（2）债券发行成功与否，利率的设计是核心。债券利率的确定综合性强，确定债券筹资的利率总的原则是既在发行公司的承受能力之内尽量降低利率，又能对投资者具有吸引力。确定债券利率应考虑的因素有：现行银行同期储蓄存款利率水平和国债收益水平；国家关于债券筹资利率的规定；发行公司的承受能力；市场利率水平与走势；利率周期的影响。

（3）确定债券筹资规模应慎重，主要考虑以下因素：要以合理的资金占用量和投资项目的资金需要量为前提，为此应该对企业的扩大再生产进行规划，对投资项目进行可行性研究；要分析企业财务状况，尤其是获利能力和偿债能力的大小；从公司的现有财务结构的定量比例来考虑；应比较各种筹资方式的资本成本和方便程度。筹资方式多种多样，但每一种方式都要付出一定代价，各种资金来源的资本成本不相同，而且取得资金的难易程度也不一样。应选择最经济和最方便的资金来源。

（4）本次债券筹资的成本估算：

35×4.78%×（1-25%）÷[35×（1-1.30%）]=3.63%

（5）财务风险较高；限制条件多；筹资规模受制约等。

2）善恶研判

研判提示：

（1）筹资规模、结构和来源都存在道德伦理问题。

（2）筹资规模过大或过小都会影响企业未来发展；盲目引入风险投资，财务决策多偏向于短期决策，透支企业未来的发展潜力；债务资金过多，会增加企业财务风险，甚至导致破产，会损害债权人的利益。

（3）由于企业的伦理决策涉及多个利益相关者，受目标多重性的影响，面对某一财务问题时，任何一个经济体无法全面考量所有问题的决策后果，即在有限信息提供下，只能作出有限条件下的最优选择。这种“看似最优”的决策选择实质上是非道德管理的典型模式，由于信息获得渠道的有限性，某些“看似最优”的选择并没有在决策过程中加入必要的道德考量，导致了诸多伦理冲突行为。组织如果缺乏有效的制度制衡，组织的群体性特征将会导致企业的财务行为缺乏理性，并且自发地排斥内部自发的伦理行为，从而产生伦理冲突。

2.3.4　实训题

教学建议：

【实训任务】中的基本技能训练尽量要求全部在课堂内严格按照实训步骤分组一次完成，“实训目标”“能力与道德领域”和“知识准备”等则可以在教师的辅导下，学生利用课余时间完成（其中：“职业核心能力”的“‘知识准备’参照范围”所列各项知识，学生可自行通过网络收集，通过自学完成实训操练前的准备）。

“2.4　实训资料”参考答案

实训资料2.4.1

1）预计销售收入超过700万元时，应选第二个方案；预计销售收入小于700万元时，应选第一个方案。

2）需要外部筹集资金66.512万元。

3）债券成本7.02%，优先股成本12.24%，普通股成本16.5%，综合资本成本12.41%。

4）DOL=1.67，DFL=1.8。

实训资料2.4.2

1）甲方案加权平均资本成本9.6%，乙方案加权平均资本成本10.4%，甲方案为优。

2）2012年预计资金需要量1 642万元。

3）综合资本成本10.5%。

4）DOL=1.4，DFL=1.15。

第3章
投资管理

3.1 预习要览

3.1.1 内容提要与结构

1）内容提要

●投资是企业财务活动的一项重要内容。企业投资是为了获得投资收益，为了达到投资目的，必须加强投资管理。

●项目投资作为一种以特定项目为对象的长期投资行为，以购建固定资产等实物资产，直接形成企业生产经营能力，属于直接投资。为此，要把握投资决策中的现金流量构成及其计算，重点学会用投资回收期法、投资利润率法及净现值法、现值指数法和内含报酬率法来评价企业的投资效益。

●证券投资是企业通过购买其他企业发行的债券、股票等对其他企业投资，属于间接投资，是企业对外投资的形式之一。要明确证券投资种类及其特征，掌握债券投资收益的计算方法及债券投资选择的要点，掌握股票发行条件和投资收益的分析，从而正确选择证券投资，合理安排投资结构，减少投资风险，以取得最大的投资效益。

2）内容结构

本章内容结构如图3-1所示。

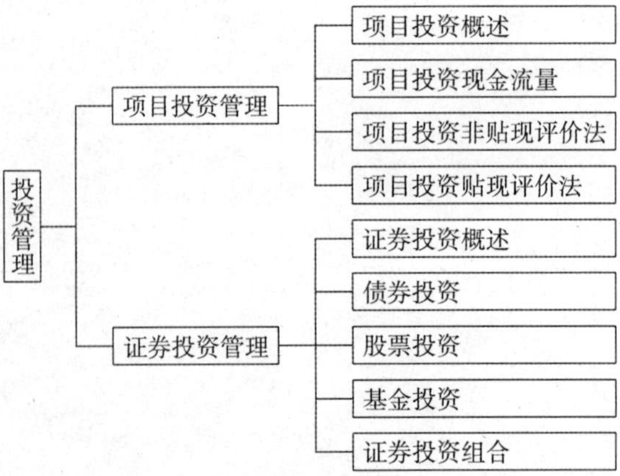

图3-1 本章内容结构

3）主要概念和观念

（1）主要概念

项目投资　项目计算期　原始总投资　现金流量　现金流入量　现金流出量　现金净流量　非贴现指标　投资利润率　投资回收期　贴现指标　净现值　现值指数　内含报酬率　证券投资　债券投资　债券到期收益率　股票投资　投资基金　基金单位净值　证券投资组合

（2）主要观念

项目投资管理　证券投资管理

3.1.2 重点与难点

1）重点理论

项目投资和证券投资的特点与分类　现金流量的构成

2）重点实务

项目投资程序　现金流量测算　项目投资决策和贴现的评价方法与计算　证券投资的估价与收益率计算　证券投资组合的基本原则、方法、策略与风险收益计算　相关"业务链接"

3）重点操作

现金流量测算　非贴现指标计算和评价　贴现指标计算和评价　证券投资估价　证券投资收益率计算

4）难点

现金流量测算　非贴现指标计算和评价　贴现指标计算和评价　证券投资估价　证券投资收益率计算

3.1.3 主要公式

1）付现成本的计算公式

付现成本=变动成本+付现的固定成本=总成本-折旧额（及摊销额）

2）现金净流量的计算公式

现金净流量（NCF）=年现金流入量-年现金流出量

3）经营期现金净流量的计算公式

经营期现金净流量=净利润+折旧额和摊销额

4）投资利润率的计算公式

$$投资利润率=\frac{年平均利润额}{平均投资总额}\times 100\%$$

5）投资回收期的计算公式

$$投资回收期=\frac{投资总额}{年现金净流量}$$

$$投资回收期=\begin{matrix}累计现金净流量最后\\一次出现负值的年数\end{matrix}+\frac{当年累计现金净流量绝对值}{下年现金净流量}$$

6）净现值（NPV）的计算公式

$$NPV = \sum_{K=0}^{n}\frac{I_K}{(1+i)^K} - \sum_{K=0}^{n}\frac{O_K}{(1+i)^K}$$

7）现值指数（PV）的计算公式

$$PV = \sum_{K=0}^{n}\frac{I_K}{(1+i)^K} \div \sum_{K=0}^{n}\frac{O_K}{(1+i)^K}$$

8）内含报酬率的计算公式

$$\sum_{K=0}^{n}\frac{I_K}{(1+IRR)^K} - \sum_{K=0}^{n}\frac{O_K}{(1+IRR)^K} = 0$$

9）债券价值估算的基本模型

$$V = \frac{I_1}{(1+R)^1} + \frac{I_2}{(1+R)^2} + \cdots + \frac{I_n}{(1+R)^n} + \frac{M}{(1+R)^n} = \sum_{t=1}^{n}\frac{I_t}{(1+R)^t} + \frac{M}{(1+R)^n}$$

10）债券估价的扩展模型

V=I×（P/A，R，n）+M×（P/F，R，n）

V=（M+I×n）×（P/F，R，n）

V=M×（P/F，R，n）

11）债券到期收益率的计算公式

$$P = \frac{I_1}{(1+i)^1} + \frac{I_2}{(1+i)^2} + \cdots + \frac{I_n}{(1+i)^n} + \frac{M}{(1+i)^n}$$

$$到期收益率 = \frac{I+(M-P)/N}{(M+P)/2}$$

12）股票估价的模型

$$P_0 = \frac{D_1}{(1+R_s)^1} + \frac{D_2}{(1+R_s)^2} + \cdots + \frac{D_n}{(1+R_s)^n} = \sum_{t=1}^{\infty}\frac{D_t}{(1+R_s)^t}$$

$$P_0 = \frac{D}{R_s}$$

$$P_0 = \frac{D_1}{R_s - g}$$

13）基金收益率的计算公式

$$基金收益率 = \frac{年末持有份数 \times 基金单位净值年末数}{年初持有份数 \times 基金单位净值年初数} - \frac{年初持有份数 \times 基金单位净值年初数}{年初持有份数 \times 基金单位净值年初数}$$

3.2 客观题

3.2.1 理论题

1）单项选择题

（1）（　　）是指投资项目从投资建设开始到最终清理结束的全部时间。

A.项目计算期　　B.项目经营期

C.项目投资期　　D.项目建设期

（2）（　　）是指特定方案未来现金流入的现值与未来现金流出的现值之间的比率。

A.净现值　　B.内含报酬率

C.投资回收期　　D.现值指数

（3）债券（　　）是指自企业债券购买日至到期日可获得的收益率。

A.到期收益率　　B.名义收益率

C.现时收益率　　D.实际收益率

（4）一般认为，企业进行短期债券投资的主要目的是（　　）。

A.控制被投资企业

B.获得稳定收入

C.调节现金余额，使现金余额达到合理水平

D.增强资产流动性

（5）因通货膨胀带来的风险是（　　）。

A.违约风险　　B.利息率风险

C.购买力风险　　D.流动性风险

（6）（　　）是一种利益共享、风险共担的集合投资方式，即通过发行基金股份或受益凭证等有价证券聚集众多的不确定投资者的出资，交由专业投资机构经营运作，以规避投资风险并谋取投资收益的证券投资工具。

A.股票　　B.期货

C.投资基金　　D.期权

2）多项选择题

（1）项目投资的特点有（　　）。

A.投资金额大　　B.影响时间长

C.变现能力差　　D.投资风险大

E.收益低

（2）股票投资的特点有（　　）。

A.权益性投资　　B.投资的风险大

C.收益率高　　D.收益不稳定

E.价格的波动性大

（3）现金流量的假设有（　　）。

A.全投资假设　　B.建设期投入全部资金假设

C.时期指标假设　　D.项目投资的经营期与折旧年限一致假设

E.时点指标假设

（4）净现值法的优点有（　　）。

A.考虑了资金时间价值　　B.考虑了项目计算期的全部净现金流量

C.考虑了投资风险　　D.可从动态上反映项目的实际投资收益率

E.能知道项目的预计报酬率

（5）贴现指标包括（　　）。

A.净现值　　B.净现值率

C.现值指数　　D.内含报酬率

E.回收期

（6）债券投资面临的风险有（　　）。

A.政策风险　　B.购买力风险
C.利率风险　　D.违约风险
E.变现风险

3）判断题

（1）会计收益率和投资回收期这两个静态指标其优点是计算简单，容易掌握，且均考虑了现金流量。（　　）

（2）现值指数法是相对数指标，反映投资的效益，但不适用于独立投资机会获利能力的比较。（　　）

（3）企业进行短期债券投资主要是为了合理利用暂时闲置资金，调节现金余额，获得稳定收益。（　　）

（4）投资决策中使用的现金流量就是指各种货币资金。（　　）

（5）当票面利率小于市场利率时，债券会溢价发行。（　　）

（6）高风险的投资项目一定获得高收益。（　　）

3.2.2 实务题

1）单项选择题

（1）某投资项目，折现率为10%时，净现值为500元；折现率为15%时，净现值为-480元，则该投资项目内含报酬率是（　　）。

A.13.15%　　B.12.75%
C.12.55%　　D.12.25%

（2）某基金的认购费率为基金资产净值的4%，若该基金认购价为3元，则该基金单位净值为（　　）。

A.1.125　　B.1.330
C.2.885　　D.0.120

（3）某项目2014年获得收入全部为现金，共200万元，付现成本210万元，其他成本为折旧30万元，所得税税率为25%，则该项目的营业现金净流量为（　　）。

A.8万元　　B.28万元
C.-10万元　　D.43万元

（4）如果某一投资方案的净现值为正数，则必然存在的结论是（　　）。

A.投资回收期在一年以内　　B.现值指数大于1
C.投资报酬率高于100%　　D.年均现金净流量大于原始投资额

（5）原始投资额不同，特别是项目计算期不同的多方案比较决策，最适合采用的评价方法是（　　）。

A.现值指数法　　B.内含报酬率法
C.差额投资内部收益率法　　D.年等额净回收额法

（6）其他因素不变，如果折现率提高，下列指标中数值会变小的是（　　）。

A.净现值　　B.会计收益率
C.内含报酬率　　D.回收期

2）多项选择题

（1）已知某投资项目运营期某年的有关资料如下：营业收入为300万元，不含财务费用的总成本费用为150万元，经营成本为120万元，缴纳所得税前净现金流量为120万元，该年缴纳所得税后净现金流量为100万元，所得税税率为25%，则下列各项中，说法正确的有（　　）。

A.该年折旧额为30万元　　B.该年调整所得税为20万元

C.该年息税前利润为80万元　　D.该年营业税金及附加为70万元

E.该年净利润为75万元

（2）下列哪种情况引起的风险属于可分散风险（　　）。

A.银行调整利率水平　　B.公司劳资关系紧张

C.公司诉讼失败　　D.市场呈现疲软现象

E.公司出现高管丑闻

（3）考虑货币时间价值的主要决策方法有（　　）。

A.内含报酬率法　　B.投资回收期法

C.现值指数法　　D.投资报酬率法

E.净现值法

（4）下列公式正确的有（　　）。

A.基金认购价=基金单位净值+首次认购费

B.基金单位净值=基金净资产价值总额/基金单位总份数

C.基金赎回价=基金单位净值+基金赎回费

D.基金单位净值=（基金资产总值-基金负债总额）/基金单位总份数

E.基金认购价=累计基金单位净值+首次认购费

（5）原始投资不同的互斥方案的选优可采用（　　）。

A.净现值法　　B.净现值率法

C.年等额净回收额法　　D.差额内部收益率法

E.投资回收期法

（6）若NPV<0，则下列关系式中正确的有（　　）。

A.NPVR>0　　B.NPVR<0

C.PI<1　　D.IRR<i

E.PI<0

3）混合选择题

（1）证券的β系数是衡量风险大小的重要指标，下列表述正确的有（　　）。

A.β越大，说明该股票的风险越大

B.β越小，说明该股票的风险越大

C.某股票的β=1，说明该股票的市场风险等于股票市场的平均风险

D.某股票的β大于1，说明该股票的市场风险大于股票市场的平均风险

E.β越小，说明该股票的收益越大

（2）有关投资项目评价指标的计算所依据的折现率，需事先已知的有（　　）。

A.回收期　　B.会计收益率
C.净现值　　D.内含报酬率
E.现值指数

(3) 利率上升时，下列说法正确的是（　　）。
A.企业资本成本增加　　B.股票投资风险增加，收益减少
C.股票价格下跌　　D.吸引投资者进行股票投资
E.股票价格上升

(4) 某企业投资20万元购入一台设备，预计投产后每年可获利润4万元，固定资产年折旧额2万元，则投资回收期为（　　）。
A.3.33年　　B.5年
C.6.7年　　D.10年

(5) 投资决策评价方法中，对于互斥方案来说，最好的评价方法是（　　）。
A.净现值法　　B.现值指数法
C.内含报酬率法　　D.会计收益率法

(6) 当某方案的净现值大于零时，其内部收益率（　　）。
A.可能小于零　　B.一定等于零
C.一定大于设定折现率　　D.可能等于设定折现率

4) 判断题

(1) 完整的项目计算期由试产期和达产期两部分构成。（　　）
(2) 在计算现金净流量时，无形资产摊销额的处理与折旧额相同。（　　）
(3) 不考虑资金时间价值的前提下，投资回收期越短，投资获利能力越强。（　　）
(4) 国库券的利率是固定的，并且没有违约风险，因而也没有利率风险。（　　）
(5) 债券的价格会随市场利率的变化而变化。当市场利率上升时，债券价格下降；当市场利率下降时，债券价格上升。（　　）
(6) 投资组合是降低股票投资风险的有效途径。（　　）

3.2.3　案例题

巨人集团的兴衰史

1989年8月，从深圳大学软件科学管理系硕士毕业的史玉柱和三个伙伴，用4 000元钱承包了天津大学深圳科技工贸发展公司电脑部，并在《计算机世界》利用先打广告后付款的方式做了8 400元的广告，将其开发的M-6401桌面排版印刷系统推向市场。广告打出后13天，史玉柱的银行账户第一次收到三笔汇款共15 820元。巨人事业由此起步。到9月下旬，史玉柱将收到的款项全部再次投入广告。4个月后，M-6401的销售额一举突破百万大关，从而奠定了巨人集团创业的基石。

1991年4月，珠海巨人新技术公司注册成立，公司共15人，注册资金200万元，史玉柱任总经理。8月，史玉柱投资80万元，组织10多个专家开发出M-6401汉卡并上市。11月，公司员工增加到30人，M-6401汉卡销售量跃居全国同类产品之首，获纯利达1 000万元。

1992年7月，巨人公司实行战略转移，将管理机构和开发基地由深圳迁往珠海。9月，巨人公司升为珠海巨人高科技集团公司，注册资金1.19亿元。史玉柱任总裁，公司员工发展到100人。巨人集团主推的M-6401汉卡年销售量2.8万套，销售产值共1.6亿元，实现纯利3 500万元。集团年发展速度达500%。

1993年1月，巨人集团在北京、深圳、上海、成都、西安、武汉、沈阳、香港成立了8家全资子公司，员工增至190人。12月，巨人集团发展到290人，在全国各地成立了38家全资子公司。集团在一年之内推出中文手写电脑、中文笔记本电脑、巨人传真卡、巨人中文电子收款机、巨人钻石财务软件、巨人防病毒卡、巨人加密卡等产品。同年，巨人实现销售额300亿元，利税4 600万元，成为中国极具实力的计算机企业。

由于国际电脑公司的进入，电脑业于1993年步入低谷，巨人集团也受到重创。1993年、1994年，全国兴起房地产和生物保健品热，为寻找新的支柱产业，巨人集团开始迈向多元化经营之路——计算机、生物工程和房地产。在1993年开始的生物工程刚刚打开局面但尚未巩固的情况下，巨人集团毅然向房地产这一完全陌生的领域进军。欲在房地产业中大展宏图的巨人集团一改初衷，拟建的巨人科技大厦设计一变再变，楼层不断提高，从最初的18层一直涨到70层，投资也从2亿元涨到12亿元，1994年2月破土动工，气势越来越大。对于当时资产规模仅有1亿元的巨人集团来说，单凭巨人集团的实力，根本无法承受这项浩大的工程。对此，史玉柱的想法是：1/3靠卖楼花，1/3靠贷款，1/3靠自有资金。但令人惊奇的是，从1994年2月大厦破土动工到1996年7月，巨人集团未申请过一分钱的银行贷款，全凭自有资金和卖楼花的钱支撑。1994年3月，巨人集团推行体制改革，公司实行总裁负责制，史玉柱出任集团董事长。1994年8月，史玉柱突然召开全体员工大会，提出“巨人集团第二次创业的总体构想”。其总目标是：跳出电脑产业，走产业多元化的扩张之路，以发展寻求解决矛盾的出路。

1995年2月，巨人集团隆重召开表彰大会，对在巨人脑黄金战役第一阶段作出重大贡献的一批“销售功臣”予以重奖。5月18日，巨人集团在全国发动促销电脑、保健品、药品的“第二大战役”。霎时间，巨人集团以集中轰炸的方式，一次性推出电脑、保健品、药品三大系列的30个产品。同时，巨人产品广告以整版篇幅跃然于全国各大报。不到半年，巨人集团的子公司就从38个发展到228个，人员也从290人发展到2 000人。

多元化的快速发展使得巨人集团自身的弊端一下子暴露无遗。1995年7月11日，史玉柱在提出第二次创业的一年后，不得不再次宣布进行整顿，在集团内部进行了一次干部大换血。8月，集团向各大销售区派驻财务总监和监察审计总监，财务总监和监察审计总监直接对总部负责，同时，两者又各自独立，相互监控。但是，整顿并没有从根本上扭转局面。1995年9月，巨人的发展形势急转直下，步入低谷。伴随着10月发动的“秋季战役”的黯然落幕，1995年年底，巨人集团面临着前所未有的严峻形势，财务状况进一步恶化。

1996年年初，史玉柱为挽回局面，将公司重点转向减肥食品“巨不肥”。3月，“巨不肥”营销计划顺利展开，销售大幅上升，公司情况有所好转。可是，一种产品销售得不错并不代表公司整体状况好转，公司旧的制度弊端、管理缺陷并没有得到解决。相反，“巨不肥”带来的利润还被一些人私分了。集团公司内各种违规违纪、挪用贪污事件层出不穷。其属下的全资子公司康元公司，由于公司财务管理混乱，集团公司也未派出财务总监对其进行监督，导致公司浪费严重，债台高筑。至1996年年底，康元公司累计债务已达1亿元，且大量债务存在水分，相当一部分是由公司内部人员侵吞造成的，公司的资产流失严重。而此时更让史玉柱焦急的是预计投资数亿元的巨人大厦。他决定将生物工程的流动资金抽出投入大厦的建设，而不是停工。进入7月，全国保健品市场普遍下滑，巨人保健品的销量也急剧下滑，维持生物工程正常运作的基本费用和广告费用不足，生物产业的发展受到了极大的影响。

按原合同，大厦施工3年盖到20层，一期工程1996年年底兑现，但由于施工不顺利而没有完工。大厦动工时为了筹措资金，巨人集团在香港卖楼花拿到了6 000万港币，在内地卖了4 000万元，其中在内地签订的楼花买卖协议规定，3年大楼一期工程（盖20层）完工后履约，如未能如期完工，应退还定金并给予经济补偿。而当1996年年底大楼一期工程未能完成时，建大厦时卖给内地的4 000万楼花就成了巨人集团财务危机的导火索。巨人集团终因财务状况不良而陷入了破产的危机之中。

请根据案例在下列题中填入适当选项：

1）巨人集团多元化投资能分散的风险是（　　）。

A.共同风险　　B.系统风险

C.所有风险　　D.非系统风险

2）属于非贴现评价指标的是（　　）。

A.净现值　　B.现值指数

C.内含报酬率　　D.会计收益率

3）项目投资需考虑哪些因素（　　）。

A.投资规模　　B.资金时间因素

C.项目比较优选　　D.风险性

E.收益性

4）在财务资源有限条件下，实行多元化投资需考虑的问题主要有（　　）。

A.企业资产结构与资本结构的有机协调

B.盈利性与流动性的有机协调

C.追求盈利总额最大

D.财务风险

E.风险性和盈利性的有机协调

5）将生物工程的流动资金抽出投入大厦的建设，属于（　　）投资。

A.稳健型　　B.激进型

C.配合型　　D.平衡型

3.2.4　实训题

就“职业道德”相关领域的“规范与标准”“职业核心能力”和“专业能力”各技能点的“规范与标准”（参见“操练题”的“能力与道德领域”），以及“职业核心能力强化训练‘知识准备’参照范围”（参见“附录一”），在下列题中填入正确的选项：

1）单项选择题

（1）“自我学习能力（中级）”的“技能点”是（　　）。

A.确定中期学习目标，实施中期学习计划，检查学习进度

B.具备学习的超强能力，在特殊条件下能运用这些能力适应工作和学习要求

C.能较熟练灵活地运用各种学习方法在最短时间内掌握急需知识信息；能广泛地搜集、整理、开发和运用信息，善于学习、接受新的事物，以适应复杂工作和终身发展的要求

D.能开展学习和活动，通过简单的课程和技能训练，提高工作能力

（2）属于“与人合作（中级）”的规范和标准的是（　　）。

A.能为发言作准备，当众讲话并把握讲话内容、方式，借助各种手段说明主题

B.能与本部门同事、组织内部横向部门、组织外部相关部门共同制订合作计划

C.能通过检查工作进展情况，改进工作方式，促进合作目标实现

D.分析问题、提出方案，实施方案、解决问题，验证方案、改进计划

（3）“数字应用（中级）”的“基本要求”是（　　）。

A.具备熟练把握数字和通过数字运算来解决实际工作中的问题的能力，适应更复杂的工作需要

B.在有限的资源条件下，根据工作岗位的需要，解决复杂的问题

C.在更广泛的工作范围内，具有灵活地运用数字应用的能力以适应工作岗位各方面的需要

D.在工作岗位上表现出更强的解决问题能力，在多种资源条件下，根据工作需要解决复杂和综合性问题

（4）属于“职业守则”的“规范与标准”的是（　　）。

A.爱岗敬业，诚实守信，廉洁自律，客观公正，坚持原则，提高技能，参与管理，强化服务

B.在职业模拟、职业实践或职业生活的自觉行动中，具有体现职业道德内涵的一贯表现

C.对职业选择或模拟选择有充分的认知和积极的倾向与行动

D.对职业、职业选择、职业工作、会计人员职业道德等问题具有正确的看法

（5）属于“职业良心”的“规范与标准”的是（　　）。

A.对职业、职业选择、职业工作、会计人员职业道德等问题具有正确的看法

B.在履行职业义务时具有强烈的道德责任感和较高的自我评价能力

C.对将要从事的职业种类、职业方向与事业成就有积极的向往和执着的追求

D.爱岗敬业，诚实守信，廉洁自律，客观公正

（6）属于“职业情感”的“规范与标准”的是（　　）。

A.坚持原则，提高技能，参与管理，强化服务

B.在职业模拟、职业实践或职业生活的自觉行动中，具有体现职业道德内涵的一贯表现

C.对职业或职业模拟有愉快的主观体验、稳定的情绪表现、健康的心态、良好的心境，具有强烈的职业认同感、职业荣誉感和职业敬业感

D.在职业岗位上表现出更强的解决问题能力，在多种资源条件下，根据工作需要解决复杂和综合性问题

2）多项选择题

（1）“投资管理”这一“专业能力领域”包括的技能点有（　　）。

A.现金流量测算技能

B.非贴现指标评价技能

C.证券投资估价技能

D.撰写《投资管理实训报告》技能

E.最优资本结构确定技能

（2）“现金流量测算技能”的“规范与标准”有（　　）。

A.能正确掌握现金流量、现金流入量、现金流出量和现金净流量等概念

B.能正确掌握项目的计算期和投资额等概念

C.能正确计算项目各时期的现金净流量

D.能正确计算投资利润率和投资回收期

E.能正确选择适合企业实际情况的筹资方式

（3）“贴现指标评价技能”的“规范与标准”有（　　）。

A.能正确掌握贴现指标、净现值、现值指数和内含报酬率等概念

B.能正确计算净现值、现值指数和内含报酬率

C.能正确运用净现值、现值指数和内含报酬率评价项目财务可行性

D.能正确计算边际资本成本

E.能正确运用投资利润率和投资回收期评价项目财务可行性

（4）“证券投资估价技能”的“规范与标准”有（　　）。

A.能熟练掌握最优资本结构含义

B.能熟练掌握债券价值和股票价值的含义

C.能正确计算债券价值和股票价值

D.能正确运用估价模型评价证券投资的可行性

E.能正确运用经营杠杆和财务杠杆

（5）“撰写《投资管理实训报告》”的“规范与标准”有（　　）。

A.能合理设计《投资管理实训报告》的结构，层次较分明

B.能正确计算证券投资收益率

C.能较规范撰写《投资管理实训报告》

D.能如实地填写实训班级、小组、成员名称，实训时间、地点

E.能运用较规范的文字如实地描述实训目的、实训步骤、实训感言等

（6）“证券投资收益率计算技能”的“规范与标准”有（　　）。

A.能熟练掌握最优资本结构含义

B.能熟练掌握债券价值和股票价值的含义

C.能熟练掌握证券投资收益率含义

D.能正确运用估价模型评价证券投资的可行性

E.能正确计算证券投资收益率

3.3　主观题

3.3.1　理论题

1）简答题

（1）什么是项目投资？

（2）简述证券投资的特点。

（3）什么是投资基金？

2）理解题

（1）如何理解贴现评价指标之间的关系。

（2）如何理解债券票面利率和实际利率的关系。

（3）比较封闭式基金和开放式基金的异同。

3.3.2　实务题

1）规则复习

（1）营业现金净流量计算公式是什么？

（2）非贴现评价指标有哪些？其计算公式是什么？

（3）贴现评价指标有哪些？其计算公式是什么？

2）业务解析

（1）分析评价指标之间的关系。

（2）证券投资组合策略如何运用？

（3）分析证券投资组合收益率的影响因素。

3.3.3　案例题

1）案例分析

BBC公司项目可行性分析

背景与情境：

BBC公司是一家专门生产家具的企业，目前公司准备利用一处闲置的厂房（该厂房若用于出售，当前市场价格为500万元），开发四星级、五星级宾馆的客房家具。为了解客房家具的潜在市场，公司支付了10万元聘请咨询机构进行市场调查。调查表明，客房家具市场大约有10%~20%的市场份额有待开发。公司决定对客房家具投资进行成本效益分析。

经过初步筛选，有两个方案被交与公司的管理层，有关资料如下：

方案一：投资额为700万元，经测算，甲项目的现金净流量为：NCF_0=-1 200万元，NCF_1=0万元，$NCF_{2\sim10}$=200万元。

方案二：乙项目投资额为1 000万元，在建设起点用800万元购置不需要安装的固定资产，预计残值为100万元。同时垫支200万元流动资金，立即投入生产，预计投产后1～5年每年新增533.33万元营业收入，每年新增的经营成本为200万元；6～10年每年新增营业利润333.33万元；第10年回收的固定资产残值和流动资金分别为100万元和200万元。

公司适用的所得税税率为25%，预期投资报酬率为10%。

问题：

（1）分析10万元咨询费用应否算作项目的现金流量。

（2）分析该闲置的厂房若出售，当前市场价格为500万元，这500万元算作项目的什么成本。

（3）分析方案一的初始现金净流量为何是-1 200万元，并计算其净现值、现值指数和内含报酬率。

（4）计算方案二的年现金净流量（保留整数）、净现值、现值指数和内含报酬率。

（5）如果你是公司的管理层，将选择哪一个方案实施。

分析要求：

（1）形成性要求

①学生分析案例提出的问题，分别拟定《案例分析提纲》；小组讨论，形成小组《案例分析报告》；班级交流并修订小组《案例分析报告》，教师对经过交流和修改的各小组《案例分析报告》进行点评；在班级展出附有“教师点评”的小组优秀《案例分析报告》，供学生研究借鉴。

②了解“附录二”中附表2-1“形成性考核”的“考核指标”与“考核内容”。

（2）成果性要求

①案例课业要求：以经班级交流和教师点评的《案例分析报告》为最终成果。

②课业的结构、格式与体例要求：参照“课业范例”的“范例3-5-1”。

③其他要求：了解“附录二”中附表2-1“课业考核”的“考核指标”与“考核内容”。

2）善恶研判

上市公司信息披露存在问题

背景与情境：

企业将所筹资金用于项目投资时，应与资金提供者、政府等利益相关者保持信息对称，否则将导致信息披露问题。信息披露问题存在于财务行为各阶段，而投资过程中的信息披露问题含糊企业的资金流向，导致市场信息的扭曲，加剧参与各方地位的不平等性，影响股票市场效率，一直是我国上市公司最广泛存在的伦理冲突问题。信息披露问题主要体现在“信息披露不真实、不完全、不及时三大方面”。

（1）信息披露不真实问题

信息披露不真实问题主要包括信息的虚假记载和误导性陈述两大问题。某些上市公司的管理层出于自身利益的特殊考虑，利用盈余管理手段，操纵会计利润，粉饰经营业绩，蓄意歪曲或披露虚假信息。信息披露的不真实严重影响了社会公众对公司的信任程度，同时也给投资者带来了直接的经济损失，不利于企业和股票市场的长期健康发展。此问题在近年来得到了比较有效的规制，证监会查处了很多问题上市公司。如2010年，证监会关于天一科技所披露的两项信息与事实不符的行政处罚决定书；证监会发布对北亚实业刘贵亭、何洪达的市场禁入决定书等。这类问题的存在说明我国部分上市公司在投资项目的对外披露过程中存在严重的信息失真问题。

（2）信息披露不完全问题

上市公司信息披露不完全的几个主要方面有：对企业清偿债务的能力披露不完全；对公司有重大影响的财务信息披露不完全、不主动；对企业所融资金投向披露不完全等。证监会对信息披露不完全问题也进行了相应的严厉查处，如2009年，证监会因其未按规定披露股东的关联关系、大股东及其关联方占用上市公司资金、对外担保事项，对丁亮作出市场禁入决定书；证监会因贤成实业未及时披露有关担保事项对黄贤优等9名责任人员作出行政处罚决定书。

（3）信息披露不及时问题

我国对上市公司年报披露的规定时限较为宽松，为4个月，而美国、日本都规定上市公司应在财政年度90天内公布年报。即便如此，我国仍有些上市公司不能按时公布年报和季报，给内幕交易留下隐患；对于一些非强制披露信息如社会责任信息等披露意愿不强烈，缺乏必要的主动性和社会责任感。

（资料来源：万坤.我国上市公司财务行为的伦理规制研究［D］.西南财经大学硕士学位论文，2011.）

问题：

（1）本案例中存在哪些道德伦理问题？

（2）试对上述问题作出你的善恶研判。

（3）通过适当途径搜集你作善恶研判所依据的行业规范。

研判要求：

（1）形成性要求

①学生分析案例提出的问题，拟出《善恶研判提纲》；小组讨论，形成小组《善恶研判报告》；班级交流、相互点评和修订各组的《善恶研判报告》；在校园网的本课程平台上展出经过修订并附有教师点评的各组《善恶研判报告》，供学生借鉴。

②了解本教材“附录二”的附表2中“形成性训练与考核”的“参照指标”与“参照内容”。

（2）成果性要求

①课业要求：以经过班级交流和教师点评的《善恶研判报告》为最终成果。

②课业结构、格式与体例要求：参照本《训练手册》“课业范例3.5.2”。

③了解本教材“附录二”的附表2中“课业训练与考核”的“参照指标”与“参照内容”。

3.3.4 实训题

“投资管理”业务胜任力训练

【实训目的】

见主教材本章“章名页”之“学习目标”中的“实训目标”。

【实训内容】

专业能力训练：其“领域”“技能点”“名称”和“参照规范与标准”见表3-1。

表 3-1　　**专业能力训练领域、技能点、名称及其参照规范与标准**

能力领域	技能点	名称	参照规范与标准
投资管理	技能Ⅰ	现金流量测算技能	1）能正确掌握现金流量、现金流入量、现金流出量和现金净流量等概念。 2）能正确掌握项目的计算期和投资额等概念。 3）能正确计算项目各时期的现金净流量
	技能Ⅱ	非贴现指标评价技能	1）能正确掌握非贴现指标、投资利润率、投资回收期等概念。 2）能正确计算投资利润率和投资回收期。 3）能正确运用投资利润率和投资回收期评价项目财务可行性
	技能Ⅲ	贴现指标评价技能	1）能正确掌握贴现指标、净现值、现值指数和内含报酬率等概念。 2）能正确计算净现值、现值指数和内含报酬率。 3）能正确运用净现值、现值指数和内含报酬率评价项目财务可行性。 4）能熟练掌握净现值、现值指数和内含报酬率的优缺点
	技能Ⅳ	证券投资估价技能	1）能熟练掌握债券价值和股票价值的含义。 2）能正确计算债券价值和股票价值。 3）能正确运用估价模型评价证券投资的可行性
	技能Ⅴ	证券投资收益率计算技能	1）能熟练掌握证券投资收益率含义。 2）能正确计算证券投资收益率
	技能Ⅵ	撰写关于“投资管理”《实训报告》的技能	1）能合理设计关于“投资管理”《实训报告》的结构，层次较分明。 2）能较规范撰写所述《实训报告》。 3）本教材网络教学资源包中《学生考核手册》考核表 3-2 所列各项“考核指标”和“考核标准”

职业核心能力和职业道德训练：其内容、种类、等级与选项见表 3-2。

表 3-2　　**职业核心能力与职业道德训练内容、种类、等级与选项表**

内容	职业核心能力							职业道德						
种类	自我学习	信息处理	数字应用	与人交流	与人合作	解决问题	革新创新	职业观念	职业情感	职业理想	职业态度	职业良心	职业作风	职业守则
等级	中级		中级	中级	中级	中级	中级	认同级	认同级		认同级	认同级	认同级	认同级
选项	√		√	√	√	√	√	√	√		√	√	√	√

【组织形式】

将班级学生分成若干实训小组，根据实训内容和项目需要进行角色划分。

【实训任务】

对表 3-1 所列专业能力领域各技能点，依照其“参照规范与标准”实施阶段性基本训练。

【实训要求】

（1）实训前，学生要了解并熟记本实训的“目的”“能力与道德领域”“任务”与“要求”，了解并熟记本教材网络教学资源包中《学生考核手册》考核表3-1和考核表3-2中的“考核指标”与“考核标准”的内涵，将其作为本实训的操练点和考核点来准备。

（2）通过“实训步骤”，将“实训任务”所列三种训练整合并落实到本实训的“活动过程”和“成果形式”中。

（3）实训后，学生要对本次“投资管理”实训活动进行总结，在此基础上撰写实训报告。

【情境设计】

将学生分成若干实训组，各组从“实训课业”题目中任选其一，结合题目内容和本章相关“实训资料”，进行关于“投资管理”的实训。各实训组通过参与和体验所述项目的运作，实训任务的完成，相应《实训报告》的准备、撰写、讨论与交流等实践活动，完成各自实训任务。

【指导准备】

专业知识准备：

（1）“投资管理”的理论与实务知识。

（2）本教材“附录一”附表1中，与本章“职业核心能力‘强化训练项’”各技能点相关的“‘知识准备’参照范围”。

（3）“附录二”附表2-2、附表2-3中，涉及本章“职业核心能力领域‘强化训练项’”各技能点和“职业道德领域‘相关训练项’”的“规范与标准”知识。

操作指导：

（1）教师向学生阐明“实训目的”“能力与道德领域”和“知识准备”。

（2）教师就“知识准备”中的第（2）、（3）项，对学生进行培训。

（3）教师指导学生就企业投资资料进行熟悉、分析、判断，并根据分析、判断的结果准确地进行归类。

（4）教师指导学生就操练项目现金流量测算、非贴现指标评价、贴现指标评价、证券投资估价和证券投资收益率计算情况及结果进行正确的分析。

（5）教师指导学生撰写关于“投资管理”的相应《实训报告》。

【实训时间】

本章课堂教学内容结束后的双休日和课余时间，为期一周。

【实训步骤】

（1）将学生组成若干个实训组，每8位同学分成一组，每组确定1~2人负责。

（2）对学生进行“投资管理”实训的“知识准备”培训。

（3）指导各实训组熟悉操练项目企业的投资资料。

（4）指导学生以组为单位，结合所选课业题目，分别讨论完成“现金流量测算”“非贴现指标评价”“贴现指标评价”“证券投资估价”和“证券投资收益率计算”。

（5）各实训组在实施上述训练的过程中，融入对“自我学习”“与人合作”和“数字应用”等职业核心能力的各“技能点”的中级“强化训练”和对“职业观念”“职业情感”“职业良心”和“职业守则”等职业道德各“素质点”的“认同级”相关训练。

（6）各实训组成员撰写、交流和完善作为最终成果形式的关于“投资管理”的相应《实训报告》。

【成果形式】

实训课业（任选其一）：

《郑源公司投资决策实训报告》

《宏大公司投资决策实训报告》

课业要求：

（1）实训报告的内容、结构与体例参照“课业范例”的“范例3.5.3”。

（2）各组成员撰写的《实训报告》初稿必须先经小组讨论，然后选拔优胜者参加班级交流讨论。

（3）各组成员在班级交流的基础上进一步完善其《实训报告》。

（4）各组成员完成的《实训报告》必须由项目指导教师、项目组长、项目组成员三方签字。

（5）将附有“教师点评”的优秀实训报告在班级展出，并纳入本校该课程的教学资源库。

3.4 实训资料

实训资料 3.4.1

郑源公司投资决策

背景与情境：

郑源公司现有资金200万元，拟进行如下投资：

1）准备购入一项设备以扩充公司的生产能力。该方案需投资100万元，使用寿命为5年，采用直线法计提折旧，5年后设备无残值。5年中每年销售收入为60万元，每年的付现成本为20万元。该公司所得税税率为25%，资本成本率为10%。

2）准备购入庆尚公司发行的债券。该方案需投资100万元，假设债券面值为100元，票面利率为6%，期限3年，郑源公司要对这种债券进行投资，当前的市场利率为5%。

问题：

试计算如下指标：

1）设备投资方案的各年现金净流量。

2）设备投资方案的投资回收期、会计收益率、净现值、现值指数和内含报酬率。

3）如果你是财务经理，运用贴现评价指标评价设备投资方案是否可行。

4）债券价格为多少时，才能进行投资？

实训资料3.4.2

宏大公司投资决策

背景与情境：

宏大公司现有资金220万元，拟进行如下投资：

1）准备购入一项设备以扩充公司的生产能力。该方案需投资1 200 000元，采用直线法计提折旧，使用寿命为5年，5年后有残值收入200 000元。5年中每年的销售收入为800 000元，付现成本第一年为300 000元，以后随着设备陈旧，逐年将增加修理费40 000元，另需垫支营运资金300 000元，该公司所得税税率为25%，资本成本率为10%。

2）准备购入A公司发行的股票。该方案需投资100万元，拟投资购买A股票，该股票上年每股股利为2元，预计以后每年以12%的增长率增长。宏大公司要求的最低报酬率为16%。

问题：

试计算如下指标：

1）设备投资方案的各年现金净流量。

2）设备投资方案的投资回收期、会计收益率、净现值、现值指数和内含报酬率。

3）如果你是财务经理，运用贴现评价指标评价设备投资方案是否可行。

4）A股票的价格为多少时，该公司才能购买？

3.5　课业范例

范例3.5.1

新华联的“韦尔奇式延伸”案例分析报告

（组长：　　　　　组员：　　　　　　　　　　　　　　　　　　）

背景与情境：

新华联集团（简称新华联）是一家涵盖制造业、酒业经营、房地产开发、国际贸易、金融投资、餐饮服务、管道燃气等行业的多元化企业集团，业务遍及世界近40个国家和地区，年营业收入50亿元，出口贸易额在1亿美元以上。

说起新华联，知道的人可能不多；提起“金六福”，可能就无人不晓了。借米卢一举成名的“金六福”是中国白酒市场的一个“神话”，其缔造者正是不产一滴酒的新华联。

新华联在酒业上的成功，不是简单地依靠资本运作，而是依靠经营实业的雄厚实力。在白酒方面，除“金六福”外，新华联还收购了湖南邵阳酒厂和安徽中华玉泉酒厂。在葡萄酒方面，2000年并购了云南香格里拉酒业和广东威龙酒业，开发出“香格里拉·藏秘”。

2003年12月1日，新华联曾耗资1.23亿港元收购了在香港主板上市的实力中国

(0472.HK) 74.99%的股权，并将其更名为“香港新华联国际投资有限公司”。2004年8月30日，新华联控股有限公司收购通化葡萄酒股份有限公司第一大股东通化长生农业经济综合开发公司所持法人股，成为通化葡萄酒股份有限公司第一大股东。

收购通化葡萄酒是新华联第二次购“壳”。新华联收购业绩大幅滑坡的通化葡萄酒，看似险招，其实是一笔相当划算的买卖。通化葡萄酒虽然近年来经营状况不佳，但公司股票状况尚好，实力犹存，每股净资产高达3.8元，高于新华联每股3.79元的收购价。通化葡萄酒股份有限公司，前身为通化葡萄酒厂，始建于1937年，有60多年的葡萄酒酿造历史。2001年1月15日，通化葡萄酒正式挂牌上市，但公司自上市以来，业绩逐年下滑，财务状况逐渐恶化，2004年更陷于亏损的境地。公开的财务资料显示，通化葡萄酒2001年、2002年、2003年以及2004年1～9月收益分别为1 656.28万元、918.57万元、497.2万元、-627.75万元。截至2004年9月30日，公司主营业务收入为3 029万元，仅为2001年全年收入的23.56%。

到目前为止，新华联的多元化可谓屡战屡胜，那是因为其有清晰的战略规划，并坚持有所为有所不为的多元化。但多元化经营的企业要面对多个产品市场，必将形成一个复杂的管理体系，大大增加企业经营管理的难度，也给经营决策带来更大的困难和风险。如何在涉足的每个领域都做得很好，是新华联的多元化能否有生命力的关键。

问题：

1）新华联收购通化葡萄酒是否合算？

2）如何评价证券投资收益水平？

3）新华联收购通化葡萄酒以后，还应注意什么问题，你能给出好的建议吗？

分析：

1）新华联收购通化葡萄酒是一笔相当划算的买卖。通化葡萄酒虽然近年来经营状况不佳，但公司股票状况尚好，实力犹存，每股净资产高达3.8元，高于新华联每股3.79元的收购价。

2）证券投资的收益形式主要有：按期获得的股利、资本增值以及两者相结合。在我国公司能上市本身就是一种稀缺资源。对于新华联来说，一方面可获得以低价收购的效益，另一方面可以因上市而获得多方面利益。在评价该投资时，不能仅仅看被投资企业目前的盈利状况，更应看重“壳”资源。

3）新华联收购通化葡萄酒以后，要想获得成功，还需注意投资的风险防范，收购之后对原公司的制度、组织、文化等各方面资源的整合。

范例3.5.2

键桥通讯存在重大对外贷款未及时入账及披露事实的善恶研判报告

（组长：　　　　组员：　　　　　　　　　　　　　　　　　）

背景与情境：

多年业绩造假终被揭露，键桥通讯2015年2月16日收到深圳证监局《行政处罚决定书》（[2015]1号)。经查明，键桥通讯2009年、2010年、2011年、2012年年报及 2013 年半年报均存在虚假记载或重大遗漏，并存在重大事项未依法及时公告的情形，故监管部门对上市公司给予警告并处以60万元罚款，对叶琼、David Xun Ge（葛迅）等相关当事人给予警告并处以最高30万元罚款。

《行政处罚决定书》显示，键桥通讯存在定期报告虚构营业收入、成本以及虚构应收账款回款的事实，键桥通讯虚增收入、成本以及虚构应收账款收回少计提坏账准备合计对当年度利润总额的影响是：虚增2009年利润总额1 391万元，占当期披露利润总额的29.35%；虚增2010年利润总额447万元，占当期披露利润总额的9.01%；虚增2011年利润总额551万元，占当期披露利润总额的12.34%；虚增2012年利润总额926万元，占当期披露利润总额的14.36%。

同时，公司存在重大对外贷款未及时入账及披露的事实。2013年1月4日，键桥通讯与深圳市天某亿科技发展有限公司签订4份借款协议，金额共计2.55亿元，未经董事会审议。证监局认为，上述对外贷款金额占键桥通讯上年年末经审计总资产的15.76%，具有重大性，可能对上市公司股票交易价格产生较大影响，应及时报告并披露，但键桥通讯未针对该借款事项进行临时公告。上述借款事项涉及的资金支付，键桥通讯于2013年1月4日至6日根据协议将资金分别转出，未及时入账确认。截至2013年6月30日，尚未入账合计1.12亿元，导致公司《2013年半年度报告》货币资金、其他应收款等项目存在虚假记载。此外，公司还有重大对外担保未及时披露。

依据《证券法》相关规定，深圳监管局决定：对键桥通讯责令改正，给予警告，并处以60万元罚款；对叶琼、David Xun Ge（葛迅）等相关负责人分别给予警告，并各处以3万元至30万元不等的罚款。

对此，键桥通讯定于3月2日下午15：00～17：00在深圳证券信息有限公司提供的网上平台举行公开致歉会。同时，公司因拟披露重大事项将于17日起停牌，待披露相关事项后复牌。

（资料来源：王雪青.连续4年业绩造假，键桥通讯被罚60万元［N］.上海证券报，2015-02-17.）

问题：

1）本案例中存在哪些道德伦理问题？

2）试对上述问题作出你的善恶研判。

3）通过适当途径搜集你作善恶研判所依据的行业规范。

分析：

1）虚假记载或重大遗漏，并存在重大事项未依法及时公告等道德伦理问题。

2）信息披露问题存在于财务行为各阶段，而投资过程中的信息披露问题含糊企业的资金流向，导致市场信息的扭曲，加剧参与各方地位的不平等性，影响股票市场效率，严重影响了社会公众对上市公司的信任程度，同时也给投资者带来了直接的经济损失，不利于企业和股票市场的长期健康发展。虚假记载给社会公众传达的是有失公允的会计信息，不仅表现出企业缺乏必要的社会责任感和伦理意识，更反映出企业并不遵守会计准则和国家相关法律的规定，谋求非法收益。企业实际情况的错误传达，很可能影响企业管理层的决策水平和决策效率，影响投资者的投资水平，削弱会计行业的公信力。

3）《信息披露违法行为行政责任认定规则》《会计法》《证券法》和《上市公司信息披露管理办法》等。

范例3.5.3

中新公司新建项目投资决策实训报告

（组长：　　　　组员：　　　　　　　　　　　　　　　　　　　　　）

资料：

中新公司董事会研究，根据市场对本公司生产的程控电话的需求，准备新建一条生产线增加生产能力。公司董事会要求财务部收集资料，写出《投资项目的财务评价报告》，供公司董事会决策参考。

财务部接受董事会的任务，收集资料如下：

1）新建程控电话生产线投资生产销售情况

该生产线的初始投资是125万元，分两年投入。第1年年初投入100万元，第2年年初投入25万元。第2年可完成建设并正式生产。投产后每年可生产程控电话机10 000部，每部销售价格300元，每年销售收入300万元。投资项目使用5年，5年后残值25万元。在投资项目生产经营期间需垫支流动资金25万元，项目结束后可收回。

2）程控电话产品年总成本的构成情况

原材料费用	200万元
工资费用	30万元
管理费用（不含折旧）	20万元
折旧费	20万元

3）资本成本情况

对各种资金来源进行综合计算，平均资本成本为10%。

要求：

1）计算编制新建项目投资的营业现金流量表。

2）计算编制新建项目投资的现金流量表。

3）计算编制新建项目投资的净现值表。

4）撰写《新建项目投资决策实训报告》。

实训步骤解答：

步骤一：制订实训工作计划书

将学生按6~8人分为一组，选定正、副组长为公司财务部正、副部长。财务部正、副部长将组内学生按项目投资决策分析要求合理分工，并制订工作计划书。每个小组制订一份工作计划书（见表3-3），工作计划书根据工作内容，由小组学生讨论制订，并经指导老师审阅批准后实施。各小组学习任务目标和任务描述，研究任务工单和应完成的任务。复习现金流量计算和项目投资贴现评价的方法。收集当前市场CPI和PPI变动数据。

表3-3　　中新公司新建项目投资决策实训报告工作计划书

主要内容	实施时间	实施形式	主要负责人
研究项目投资分析的任务、要求与分工			
复习现金流量计算和项目投资贴现评价的方法			
收集当前市场CPI和PPI变动数据			
计算、编制新建项目投资的营业现金流量表			
计算、编制新建项目投资的现金流量表			
计算、编制新建项目投资的净现值表			
撰写《新建项目投资决策实训报告》			

其他：

学习小组组长：　　　　　　　　学习小组成员：

年　月　日

指导老师审阅意见：

签名：

年　月　日

步骤二：各小组计算编制新建项目投资的营业现金流量表（见表3-4）

表3-4　　投资项目的营业现金流量计算表　　单位：万元

项　目	第1年	第2年	第3年	第4年	第5年
销售收入	300	300	300	300	300
付现成本	250	250	250	250	250
其中：原材料	200	200	200	200	200
工资	30	30	30	30	30
管理费	20	20	20	20	20
折旧费	20	20	20	20	20
税前利润	30	30	30	30	30
所得税（税率为25%）	7.5	7.5	7.5	7.5	7.5
税后利润	22.5	22.5	22.5	22.5	22.5
现金流量	42.5	42.5	42.5	42.5	42.5

步骤三：各小组计算编制新建项目投资的现金流量计算表（见表3-5）

表3-5 **项目投资的现金流量计算表** 单位：万元

项　目	第0年	第1年	第2年	第3年	第4年	第5年	第6年
初始投资	-100	-25					
流动资金垫支			-25				
营业现金流量			42.5	42.5	42.5	42.5	42.5
设备残值							25
流动资金收回							25
现金流量合计	-100	-25	17.5	42.5	42.5	42.5	92.5

步骤四：各小组计算编制新建项目投资的净现值计算表（见表3-6）

表3-6 **项目投资的净现值计算表** 单位：万元

时　间	现金流量	10%的贴现系数	现　值
0	-100	(P/F,10%,0)	-100
1	-25	(P/F,10%,1)	-22.7273
2	17.5	(P/F,10%,2)	14.4628
3	42.5	(P/F,10%,3)	31.9309
4	42.5	(P/F,10%,4)	29.0281
5	42.5	(P/F,10%,5)	26.3892
6	92.5	(P/F,10%,6)	57.4352
净现值			36.5189

步骤五：撰写《新建项目投资决策实训报告》（见表3-7）

表3-7 **新建项目投资决策实训报告**

项目实训班级：1004201　　项目小组：02　　项目组成员：张鑫等

实训时间：2015年9月25日　　实训地点：多媒体教室

实训目的：熟悉现金流量和净现值等概念、贴现评价指标和非贴现评价指标类型，理解掌握项目投资决策方法

实训步骤：

①以小组为单位，制订实训工作计划书；②各小组计算编制新建项目投资的营业现金流量表；③各小组计算编制新建项目投资的现金流量表；④各小组计算编制新建项目投资的净现值表；⑤各小组撰写《新建项目投资决策实训报告》；⑥讨论评价

实训结果：

该项目的净现值为36.52万元，大于0，因此，该项目从财务上来说是可行的。其他计算资料见上述各表

续表

问题注意： 一个项目从财务角度评价是可行的，并不意味该项目一定可行，还应考虑项目对环境的影响、对社会的影响以及技术上是否可行等。 评价项目是否可行，还要考虑风险因素
实训感言： 通过本实训，熟悉了现金流量和净现值等概念，掌握了贴现评价指标和非贴现评价指标，学会了各种评价方法的运用。这一切有助于理解和掌握本章的基本概念与理论，有助于动手能力的提高
关于“能力与道德领域”其他训练的补充说明： 实训前，我们对列入本章“实训题”指导准备中“知识准备”的那些知识进行了必要预习，接受了指导老师的全部“操作指导”。通过参加“知识准备”第（2）、（3）项的培训，我们了解了本章涉及的“专业能力”各项技能、“职业核心能力”和“职业道德”的“规范与标准”，克服了实训过程中对相关操作规范的盲目性。 在本实训中，我们在对本章“专业能力”进行基本训练的同时，也尝到了“自我学习”“与人合作”和“数字应用”等“职业核心能力”强化训练和“职业观念”“职业情感”“职业良心”和“职业守则”等“职业道德”的相关训练的甜头。我们大家都相信通过这些相关实训，必将提高我们的“学习迁移能力”和“可持续发展能力”。通过本课程和后续课程的同类学习和训练，在我们建构“职业胜任力”的过程中，我们的“职业核心能力”将得到快速提高，我们的“职业道德”水平也将有更大提高
不足与改进：（略）
附件：（略）
指导老师点评：（略）
项目组长签字：　　　　　　　　指导教师签字：

步骤六：讨论评价

首先，各小组用PPT汇报交流，限时不超过10分钟。其次，各小组听取汇报交流并打分互评。最后，指导老师打分并点评。

3.6 参考答案与提示

教学互动3-1

引导提示

在财务可行性评价中使用的折现率与票据贴现率是不同的，表现为：

（1）折现率与金融业务中处理未到期票据贴现中所使用的票据贴现率不是一个概念，不能混淆。

（2）在确定折现率时，往往需要考虑投资风险因素，可人为提高折现率水平，而反映时间价值的利息率或贴现率则通常不考虑风险因素。

（3）折现率不应当也不可能根据单个投资项目的资本成本计算出来。因为在进行财务可行性评价时，不是以筹资决策和筹资行为的实施为前提，而是以投资项目为前提。

教学互动3-2

引导提示

（1）非贴现指标没有考虑资金时间价值。

（2）投资回收期高估了投资的回收速度，不能反映净现值的多少。

（3）非贴现指标对使用寿命不同、资金投入时间和提供收益时间不同的投资方案缺乏鉴别能力。

（4）会计收益率夸大了项目的盈利水平，内含报酬率反映了投资项目的实际收益率。

（5）净现值和内含报酬率以资本成本率为取舍依据，符合客观实际。

（6）计算机的应用为折现指标的计算提供了方便。

教学互动3-3

引导提示

（1）在风险分散过程中，不应当过分夸大证券多样性和证券个数的作用。

（2）当证券组合中证券数目较少时，通过增加证券数目分散风险的效应会比较明显，但当证券的数目增加到一定程度时，风险分散的效应就会减弱。

“3.2 客观题”参考答案

3.2.1 理论题

1）单项选择题

（1）A （2）D （3）A （4）C （5）C （6）C

2）多项选择题

（1）ABCD （2）ABCDE （3）ABDE （4）ABC （5）ABCD （6）ABCDE

3）判断题

（1）× （2）√ （3）× （4）× （5）× （6）×

3.2.2 实务题

1）单项选择题

（1）C （2）C （3）C （4）B （5）D （6）A

2）多项选择题

（1）ABCD （2）BCE （3）ACE （4）ABD （5）CD （6）BCD

3）混合选择题

（1）ACD （2）CE （3）ABC （4）A （5）A （6）C

4）判断题

（1）× （2）√ （3）× （4）× （5）√ （6）√

3.2.3 案例题

1）D 2）D 3）ABCDE 4）ABDE 5）B

3.2.4 实训题

1）单项选择题

（1）A （2）B （3）C （4）A （5）B （6）C

2）多项选择题

（1）ABCD （2）ABC （3）ABC （4）BCD （5）AC （6）CE

"3.3 主观题"参考答案

3.3.1 理论题

参考答案：

1）简答题

（1）项目投资是一种以特定建设项目为对象，直接与新建项目或更新改造项目有关的长期投资行为。

（2）①证券投资具有高度的"市场力"，即流通变现的能力。证券有着十分活跃的二级市场，与实物资产相比，其转让更快捷、简便。②证券投资是对预期会带来收益的有价证券的风险投资，因为其受各种不同的因素影响较大，所以价值不稳定、投资风险大。③投资和投机是证券投资活动中不可缺少的两种行为。④二级市场的证券投资交易成本低，不会增加社会资本总量，而是在持有者之间进行再分配。

（3）投资基金是一种利益共享、风险共担的集合投资方式，即通过发行基金股份或受益凭证等有价证券聚集众多的不确定投资者的出资，交由专业投资机构经营运作，以规避投资风险并谋取投资收益的证券投资工具。

2）理解题

（1）作为项目评价的动态贴现指标——净现值（NPV）、现值指数（PV）以及内含报酬率（IRR）之间存在下列数量关系：当 $NPV>0$ 时，$PV>1$，$IRR>i$；当 $NPV=0$ 时，$PV=1$，$IRR=i$；当 $NPV<0$ 时，$PV<1$，$IRR<i$。

（2）债券票面利率是指债券发行者预计一年内向投资者支付的利息与票面金额的比率。票面利率不同于实际利率。实际利率通常是指按复利计算的一年期的利率。债券的计息方式有多种，可能使用单利或复利计息，利息支付可能半年一次、一年一次或到期日一次兑付，这就使得票面利率不等于实际利率。

（3）封闭式基金，是指基金的发起人在设立基金时，限定了基金单位的发行总额，筹集到这个总额后，基金即宣告成立，并进行封闭，在一定时期内不再接受新的投资。基金单位的流通采取在交易所上市的办法，通过二级市场进行竞价交易。

开放式基金，是指基金发起人在设立基金时，基金单位的总数是不固定的，可视经营策略和发展需要追加发行。投资者也可根据市场状况和各自的投资决策，或者要求发行机构按现期净资产值扣除手续费后赎回股份或受益凭证，或者再买入股份或受益凭证，增加基金单位份额的持有比例。这种基金通过柜台进行交易。

3.3.2 实务题

参考答案：

1）规则复习

（1）营业现金净流量=净利润+折旧额和摊销额

（2）投资利润率= $\frac{\text{年平均利润额}}{\text{平均投资总额}}\times 100\%$

投资回收期= $\frac{\text{投资总额}}{\text{年现金净流量}}$

投资回收期= $\frac{\text{累计现金净流量最后}}{\text{一次出现负值的年数}}+\frac{\text{当年累计现金净流量绝对值}}{\text{下年现金净流量}}$

（3） $NPV=\sum_{K=0}^{n}\frac{I_K}{(1+i)^K}-\sum_{K=0}^{n}\frac{O_K}{(1+i)^K}$

$$PV=\sum_{K=0}^{n}\frac{I_K}{(1+i)^K}\div\sum_{K=0}^{n}\frac{O_K}{(1+i)^K}$$

$$\sum_{K=0}^{n}\frac{I_K}{(1+IRR)^K}-\sum_{K=0}^{n}\frac{O_K}{(1+IRR)^K}=0$$

2）业务解析

（1）作为项目评价的动态贴现指标——净现值（NPV）、现值指数（PV）以及内含报酬率（IRR）之间存在下列数量关系：当NPV>0时，PV>1，IRR>i；当NPV=0时，PV=1，IRR=i；当NPV<0时，PV<1，IRR<i。贴现指标是决策主要指标，非贴现指标是决策辅助指标。

（2）保守型投资组合策略主要适宜于在经济稳定增长的时期采用，在经济结构的转型与衰退期要谨慎使用；采用投机型投资组合策略的投资者通常以“见涨抢进、见跌卖出”的追价方式买卖股票；随机应变型投资组合是投资者根据股市走向变化而灵活调整证券组合的投资技巧。当判定股市走向看好时，则将资金的大部分投放在投资股票上，而后认为股市走向看跌时，则将大部分资金转入购买公债等风险较小的证券或持有现金以待买入时机。

（3）证券组合收益是投资者因承担不可分散风险而要求的，超过时间价值的那部分额外收益。可用下列公式计算：$R_p=\beta_p\cdot(K_m-R_F)$。

3.3.3 案例题

1）案例分析

分析提示：

（1）市场调研10万元咨询费属于沉没成本（已经支付），即与是否进行客房家具投资无关的成本，不应算作项目的现金流量。

（2）投资客房家具是利用该公司闲置的厂房，若出售，该厂房当前市场价格为500万元，这500万元算作项目的机会成本，是项目的现金流量。

（3）方案一的投资额虽为700万元，但机会成本（现出售该厂房当前市场价格）为500万元，所以初始现金净流量NCF_0=-1 200万元。

甲项目的内含报酬率，先用6%进行测试：

NPV=200×[（P/A，6%，10）-（P/A，6%，1）]-1 200=83.34（万元）

再用8%进行测试：

NPV=200×[（P/A，8%，10）-（P/A，8%，1）]-1 200=-43.16（万元）

IRR=6%+[（83.34-0）÷（83.34+43.16）]×（8%-6%）=7.32%

（4）乙项目的年现金净流量计算如下：

年折旧额=（800-100）÷10=70（万元）

NCF_0=-800-200-500=-1 500（万元）

$NCF_{1\sim5}$=（533.33-200-70）×（1-25%）+70=267.50（万元）

$NCF_{6\sim9}$=333.33×（1-25%）+70=320（万元）

NCF_{10}=320+100+200=620（万元）

NPV=267.5×（P/A，i，5）+320×[（P/A，i，10）-（P/A，i，5）]+300×（P/F，i，10）-1 500

当i=16%时：

NPV=267.5×（P/A，16%，5）+320×[（P/A，16%，10）-（P/A，16%，5）]+300×（P/F，16%，10）-1 500
=267.50×3.2743+320×（4.8332-3.2743）+300×0.2267-1 500
=-57.26（万元）

当i=14%时：

NPV=267.5×（P/A，14%，5）+320×[（P/A，14%，10）-（P/A，14%，5）]+300×（P/F，14%，10）-1 500
=267.50×3.4331+320×（5.2161-3.4331）+300×0.2697-1 500
=69.82（万元）

乙项目的内含报酬率：

IRR=14%+（16%-14%）×（69.82-0）÷（69.82+57.26）=15.10%

（5）由于方案一内含报酬率7.32%<该公司预期投资报酬率10%，方案二内含报酬率15.10 %>该公司预期投资报酬率10%，所以，不应当采用方案一，应当采用方案二。在此还需考虑项目的风险。

2）善恶研判

研判提示：

（1）信息披露不真实、不完全、不及时等方面都存在道德伦理问题。

（2）信息披露问题存在于财务行为各阶段，而投资过程中的信息披露问题含糊企业的资金流向，导致市场信息的扭曲，加剧参与各方地位的不平等性，影响股票市场效率，严重影响了社会公众对上市公司的信任程度，同时也给投资者带来了直接的经济损失，不利于企业和股票市场的长期健康发展。

（3）《信息披露违法行为行政责任认定规则》《会计法》《证券法》和《上市公司信息披露管理办法》等。

3.3.4　实训题

教学建议：

【实训任务】中的基本技能训练尽量要求全部在课堂内严格按照实训步骤分组一次完成，“实训目标”“能力与道德领域”和“知识准备”等则可以在教师的辅导下，学生利用课余时间完成（其中：“职业核心能力”的“‘知识准备’参照范围”所列各项知识，学生可自行通过网络收集，通过自学完成实训操练前的准备）。

“3.4　实训资料”参考答案

实训资料3.4.1

1）该方案的各年现金净流量：第0年为-100万元，第1～5年都为35万元。

2）投资回收期2.86年，会计收益率15%，净现值326 775元，现值指数1.33，内含报酬率22.11%。

3）因为NPV=326 775>0，PI=1.33>0，IRR=22.11%>10%，所以该方案财务上可行。

4）价格必须低于102.72元才值得购买。

实训资料3.4.2

1）该方案的各年现金净流量：第0年-150万元，第1年42.5万元，第2年39.5万元，第3年36.5万元，第4年33.5万元，第5年80.5万元。

2）投资回收期3.94年，会计收益率11%，净现值215 691元，现值指数1.14，内含报酬率15.00%。

3）因为NPV=215 691>0，PI=1.14>0，IRR=15.00%>10%，所以该方案财务上可行。

4）价格必须低于56元才值得购买。

第4章 营运资金管理

4.1 预习要览

4.1.1 内容提要与结构

1）内容提要

●营运资金又称营运资本，是指流动资产减去流动负债后的余额。要抓好营运资金管理，必须解决好流动资产和流动负债两个方面的问题。

●加强营运资金管理就是加强对流动资产和流动负债的管理；就是加快现金、存货和应收账款的周转速度，尽量减少资金的过分占用，降低资金占用成本；就是利用商业信用，解决资金短期周转困难，同时在适当的时候向银行借款，利用财务杠杆，提高权益资本报酬率。

●营运资金管理的重点有三个：一是现金管理，明确持有现金的目的，掌握最佳现金持有量的计算，懂得现金的日常管理。二是应收账款管理，明确应收账款的功能，掌握应收账款政策的制定，懂得应收账款的日常管理。三是存货管理，明确存货的功能与成本，掌握存货经济采购批量、存货保本、保利期的计算，懂得存货的日常管理。

2）内容结构

本章内容结构如图4-1所示。

3）主要概念和观念

（1）主要概念

营运资金　营运资金管理　现金　持有成本　转换成本　短缺成本　最佳现金持有量　应收账款　管理成本　机会成本　坏账损失　信用政策　信用标准　信用条件　信用期限　现金折扣　收账政策　存货　进货成本　储存成本　缺货成本　经济进货批量　存货的ABC分类管理

（2）主要观念

营运资金管理的目标与要求　现金管理　应收账款管理　存货管理

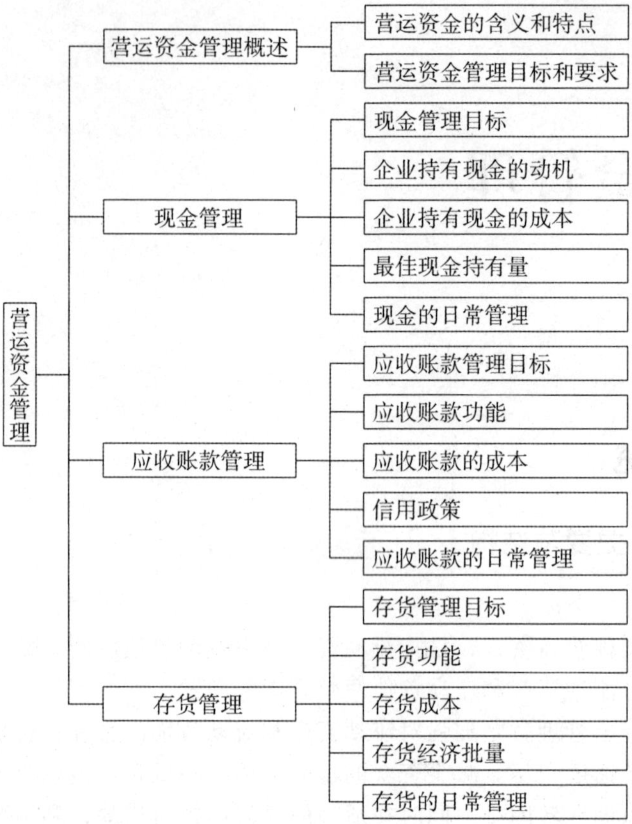

图4-1　本章内容结构

4.1.2　重点与难点

1）重点理论

营运资金的管理目标　现金的管理目标　企业持有现金的动机与成本　应收账款的管理目标、功能与成本　存货的管理目标、功能、成本与经济批量

2）重点实务

最佳现金持有量确定方法与计算　信用政策和日常管理措施　存货的经济进货批量确定与日常管理方法　相关“业务链接”

3）重点操作

最佳现金持有量确定　信用政策制定　经济进货批量确定

4）难点

最佳现金持有量确定方法与计算　信用政策和日常管理措施　存货的经济进货批量确定与日常管理方法

4.1.3　主要公式

1）机会成本计算公式

机会成本=平均现金持有量×有价证券利率（或报酬率）

2）现金管理相关总成本计算公式

$$TC=\frac{Q}{2}\times K+\frac{T}{Q}\times F$$

3）现金管理相关总成本最低总成本计算公式

$$TC=\sqrt{2TFK}$$

4）最佳现金持有量计算公式

$$Q=\sqrt{\frac{2TF}{K}}$$

5）应收账款机会成本计算公式

应收账款机会成本=应收账款占用资金×资本成本

应收账款占用资金=应收账款平均余额×变动成本率

应收账款平均余额=日销售平均余额×平均收账天数

6）应收账款收现保证率计算公式

$$应收账款收现保证率=\frac{必须收现的应收账款}{全部应收账款}$$

7）存货的相关总成本计算公式

$$TC=\frac{A}{Q}\times B+\frac{Q}{2}\times C$$

8）存货的经济批量计算公式

$$Q=\sqrt{\frac{2AB}{C}}$$

9）经济进货批量的相关总成本计算公式

$$TC=\sqrt{2ABC}$$

10）经济进货批量平均占用资金计算公式

$$I=\frac{Qp}{2}$$

11）年度最佳进货批次计算公式

$$N=\frac{A}{Q}$$

12）利润计算公式

利润=毛利-销售税金及附加-固定储存费-变动储存费

13）存货保本储存期计算公式

$$存货保本储存期=\frac{毛利-销售税金及附加-固定储存费}{每日变动储存费}$$

14）存货保利储存期计算公式

$$存货保利储存期=\frac{毛利-销售税金及附加-固定储存费-目标利润}{每日变动储存费}$$

4.2 客观题

4.2.1 理论题

1）单项选择题

（1）企业为了满足日常业务需要而持有现金，如购买原材料、支付工资、缴纳税款、偿还到期债务等属于（　　）。

A.交易动机　　B.预防动机

C.获利动机　　D.投机动机

（2）对客户的资信调查费用是应收账款的（　　）。

A.坏账损失　　B.机会成本

C.管理成本　　D.短缺成本

（3）（　　）是指企业为组织进货而开支的费用。

A.储存成本　　B.缺货成本

C.置换成本　　D.订货成本

（4）存货的（　　）就是将存货按照一定的标准分成几类，然后，按照各类存货的重要程度分别采取不同的方法进行管理。

A.经济进货批量管理　　B.ABC分类管理

C.保本储存期管理　　D.保利储存期管理

（5）现金作为一种资产，它的（　　）。

A.流动性强，盈利性差　　B.流动性强，盈利性也强

C.流动性差，盈利性也差　　D.流动性差，盈利性强

（6）属于储存成本的变动成本的是（　　）。

A.仓库折旧　　B.差旅费

C.存货的保险费用　　D.仓库职工的固定月工资

2）多项选择题

（1）企业持有现金的动机有（　　）。

A.交易动机　　B.预防动机

C.投机动机　　D.获利动机

E.便利动机

（2）“五C”是（　　）。

A.品质　　B.资本

C.能力　　D.条件

E.抵押

（3）信用条件包括（　　）。

A.信用期限　　B.现金折扣

C.信用标准　　D.折扣期限

E.信用政策

（4）营运资金周转，是指企业的营运资金从现金投入生产经营开始，到最终转化为现金为止的过程。营运资金周转通常与现金周转密切相关，现金的周转过程主要包括（　　）。

A.存货周转期　　B.预收账款周转期

C.应付账款周转期　　D.应收账款周转期

E.预付账款周转期

（5）下列属于应收账款成本的有（　　）。

A.机会成本　　B.管理成本

C.收账费用　　D.坏账成本

E.转换成本

（6）存货的短缺成本包括（　　）。

A.替代材料紧急采购的额外开支　　B.材料供应中断造成的停工损失

C.延误发货造成的信誉损失　　D.丧失销售机会的损失

E.保管储存费用

3）判断题

（1）存货管理目标就是权衡存货产生的收益和发生的成本，合理地控制存货水平，在保证生产经营正常进行的前提下，尽量降低存货成本。（　　）

（2）催收应收账款的最佳选择是通过法律途径。（　　）

（3）现金折扣是企业为了鼓励客户多买商品而给予的价格优惠，每次购买的数量越多，价格也就越便宜。（　　）

（4）赊销是扩大销售的有力手段之一，企业应尽可能放宽信用条件，增加赊销量。（　　）

（5）固定性转换成本与现金持有量成反比例关系。（　　）

（6）订货成本与企业每次订货的数量无关。（　　）

4.2.2 实务题

1）单项选择题

（1）利用存货模型确定最佳现金持有量时，不予考虑的因素是（　　）。

A.持有现金的置存成本　　B.现金的管理成本

C.转换有价证券的交易成本　　D.现金的平均持有量

（2）企业在进行应收账款管理时，除要合理确定信用条件和信用标准外，还要合理确定（　　）。

A.现金折扣比率　　B.信用期限

C.现金折扣期限　　D.收账政策

（3）某公司2010年应收账款总额为800万元，当年必要现金支付总额为500万元，应收账款收现以外的其他稳定可靠的现金流入总额为300万元，则该公司2010年应收账款收现保证率为（　　）。

A.70%　　B.20%

C.25%　　D.50%

(4) 在采用ABC控制法时，应重点控制的对象是（　　）。

A.品种较多　　B.数量较多

C.库存时间较长　　D.占用资金较多

(5) 对应收账款信用期限的说法，正确的是（　　）。

A.信用期限越长，企业坏账风险越小

B.信用期限越长，表明客户享受的信用条件越优越

C.信用期限越长，不利于销售收入扩大

D.信用期限越长，应收账款的机会成本越低

(6)（　　）是决定是否给予客户信用的首要因素。

A.资本　　B.经济状况

C.偿付能力　　D.信用品质

2）多项选择题

(1) 现金支出管理的方法包括（　　）。

A.合理利用“浮游量”　　B.推迟支付应付款

C.采用汇票付款　　D.改进工资支付方式

E.增加现金销售比例

(2) 企业的最佳现金持有量是（　　）之和最小的现金持有规模。

A.短缺成本　　B.管理成本

C.机会成本　　D.沉没成本

E.储存成本

(3) 制定收账政策，要在（　　）之间作出权衡。

A.增加坏账损失　　B.减少机会成本

C.增加收账费用　　D.减少坏账损失

E.增加利润

(4) 下列与持有存货成本有关的各成本计算公式中，正确的有（　　）。

A.取得成本=购置成本

B.储备存货的总成本=取得成本+储存成本+缺货成本

C.订货成本=固定订货成本+变动订货成本

D.存储成本=固定储存成本+变动储存成本

E.取得成本=订货成本

(5) 在计算存货保本储存天数时，以下各项中需要考虑的因素是（　　）。

A.销售税金（营业税金）　　B.变动储存费

C.所得税　　D.固定储存费

E.目标利润

(6) 存货日常控制方法有（　　）。

A.归口分级法　　B.经济批量法

C.订货点法　　D.ABC法

E.保本期控制法

3）混合选择题

（1）企业制定信用条件的内容不包括（　　）。

A.确定信用期　　B.确定折扣期限

C.确定现金折扣　　D.确定收账方法

（2）在允许缺货情况下，经济进货批量是（　　）的进货批量。

A.进货费用与储存成本之和最小

B.进货费用等于储存成本

C.进货费用、储存成本与短缺成本之和最小

D.进货费用等于储存成本与短缺成本之和

（3）在基本模型下确定存货经济批量时，通常考虑的成本是（　　）。

A.订货成本　　B.储存成本

C.缺货成本　　D.订货成本和储存成本

（4）企业运用存货模式确定最佳现金持有量所依据的假设有（　　）。

A.所需现金只能通过银行借款取得　　B.预算期内现金需要总量可以预测

C.现金支出过程比较稳定　　D.证券利率及转换成本可以知悉

E.风险可以计量

（5）确定企业最佳现金持有量的方法有（　　）。

A.成本分析模式　　B.折现模式

C.回归分析模式　　D.随机模式

E.存货模式

（6）如果企业制定的信用标准较严，那么会（　　）。

A.扩大销售量　　B.减少销售量

C.增加坏账成本　　D.减少坏账成本

E.增加应收账款的机会成本

4）判断题

（1）一般而言，企业存货需要量与企业生产及销售的规模成正比，与存货周转一次所需天数成反比。（　　）

（2）存货的购置成本是指存货本身的价值，经常用数量与单价的乘积来确定。（　　）

（3）现金和有价证券的变动性转换成本与证券交易次数有关，属于决策相关成本。（　　）

（4）应收账款的机会成本等于应收账款平均余额乘以资本成本，这里的资本成本可以是投资于有价证券的利息率。（　　）

（5）只要花费必要的收账费用，积极做好收账工作，坏账损失是完全可以避免的。（　　）

（6）在一定的范围内，收账费用与坏账损失呈反向变动，并且两者呈线性关系。（　　）

4.2.3 案例题

宝洁公司应收账款管理

宝洁公司，是一家美国消费日用品生产商，也是目前全球最大的日用品公司之一。总部位于美国俄亥俄州辛辛那提，全球员工近110 000人。2008年，宝洁公司是世界上市值第6大公司，世界上利润第14大公司。它同时是财富500强中第10大最受赞誉的公司。2008年6月4日The J.M.Smucker Company和宝洁签署了一项最终协议，宝洁股东将以免税换股并购方式取得Smucker约53.5%的股权。

始创于1837年的宝洁公司，2003—2004财政年度销售额为514亿美元。在《财富》杂志最新评选出的全球500家最大工业/服务业企业中，排名第86位。宝洁公司在全球80多个国家设有工厂及分公司，所经营的300多个品牌的产品畅销160多个国家和地区，其中包括织物及家居护理、美发美容、婴儿及家庭护理、健康护理、食品及饮料等。

该企业品牌在世界品牌实验室（World Brand Lab）编制的2006年度《世界品牌500强》排行榜中名列第37，在《巴伦周刊》公布的2006年度全球100家大公司受尊重度排行榜中名列第3。该企业在2007年度《财富》全球最大500家公司排名中名列第74。

宝洁公司自1988年进入中国以来，无论产品质量、销量以及销售额，始终在同行业中处于领先的地位。在每年80亿人民币的销售额下，应收账款的回收率始终保持在95%以上，这得益于其具有的先进的应收账款治理体系。这个“完美”的系统包含了以下几个治理控制单元：

1）完善的内部控制系统

公司应收账款的控制，是由销售会计组来完成的。销售会计组分成销售会计和公司财务会计，前者负责应收账款等专项的总体策划、分析，后者负责对部分区域具体财务事项的运作以及为前者提供准确、具体、及时的有关信息和数据。宝洁公司不仅对这一组织的每一环节都明确了其主要负责的工作任务，使之各有分工，还对每一工作环节设定了衡量其工作好坏的标准，以便每月对其进行严格的考核。

2）重视应收账款回收期的治理

从账龄分析与制定付款优惠政策两方面入手，设定账龄目标，规定每一个客户归还应收账款的日期，这是宝洁公司期望的最长付款期。同时，还结合客户目前的平均实际还款期，为每一地区信用客户设定了还款期限；分析账龄，了解客户的回款状况，并通过电脑来完成《应收账款分期报告》。从《应收账款分期报告》中，公司可获知客户应收账款的额度是多少，客户的实际还款期限有多长，以便采取措施；制定付款优惠政策，其目的在于鼓励客户提前还款，以便缩短回款期。

3）限制赊销额

宝洁公司针对新老客户以及客户不同的实际情况制定了不同的赊销额标准。赊销额修订时也要考虑常规性因素和偶发性因素，一般的修订方法是按季修订赊销额，上个季度的赊销额是下一季度赊销额的90%。这是宝洁公司对严格遵守信用额治理制度客户的进一步的优惠政策，并且合作的时间越长，信用越好，所取得的最大赊销额也越大。

4）控制超期应收账款

对于超期应收账款，宝洁公司采取的措施是停止供货，超期40天即通知应收账款控制员停止该客户的信用额，并马上停止对其供货直到款项付清，而其原有的信用额将取消并重新开始对其按新客户的标准对待；实施收款计划，假如在停止供货后客户仍拒付货款，公司将指定销售代表在财务部的协助下，与该客户磋商以求达成收款协议，协议将要求客户在3个月内付清所欠货款。假如客户选择了分期付款，那么第一期付款金额不可少于拖欠金额的35%。对于无力偿付的客户，采取先帮助客户渡过难关等方式，以期在日后可以收回更多的应收账款。假如在实施了上述措施后仍无效果，将诉诸法律以期在客户破产清算时得到清偿。

请根据案例在下列题中填入适当选项：

1）宝洁公司“完美”的应收账款控制体系包括（　　）。

A.完善的内部控制系统　　B.重视应收账款回收期的治理

C.限制赊销额　　D.控制超期应收账款

E.注重应收账款收现保证率分析

2）对于超期应收账款，宝洁公司采取的措施有（　　）。

A.停止供货　　B.实施收款计划

C.允许客户选择分期付款　　D.采取相关措施帮助客户渡过难关

E.诉诸法律

3）宝洁公司针对新老客户以及客户不同的实际情况制定了不同的赊销额标准，属于（　　）。

A.信用标准　　B.信用政策

C.信用条件　　D.信用期限

4）影响企业信用标准、信用条件及收账政策的因素有（　　）。

A.赊销期限　　B.坏账损失

C.收账期限　　D.现金折扣

E.销售额

5）宝洁公司实施了相关措施后仍没有收回超期账款，将诉诸法律以期在客户破产清算时得到清偿，属于（　　）的内容。

A.信用政策　　B.收账政策

C.现金折扣政策　　D.信用标准

4.2.4　实训题

就“职业道德”相关领域的“规范与标准”“职业核心能力”和“专业能力”各技能点的“规范与标准”（参见“操练题”的“能力与道德领域”），以及“职业核心能力强化训练‘知识准备’参照范围”（参见“附录一”），在下列题中填入正确的选项：

1）单项选择题

(1)“与人交流（中级）”的“基本要求”是（　　）。

A.在更广泛的工作范围内，灵活运用这些能力以适应工作岗位各方面的需要

B.能为发言作准备，当众讲话并把握讲话内容、方式，借助各种手段说明主题

C.在工作岗位上表现出更强的组织和管理能力，通过运用与人交流的能力适应更复杂的工作需要

D.具备进入工作岗位最基本的与人交流能力，在常规条件下能运用这些能力适应既定工作的需要

(2)“解决问题能力（中级）”包括的技能点是（　　）。

A.分析问题、提出问题，实施计划、解决问题，验证方案、改进计划

B.分析问题、提出方案，实施计划、解决问题，验证方案、改进计划

C.分析问题、提出对策，实施方案、解决问题，验证方案、改进计划

D.分析问题、提出方案，实施方案、解决问题，验证方案、改进计划

(3)属于“数字应用（中级）”的“规范与标准”的是（　　）。

A.能正确使用单位，根据计算结果说明工作任务

B.能组织大型数据采集活动，通过调查和实验获取、整理与加工数据

C.能从事多步骤、较复杂的计算，使用公式计算结果

D.在工作岗位上表现出更强的解决问题能力，在多种资源条件下，根据工作需要解决复杂和综合性问题

(4)属于“职业观念”的“规范与标准”的是（　　）。

A.对会计人员职业道德具有正确的看法

B.对职业或职业模拟有愉快的主观体验

C.对将要从事的职业种类、职业方向与事业成就有积极的向往和执着的追求

D.在职业模拟、职业实践或职业生活的自觉行动中，具有体现职业道德内涵的一贯表现

(5)属于“职业态度”的“规范与标准”的是（　　）。

A.具有强烈的职业认同感、职业荣誉感和职业敬业感

B.对职业选择或模拟选择有充分的认知和积极的倾向与行动

C.对将要从事的职业种类、职业方向与事业成就有积极的向往和执着的追求

D.对职业选择或模拟选择有充分的认知和积极的倾向与行动

(6)属于“职业良心”的“规范与标准”的是（　　）。

A.坚持原则，提高技能，参与管理，强化服务

B.对职业、职业选择、职业工作等问题具有正确的看法

C.在履行职业义务时具有强烈的道德责任感和较高的自我评价能力

D.具备进入会计工作岗位最基本的与人交流能力，在常规条件下能运用这些能力适应既定工作的需要

2）多项选择题

(1)“营运资金管理”这一“专业能力领域”包括的技能点有（　　）。

A.最佳现金持有量确定技能　　B.信用政策制定技能

C.经济进货批量确定技能　　D.经营风险和财务风险衡量技能

E.撰写《营运资金管理实训报告》技能

（2）“最佳现金持有量确定技能”的“规范与标准”有（　　）。
A.能正确掌握最佳现金持有量、持有成本、转换成本、短缺成本等概念
B.能正确运用成本分析模式确定企业最佳现金持有量
C.能正确运用存货模式确定企业最佳现金持有量
D.能正确计算进货成本、储存成本和经济进货批量
E.能正确选择适合企业实际情况的筹资方式
（3）“信用政策制定技能”的“规范与标准”有（　　）。
A.能正确掌握应收账款的机会成本、管理成本、坏账损失、信用政策、信用标准、信用条件、收账政策等概念
B.能正确计算应收账款的机会成本、管理成本和坏账损失
C.能正确运用成本效益分析法判断企业是否改变信用政策
D.能正确计算边际资本成本
E.能正确掌握最佳现金持有量、持有成本、转换成本、短缺成本等概念
（4）“经济进货批量确定技能”的“规范与标准”有（　　）。
A.能正确掌握进货成本、储存成本、缺货成本和经济进货批量等概念
B.能运用比较资本成本法确定企业最优资本结构
C.能运用每股收益无差别点分析法确定企业最优资本结构
D.能正确计算进货成本、储存成本和经济进货批量
E.能正确运用经营杠杆和财务杠杆
（5）“撰写《营运资金管理实训报告》技能”的“规范与标准”有（　　）。
A.能合理设计《营运资金管理实训报告》的结构，层次较分明
B.能熟练掌握经营风险和财务风险含义
C.能较规范撰写《营运资金管理实训报告》
D.能如实地填写实训班级、小组、成员名称，实训时间、地点
E.能运用较规范的文字如实地描述实训目的、实训步骤、实训感言等
（6）属于“职业守则”的“规范与标准”的是（　　）。
A.爱岗敬业，诚实守信　　B.廉洁自律
C.客观公正，坚持原则　　D.提高技能
E.参与管理，强化服务

4.3　主观题

4.3.1　理论题

1）简答题
（1）什么是营运资金？
（2）营运资金的特点有哪些？
（3）企业持有现金的动机是什么？

2）理解题

（1）如何理解存货决策的相关总成本？

（2）比较现金持有量确定的成本分析模式和存货分析模式的异同。

（3）比较信用政策和信用条件的异同。

4.3.2 实务题

1）规则复习

（1）存货模式确定最佳现金持有量的计算公式是什么？

（2）应收账款的机会成本计算公式是什么？

（3）存货的经济批量计算公式是什么？

2）业务解析

（1）企业如何做好现金日常管理？

（2）企业如何做好应收账款全过程管理？

（3）企业如何运用ABC管理法进行存货管理？

4.3.3 案例题

1）案例分析

福田公司建立应收账款管理体系

背景与情境：

目前，不仅各类普通的工商企业应收账款数额普遍巨大，即使是管理水平相对较高的上市公司，从其公布的财务报告中也可发现，尽管其主营业务收入连年增长，但同期应收账款数额增长的比例更大，而且账龄结构越来越趋恶化，经营净现金流量持续为负。销售收入的增长只给这些企业带来了账面利润，不能带来维持经营、扩大生产规模所必需的现金流入，而且随着应收账款数额的持续增加、平均账龄的不断增长，可能出现的坏账损失也越来越大，给企业生产经营带来巨大的潜在风险。虽然，企业应收账款居高不下的原因多种多样，但对于一家企业，特别是一家上市公司，首先应从自身的管理体系中寻求解决问题的突破口，通过强化内部管理和控制体系，克服不良的外部环境给企业应收账款管理带来的困难。

福田公司近年来高速发展，从山东的一个地方小厂发展成为我国农用车行业的龙头企业、上市公司中的明星企业，主营业务收入增长以数十倍、上百倍计，而公司的应收账款的数额和账龄一直控制在一个合理的水平，保证了公司现金流动顺畅、充足，为公司进一步发展提供了坚实的基础保障。

问题：

（1）福田公司在账款收回方面为何能够获得如此大的成就，你将从哪几方面进行分析？

（2）若你是福田公司财务人员，会建议公司管理层如何加强对销售人员考核方面的管理？

（3）若你是福田公司财务人员，你在完善内控体系方面会做哪些工作？

分析要求：

（1）形成性要求

①学生分析案例提出的问题，分别拟定《案例分析提纲》；小组讨论，形成小组《案例分析报告》；班级交流并修订小组《案例分析报告》，教师对经过交流和修改的各小组《案例分析报告》进行点评；附有“教师点评”的小组优秀《案例分析报告》在班级展出，并纳入本校该课程的教学资源库。

②了解“附录二”中附表2-1“形成性考核”的“考核指标”与“考核内容”。

（2）成果性要求

①案例课业要求：以经班级交流和教师点评的《案例分析报告》为最终成果。

②课业的结构、格式与体例要求：参照“课业范例”的范例4.5.1。

③其他要求：了解“附录二”中附表2-1“课业考核”的“考核指标”与“考核内容”。

2）善恶研判

顺驰现金流的“极限运动”

背景与情境：

1994年，孙宏斌创建顺驰，以房地产中介所进入地产界。他在高调舆论的掩护下，在相当多的方面进行了缜密的思考和筹划。孙宏斌最重要的战略基点是对现金流的严格控制。提高资金效率的第一招，是大幅度地缩短建造和交付的时间。2002年9月，顺驰在天津塘沽区拍得一个40万平方米的地块，从进场施工到开盘销售，仅仅用了2个月时间。

第二招是加快现金的流动和运用。顺驰的商业模式就在于“缩短从现金到现金”的周期。在实施全国扩张战略后，顺驰的预算从半年调整一次很快缩短到每月调整一次，后来到了每周调整一次。

孙宏斌还提出了“付款方式比地价更重要”的理念。他决定一块土地的取舍，一是考虑地价；二是考虑付款方式的优劣。

在实际操作中，孙宏斌的战略似乎真的起到了以一搏十的效果，顺驰以较少的资金快速地运作着一些庞大的项目。以北京领海的一个项目为例，土地款项为9.05亿，开盘前付30%，年底再付30%，余下将在第二年付清。运作这个项目总投入需20亿，其资金杠杆使用效率高达1：7。由于扩张过快和宏观调控因素，顺驰终因现金流而陷入困境。

（资料来源：吴晓波.大败局Ⅱ［M］.杭州：浙江大学出版社，2013.）

问题：

（1）本案例中存在哪些道德伦理问题？

（2）对上述问题作出善恶研判。

（3）本案例对你有哪些启示？

研判要求：

（1）形成性要求

①学生分析案例提出的问题，拟出《善恶研判提纲》；小组讨论，形成小组《善恶

研判报告》；班级交流、相互点评和修订各组的《善恶研判报告》；在校园网的本课程平台上展出经过修订并附有教师点评的各组《善恶研判报告》，供学生借鉴。

②了解本教材“附录二”的附表2中“形成性训练与考核”的“参照指标”与“参照内容”。

（2）成果性要求

①课业要求：以经过班级交流和教师点评的《善恶研判报告》为最终成果。

②课业结构、格式与体例要求：参照本《训练手册》“课业范例4.5.2”。

③了解本教材“附录二”的附表2中“课业训练与考核”的“参照指标”与“参照内容”。

4.3.4 实训题

“营运资金管理”业务胜任力训练

【实训目的】

见主教材本章“章名页”之“学习目标”中的“实训目标”。

【实训内容】

专业能力训练：其“领域”“技能点”“名称”和“参照规范与标准”见表4-1。

表4-1 **专业能力训练领域、技能点、名称及其参照规范与标准**

能力领域	技能点	名称	参照规范与标准
营运资金管理	技能Ⅰ	最佳现金持有量确定技能	1）能正确掌握最佳现金持有量、持有成本、转换成本、短缺成本等概念。 2）能正确运用成本分析模式确定企业最佳现金持有量。 3）能正确运用存货模式确定企业最佳现金持有量
	技能Ⅱ	信用政策制定技能	1）能正确掌握应收账款的机会成本、管理成本、坏账损失、信用政策、信用标准、信用条件、收账政策等概念。 2）能正确计算应收账款的机会成本、管理成本和坏账损失。 3）能正确运用成本效益分析法判断企业是否改变信用政策
	技能Ⅲ	经济进货批量确定技能	1）能正确掌握进货成本、储存成本、缺货成本和经济进货批量等概念。 2）能正确计算进货成本、储存成本和经济进货批量
	技能Ⅳ	撰写关于“营运资金管理”的相应《实训报告》技能	1）能合理设计关于“营运资金管理”的相应《实训报告》的结构，层次较分明。 2）能较规范撰写所述《实训报告》。 3）本教材网络教学资源包中《学生考核手册》考核表4-2所列各项“考核指标”和“考核标准”

职业核心能力和职业道德训练：其内容、种类、等级与选项见表4-2。

表4-2 **职业核心能力与职业道德训练内容、种类、等级与选项表**

内容	职业核心能力							职业道德						
种类	自我学习	信息处理	数字应用	与人交流	与人合作	解决问题	革新创新	职业观念	职业情感	职业理想	职业态度	职业良心	职业作风	职业守则
等级			中级	中级	中级	中级	中级	认同级		认同级	认同级	认同级	认同级	认同级
选项			√	√	√	√	√	√		√	√	√	√	√

【组织形式】

将班级学生分成若干实训小组，根据实训内容和项目需要进行角色划分。

【实训任务】

对表4-1所列专业能力领域各技能点，依照其“参照规范与标准”实施阶段性基本训练。

【实训要求】

（1）实训前，学生要了解并熟记本实训的“目的”“能力与道德领域”“任务”与“要求”，了解并熟记本教材网络教学资源包中《学生考核手册》考核表4-1和考核表4-2中的“考核指标”与“考核标准”的内涵，将其作为本实训的操练点和考核点来准备。

（2）通过“实训步骤”，将“实训任务”所列三种训练整合并落实到本实训的“活动过程”和“成果形式”中。

（3）实训后，学生要对本次“营运资金管理实训”的实训活动进行总结，在此基础上撰写《实训报告》。

【情境设计】

将学生分成若干实训组，各组从“实训课业”题目中任选其一，结合题目内容和本章相关“实训资料”，进行关于“营运资金管理”的实训。各实训组通过参与和体验所述项目的运作，实训任务的完成，相应《实训报告》的准备、撰写、讨论与交流等实践活动，完成各自实训任务。

【指导准备】

知识准备：

（1）“最佳现金持有量”“持有成本”“短缺成本”“信用政策”“机会成本”“管理成本”“坏账损失”“进货成本”“储存成本”“经济进货批量”等概念。

（2）“最佳现金持有量确定”的理论与实务知识。

（3）“信用政策制定”的理论与实务知识。

（4）“经济进货批量确定”的理论与实务知识。

（5）“附录一”的附表1中，与本章“职业核心能力‘强化训练项’”各技能点相关的“‘知识准备’参照范围”。

（6）“附录二”的附表2-2、附表2-3中，涉及本章“职业核心能力领域‘强化训练项’”各技能点和“职业道德领域‘相关训练项’”的“规范与标准”知识。

操作指导：

（1）教师向学生阐明“实训目的”“能力与道德领域”和“知识准备”。

（2）教师就“知识准备”中的第（5）、（6）项，对学生进行培训。

（3）教师指导学生对企业实训资料进行熟悉、分析、判断，并根据分析、判断的结果准确地进行归类。

（4）教师指导学生就操练项目最佳现金持有量确定、信用政策制定、经济进货批量确定情况及结果进行正确的分析。

（5）教师指导学生撰写《“营运资金管理”实训报告》。

【实训时间】

本章课堂教学内容结束后的双休日和课余时间，为期一周。

【实训步骤】

（1）将学生组成若干个实训组，每8位同学分成一组，每组确定1~2人负责。

（2）对学生进行“营运资金管理”实训的“知识准备”培训。

（3）指导各实训组熟悉操练项目企业的营运资金管理资料。

（4）指导学生以组为单位，结合所选课业题目，分别讨论完成最佳现金持有量确定、信用政策制定和经济进货批量确定。

（5）各实训组在实施上述训练的过程中，融入对“与人交流”“数字应用”和“解决问题”等职业核心能力的各“技能点”的中级“强化训练”和对“职业观念”“职业态度”“职业理想”和“职业守则”等职业道德各“素质点”的“认同级”相关训练。

（6）各实训组成员撰写、交流和完善作为最终成果形式的相应《“营运资金管理”实训报告》。

【成果形式】

实训课业（任选其一）：

《中有公司营运资金管理实训报告》

《中达公司营运资金管理实训报告》

课业要求：

（1）实训报告的内容、结构与体例参照“课业范例”的范例4.5.3。

（2）各组成员撰写的《实训报告》初稿必须先经小组讨论，然后选拔优胜者参加班级交流讨论。

（3）各组成员在班级交流的基础上进一步完善《实训报告》。

（4）各组成员完成的《实训报告》须由项目指导教师、项目组长、项目组成员三方签字。

（5）将附有“教师点评”的优秀实训报告在班级展出，并纳入本校该课程的教学资源库。

4.4 实训资料

实训资料 4.4.1

中有公司营运资金管理

背景与情境：

中有公司营运资金管理情况如下：

1）现有四种可供选择的现金持有方案，见表4-3。

表4-3　　**现金持有方案**　　单位：万元

项　目	甲方案	乙方案	丙方案	丁方案
现金持有量	200	250	300	400
机会成本	20	25	30	40
管理成本	2	2	2	2
短缺成本	100	50	5	0
总成本	122	77	37	42

该公司投资收益率为10%，可作为机会成本率。

2）为扩大销售，提高竞争力，在原有信用标准的基础上拟定了甲、乙两个备选方案。原方案与甲、乙方案的有关资料见表4-4。

表4-4　　**备选方案资料表**　　单位：万元

项　目	原方案	甲方案	乙方案
年赊销收入总额	3 000	3 400	3 800
坏账损失率(%)	2	2.5	5
应收账款平均收账期(天)	30	45	90
收账费用	26	42	67

该企业的生产能力尚有剩余，增加产量只增加变动成本，变动成本率为60%，应收账款的机会成本率为10%。假设不考虑所得税因素。

3）公司每年需耗用甲材料720千克，该材料的单位采购成本20元，单位储存成本4元，平均每次进货费用40元。假设不考虑缺货成本和数量折扣。

问题：

假如你是中有公司财务经理，将如何处理以下问题：

1）选择哪一个现金持有方案？

2）为该公司作出信用标准的决策？

3）为该公司确定最佳采购批量、相关总成本、年度最佳进货批次和经济进货批量平均占用资金。

实训资料 4.4.2

中达公司营运资金管理

背景与情境：

中达公司营运资金管理情况如下：

1）预计公司全年现金需要量为2 000万元，现金与有价证券的转换成本为每次1万元，有价证券的年利率为10%。

2）公司目前的信用条件是N/60，即无现金折扣，预计年赊销收入净额为3 900万元，估计坏账损失率为3%，收账费用为40万元。假设公司收账政策不变，固定成本总额不变，为加速应收账款回收，公司决定将信用条件改为“2/10，1/20，N/60”，估计约有60%的客户会利用2%的折扣，25%的客户将利用1%的折扣，坏账损失率将降低为2%，收账费用降低为30万元。该公司的变动成本率为70%，资本成本为10%。假设不考虑所得税因素。

3）公司利用A、B、C三种主要原材料生产甲、乙两种产品。根据以销定产的原则，企业已编制本年度的销售预算和产量预算。根据产量预算，企业确定了A、B、C三种材料的全年采购总量。其中，A材料全年采购总量为6 400吨，B材料全年采购总量为4 900吨，C材料全年采购总量为3 600千克。A、B两种材料单价较低，需要量大；C材料单价高，需要量小。

A、B、C三种材料需要分别向飞达、英华、天意三家公司单独采购，采购单价分别为A材料每吨400元、B材料每吨625元、C材料每千克144元。采购A材料的一次订货成本为400元，采购B材料的一次订货成本为625元，采购C材料的一次订货成本为900元。

A材料每吨储存成本为32元，B材料每吨储存成本为50元，C材料每千克储存成本为8元。

问题：

假如你是中达公司财务经理，将如何处理以下问题：

1）确定最佳现金持有量。

2）计算、分析评价该公司是否应改变目前的信用条件。

3）确定公司A、B、C材料最佳采购批量、相关总成本、年度最佳进货批次和经济进货批量平均占用资金。

4.5 课业范例

范例 4.5.1

宇航存货管理案例分析报告

（组长：　　　　组员：　　　　　　　　　　　　　　　　）

背景与情境：

昊华宇航公司的前身是焦作市化工二厂，始建于1966年，2004年6月改制为股份制企业，同年11月加入中国昊华化工（集团）总公司。公司现有资产总额32亿元，其中固定资产原值27.8亿元，职工3 513人。下设7个职能部室、3个全资分公司、4个控股子公司，托管2个公司，参股2个公司。2003年10月，“双二十”项目建成投产，使主导产品烧碱和聚氯乙烯的年生产规模得以大幅度提高，其在全省同行业均排第1位。烧碱在全国同行业排名第8位，聚氯乙烯在全国同行业排名第4位，公司在全国电石法聚氯乙烯生产企业中排名第1位。产品出口印尼、土耳其、印度等13个国家。

昊华宇航公司的存货管理制度：

1）高度重视，加强领导，把存货管理当作企业的生存大事来抓

在存货管理中，坚持“高效运转，保障有力”的存管原则，提出了“三零”管理目标，即原料零风险存货、成品零库存销售、货款零资金外欠。为了保证目标的实现，成立了存货管理领导小组，建立了存货管理控制网络，明确了各类物品的存货管理标准。存货管理领导小组由分管经营工作的副总经理担任组长，各相关单位负责人为成员，并设专人负责存货管理工作，形成了上下沟通、齐抓共管的存货管理体系，为做好存货管理工作提供有力的组织保障。1999年公司聚氯乙烯、烧碱生产规模都比较低时，存货金额、应收账款就已分别达到4 169万元、9 754万元，而现在40万吨存货的账面金额仅比1999年提高了483万元，产销率、资金回收率则连续7年实现增长100%的目标。

2）夯实基础，完善管理，初步形成了存货管理长效机制

（1）细分物品类别，建立存管体系。一是细分原料种类和管理标准。按照物资属性、物化性质、运输方式、采购周期、存储条件等方面的差异，将各类物资分为可长期存放、不宜长期存放、不能长期存放三类。如：聚氯乙烯树脂、工业盐、燃煤等物资具有固态、不易变质等特点，能够长期存放；电石、烧碱、汞触媒、油品等物资具有易粉化、液态、剧毒、易燃等性质，不易长期存放；液氯等属危害性较大物资，列入不能长期存放类。结合以上因素以及公司生产计划和市场变化情况，确定原辅材料最低库存和产成品最高库存临界点，使库存标准更加安全、稳定、经济，从而达到降低库存物资的综合成本的目的。二是建立存货信息预警机制。成立了信息中心，对国家宏观政策、市场发展趋势、交通运输、气候变化等信息进行收集、分析和研究，定期对原材料、产品市场发展趋势进行预测，并负责对存货管理工作实施预警，及时调整存货标准。三是完善存货管理体系。从原料的购进和发出的时间、地点，进货的种类、数量、质量等管理环节入手，结合生产计划，制订科学严谨的原料采购计划、物流计划、资金计划，控制并提高物资存货周转效率。四是建立严格的奖惩机制。对存货控制不力，造成存货偏离库存标准的，严肃追究有关责任单位和责任人责任；对购进原材料长期不用的，按照公司责任处罚管理规定给予处罚。

（2）实施目录管理，力促科学存货。一是建立了各类物资采购、使用、存储目录，实时掌握各类物资采购、使用、存储的变化情况，建立了对物资存储的控制，同时在成本控制方面也起到了指导作用。二是建立了严格的存货登记制度。结合原料（主要指电石）的采购时间、质量、包装物的不同，将各类物资进行分类登记，按照物资库存要求，安排生产单位更迭、使用，降低了库存消耗。三是定期、不定期地进行实物盘

点。坚持大宗原材料每季度盘点一次，辅料、备品备件半年盘点一次，产成品每月盘存的制度。定期、不定期检查管理情况，摸清实物状况，杜绝白条抵库，对亏空物资查明原因，落实责任，确保账实相符、存货及时利用。四是强化实物管理。每月考核产销平衡率指标，减少产品库存，杜绝产品积压，监督产品存量的变化，提高存货周转率。制定产品定额消耗指标，结合实物盘点，有效控制材料浪费，保证投入产出比例。五是强化对仓库存储条件的审查。按照物资特点和存储要求，定时间、定责任人对仓库的安全隐患、应急设施、存储方法进行严格检查验收，发现问题，立即整改，保证库存物资的安全。六是强化产品的变现能力。制定资金回收100%的指标，控制不良销售，杜绝赊销现象，保证存货的变现速度。制定应收账款周转率指标，每月盘点应收账款明细，定期进行账龄分析，实行动态指标管理。每月考核资金回收率，严格奖罚制度，提高资金回收和利用率，确保存货良性周转。

（3）坚持计划管理，从存货管理中要效益。在生产管理方面，根据市场需求，合理组织生产，市场需要什么就生产什么。对有市场、效益好的产品，做到稳产高产；对销售不畅、效益差的产品，实行限产；对亏损的产品，坚决停产。建立规范的计划管理体系，每月结合市场变化情况、装置运行状况制定生产、采购、销售计划和库存标准，为经营决策提供精准的依据，经营部门可利用稳定的客户资源、运输资源控制产品销售、原料采购的周期，达到降低库存、提高物资周转率的目的。在经营管理方面，建立了严格的合同管理体系，与供户、用户、承运单位签订了长期合同及成交确认书，明确供货时间、地点、数量和质量条款的要求，由公司纪检监察部牵头定期进行合同履约率考核，监督合同执行情况。不能按要求进行履约的，严肃追究有关责任人责任，给经营计划的顺利执行提供了有力的保障。在辅助原料、材料的供应方面，一是结合辅助原材料种类多、采购频率高、需求不均衡等特点，采取了集中采购的方式，与一些规模大、实力强、信誉好的供应商建立了稳定的合作关系。二是按照各供应商的优势，细分供应物资的种类，提高供应商供货的专业程度，不仅供货数量、质量及时间得到了保障，同时减少了采购环节，降低了采购成本。三是完善了存货信息的交流和共享机制。形成了生产单位、采购部门、供应商定期和实时沟通的体系，供应商能够及时了解公司的各种原辅材料库存情况和使用计划，并利用其资金优势和库存能力，主动储备相应的物资，能够按照公司月份采购计划或临时计划需求，随时送货上门，有效降低物资库存压力和资金占用比例。在物流管理方面，一是建立了稳固的物流运行体系，和一些规模大、实力强的物流运输企业实施战略合作，物资流通及运输周期得到保障。二是加强对运输资源的控制，建立车辆运行动态登记台账，根据实际需求灵活调整运力，保证物流资源充分利用，降低物流成本。三是建立了物流信息交流的平台，随时掌握各种资源，由物流管理部门统一进行协调，物流配送的效率明显提升。

完善的计划管理和快速反应的预警机制让公司得到了实惠。2007年，公司“双二十”项目投产前，工业盐正处于低价区（到厂价195元/吨），信息中心及时预警，从5月份起就开始加大采购和储存力度，共储存工业盐5万吨。生产后不到两个月，工业盐到厂价格就升高到310元/吨，仅此一项就节约采购成本570余万元。2008年1～2月份，由于全国范围内强降雪灾害天气的影响，电力紧张，电石供应困难，预计到PVC

将有较大幅度的涨价，用两个月的时间将PVC库存提高了近1万吨。PVC市场价格从春节前的6 900元/吨快速涨到8 300元/吨，增加利润1 400余万元。

3）多措并举，搭建平台，为存货管理提供了强有力支撑

（1）发挥市场优势，降低存货风险。多年来，公司始终坚持规范操作、诚信经营、合作共赢的经营管理理念，拥有成熟稳定的经营网络、采购（销售）渠道和稳定的客户群体，经营工作执行力、可操作性较强，给存货管理提供了有力的支撑。一是在山西长治、内蒙古鄂尔多斯建立两个电石供应基地，在省内平顶山中盐皓龙参股建立了工业盐采购基地，原料供应均衡、稳定，库存风险较小。二是利用公司周边氧化铝、化纤、造纸等行业较为集中，对烧碱需求量较大的区位优势，与中国铝业、开曼铝业、新乡化纤等企业建立了战略合作关系，签订了长期供货合同，实现了烧碱“零库存”销售目标。三是针对液氯、盐酸产量不稳定、危害性大（液氯、盐酸属产能可调产品）的实际情况，积极调整销售结构，加大了市场开发力度，扩大产品销售范围和下游用户群体，一定程度上规避了对省内单一用户（氯化石蜡）的依赖，同样实现了“零库存”销售目标。四是引入了差异化物流定价机制，形成了稳定的物流运输体系，给原料采购、产品销售提供了有力的保证。

（2）科学分析预测，降低存货成本。建立了科学、规范的运行分析体系，结合国家宏观政策调整、市场发展趋势、生产运行状况，每月由资产管理部、生产运行部、经营部分别负责进行经济运行分析、生产运行分析和经营运行分析。一是对公司当月运行情况进行系统分析，找出影响效益和有利于提高效益的主要因素，制定应对措施。二是对次月经济环境、市场走势进行预测，结合公司生产装置运行情况，制订出公司月份综合计划（包括生产、经营、资金、项目计划等），确保公司正确决策。三是根据分析结果，结合气候变化、仓储条件影响，制订最佳存货计划，降低存货成本。

（3）实行消耗管理，提升成本优势。公司在成本管理上实行成本计划责任制，坚持成本分析例会，5天一预测，10天一分析，1月一总结，使生产成本得到了有效控制，开展降低存货管理消耗活动，对各生产单位的实际消耗和成本情况进行考核，以指标完成情况核定效益工资，使成本消耗不断降低。

（资料来源：张辉，张朝阳.宇航加强存货管理提高经济效益［EB/OL］.中国昊华化工（集团）总公司，http：//www.chinahaohua.com.cn，2008-05-15.）

问题：

1）有人认为，加强企业的存货管理，必然增加企业多方面的支出，对于企业来说不太合算，这种说法是否正确？

2）加强存货管理对企业有什么意义？

3）如何提高企业的存货管理水平？

分析：

1）这种说法不正确。要看加强存货管理产生的收益和支出的差额，如果大于零，就合算。

2）存货是企业的一项重要的流动资产，占到企业流动资金的30%以上，其管理利用情况直接关系到企业的资金占用水平、资产运作效率，甚至危及公司的生存和发

展。为此，应把存货管理作为降低运行成本、提高经济效益的重要抓手，与生产经营、财务管理等工作有机地结合，同布置、同落实、同考核，保证存货管理工作的有效开展。

3）提高企业存货管理水平的途径分析：

（1）严格执行财务制度规定，使账、物、卡相符。

存货管理要严格执行财务制度规定，对货到发票未到的存货，月末应及时办理暂估入库手续，使账、物、卡相符。

（2）采用ABC控制法，降低存货库存量，加速资金周转。

对存货的日常管理，根据存货的重要程度，将其分为ABC三种类型。A类存货品种占全部存货的10%左右，资金占存货总额的70%左右，实行重点管理，如大型备品备件等。B类存货为一般存货，品种占全部存货的20%左右，资金占全部存货总额的20%左右，适当控制，实行日常管理，如日常生产消耗用材料等。C类存货品种占全部存货的70%，资金占存货总额的10%左右，进行一般管理，如办公用品、劳保用品等随时都可以采购。通过ABC分类后，抓住重点存货，控制一般存货，制订出较为合理的存货采购计划，从而有效地控制存货库存，减少储备资金占用，加速资金周转。

（3）加强存货采购管理，合理运作采购资金，控制采购成本。

首先，计划员要有较高的业务素质，对生产工艺流程及设备运行情况要有充分的了解，掌握设备维修、备件消耗情况及生产耗用材料情况，进而作出科学合理的存货采购计划。其次，要规范采购行为，增加采购的透明度。本着节约的原则，采购员要对供货单位的品质、价格、财务信誉进行动态监控；收集各种信息，同类产品货比多家，以求价格最低、质量最优；同时对大宗原材料、大型备品备件实行招标采购，杜绝暗箱操作，杜绝采购黑洞。这样，既确保了生产的正常进行，又有效地控制了采购成本，加速了资金周转，提高了资金的使用效率。

（4）充分利用ERP等先进的管理模式，实现存货资金信息化管理。

要想使存货管理达到现代化企业管理的要求，就要使企业尽快采用先进的管理模式，如ERP系统。利用ERP使人、财、物、产、供、销全方位科学高效集中管理，最大限度地堵塞漏洞，降低库存，使存货管理更加高效。

范例4.5.2

MK公司入出库环节控制不善导致账实不符善恶研判报告

（组长：　　　　　组员：　　　　　　　　　　　　　　　　　　　　）

背景与情境：

2013年5月，MK公司采购的一批毛坯到货，仓储人员黄某负责验收入库。由于毛坯数量比较多，仓库人手不够，黄某在验收单据时并没有对数量进行清点，只核对了材料型号，就按验收单据上的数量填写入库单进行入库。入库后才叫来质检部检验员赵某进行抽检，检验合格后，赵某开出了检验合格单。月底库管员黄某进行月末盘点时，发现库房毛坯的数量与账面记录不符，由于财务抽盘时出现差异需填写盈亏分析报告，库管员黄某怕麻烦，便自行修改库存账弥补差异。据调查了解，生产部仓储人员经常不对毛坯数量进行核对就直接入库，而且在填写出入库单据的时候经常有笔误发生，直接导致月末盘点时发生账实不符的现象。

同年7月5日，生产车间欲领用部分冷却液备用，车间班长填写完领料单后，直接交由临时工到综合仓库领料。临时工交单领料时，库管员小张表示冷却液暂时短缺，过两天才能到货。临时工听完后，没有拿单便直接离开。仓库到货后，车间往往已等得很急了或换另一个临时工领料，生产班长又开了一张单，时间长造成领料单据重复、混乱，库管员根据领料单记账时容易发生重记、错记的现象，最终导致月末盘点时账实不符。如果此漏洞被库管员发现，极有可能将领料单全部记账，发生舞弊，造成公司财产的损失。

问题：

1）本案例中存在哪些道德伦理问题？

2）试对上述问题作出你的善恶研判。

3）本案例对你有哪些启示？

分析：

1）库管员黄某怕麻烦，便自行修改库存账弥补差异以及生产班长又再开一张单，时间长造成领料单据重复、混乱等都存在道德伦理问题。

2）工作人员首先要爱岗敬业，其次要诚实守信等，但上述工作人员没有做到，不仅会造成企业存货账实不符，而且会导致企业提供的财务信息虚假，误导投资者，给投资者造成损失等。

3）企业平时应加强相关人员岗位职业道德教育；相关岗位人员也应加强自我约束；企业应加强内部控制制度建设等。

范例4.5.3

信用政策选择实训报告

（组长：　　　　　组员：　　　　　　　　　　　　　　　　　　）

资料：

通达建筑材料厂近3年的信用政策见表4-5。公司变动成本率为65%，有价证券利息率为20%，公司收账政策不变，固定成本不变。

表4-5　　**信用政策方案表**　　单位：万元

项　目	第一年(N/30)	第二年(N/60)	第三年(N/90)
年赊销额	2 400	2 600	2 800
坏账损失	48	78	140
收账费用	25	42	58

注：该企业采用年赊销额百分比法估计坏账损失。

从表4-5中可以看出，通达建筑材料厂近年来采取比较宽松的信用政策，因而销售量有所增加，但坏账损失也有所增加。如果第三年为了加速应收账款的回笼，企业决定将信用条件改为“2/10，1/20，N/60”，估计有60%的顾客会利用2%的折扣，20%的顾客会利用1%的折扣条件。另外，坏账损失率降低为3%，收账费用降低为32万元。

作为财务管理人员请你为企业决策者作出以下分析：

要求：

1）该企业采用逐渐宽松的信用政策是否成功？

2）如果企业准备对第三年的信用政策作出修订，则能否采用这个修订后的信用方案？

实训步骤解答：

步骤一：制定信用政策，选择实训工作计划书

将学生按6~8人分为一组，选定正、副组长为公司财务部正、副部长。财务部正、副部长将组内学生按项目投资决策分析要求合理分工。制订工作计划书。每个小组制订一份工作计划书（见表4-6），工作计划书根据工作内容，由小组学生讨论制订，并经指导老师审阅批准后实施。各小组学习任务目标和任务描述，研究任务工单和应完成的任务。

表4-6 **信用政策选择实训工作计划书**

计算评价的主要内容	实施时间	实施形式	主要负责人
计算扣除信用成本前收益			
计算应收账款机会成本			
计算扣除信用成本后收益			
评价信用政策改变是否成功			

其他：

学习小组组长：　　　　学习小组成员：

年　月　日

指导老师审阅意见：

签名：

年　月　日

步骤二：各小组分析影响企业信用政策的因素

影响企业信用政策制定的因素主要包括年赊销额、产品变动成本、应收账款机会成本、收账成本和坏账成本。企业最佳的信用政策应该是使得“年赊销额-变动成本-应收账款机会成本-收账成本-坏账损失”后得到的净收益最大的信用政策。

步骤三：各小组计算不同信用政策下各因素数值并计算出净收益（见表4-7）

表4-7　**不同信用政策下各因素数值**

项　目	第一年(N/30)	第二年(N/60)	第三年(N/90)
年赊销额	2 400	2 600	2 800
变动成本	1 560	1 690	1 820
扣除信用成本前收益	840	910	980
应收账款机会成本	26	56	91
坏账损失	48	78	140
收账成本	25	42	58
扣除信用成本后收益	741	734	691

步骤四：各小组确定企业当前信用政策成功与否

从上表中可以看出，延长信用期限，导致企业扣除信用成本后收益逐年降低，说明该企业采用的信用政策不成功。

步骤五：各小组计算信用条件改变后的各个因素的变化情况

应收账款平均收账天数=60%×10+20%×20+20%×60=22（天）

现金折扣成本=2 800×（2%×60%+1%×20%）=39.2（万元）

应收账款的机会成本=2 800÷360×22×65%×20%=22.24（万元）

坏账损失=2 800×3%=84（万元）

收账成本=32万元

变动成本=2 800×65%=1 820（万元）

扣除信用成本后收益=2 800-1 820-39.2-22.24-84-32=802.56（万元）

步骤六：各小组确定企业新信用政策是否可行

扣除信用成本后收益有所提高，所以可以采用。

步骤七：撰写《信用政策选择实训报告》（见表4-8）

表4-8 信用政策选择实训报告

项目实训班级：1004201　　项目小组：02　　项目组成员：张鑫等

实训时间：2015年10月25日　　实训地点：多媒体教室

实训目的：熟悉应收账款的机会成本、管理成本、坏账损失、信用政策、信用标准、信用条件、收账政策等概念；能正确计算应收账款的机会成本、管理成本和坏账损失；能正确运用成本效益分析法判断企业是否改变信用政策

实训步骤：

①以小组为单位，制订实训工作计划书；②各小组分析影响企业信用政策的因素；③各小组计算不同信用政策下各因素数值并计算出净收益；④各小组确定企业当前信用政策成功与否；⑤各小组计算信用条件改变后的各个因素的变化情况；⑥各小组确定企业新信用政策是否可行；⑦各小组撰写《信用政策选择实训报告》；⑧讨论评价

实训结果：

信用期限为30天时，扣除信用成本后收益为741万元；信用期限为60天时，扣除信用成本后收益为734万元；信用期限为90天时，扣除信用成本后收益为691万元。因此，该企业采用逐渐宽松的信用政策不成功。企业改变信用条件之后的收益为802.56万元，比原来收益高，因此，应采用这个修订后的信用方案。具体计算资料见上述各表

问题注意：

实训感言：

通过本实训，熟悉了应收账款的机会成本、管理成本、坏账损失、信用政策、信用标准、信用条件、收账政策等概念，能正确计算应收账款的机会成本、管理成本和坏账损失，能正确运用成本效益分析法判断企业是否应改变信用政策。这一切有助于理解和掌握本章的基本概念与理论，有助于动手能力的提高

实训前，我们对列入本章"实训题"指导准备中"知识准备"的那些知识进行了必要预习，接受了指导老师的全部"操作指导"。通过参加"知识准备"第（5）、（6）项的培训，使我们了解了本章涉及的"专业能力"各项技能、"职业核心能力"和"职业道德"选项的"规范与标准"，克服了实训过程中对相关操作规范的盲目性。

在本实训中，我们在体验本章"专业能力"基本训练的同时，也尝到了"与人交流"、"数字应用"和"解决问题"等"职业核心能力"强化训练和"职业观念"、"职业态度"、"职业良心"和"职业守则"等"职业道德"的相关训练的甜头。我们相信通过这些相关实训，必将提高我们的"学习迁移能力"和"可持续发展能力"。通过本课程和后续课程的同类学习和训练，在我们建构"职业胜任力"的过程中，将会不断增强我们的"职业核心能力"，不断提高我们的"职业道德"水平

不足与改进：（略）

附件：（略）

指导老师点评：（略）

项目组长签字：　　指导教师签字：

步骤八：讨论评价

首先，各小组用PPT汇报交流，限时不超过10分钟。其次，各小组听取汇报交流并打分互评。最后，指导老师打分并点评。

4.6 参考答案与提示

教学互动4-1

引导提示

（1）因为自行车投保后学生们对自行车安全防范措施明显减少。

（2）投保的学生由于不完全承担自行车被盗的风险后果，因而采取了对自动车安全防范的不作为行为。

（3）这种不作为行为，也就是道德风险。

教学互动4-2

引导提示

（1）赊销可以发展更多的客户。

（2）赊销可以扩大市场的销售。

（3）赊销需要足够的资金支持。

（4）赊销需要可靠的客户群体。

教学互动4-3

引导提示

（1）充分肯定存货ABC分类管理法的意义。

（2）丰田汽车公司“精益企业文化”为全世界企业所推崇。

（3）丰田汽车公司对存货进行ABC分类控制，实现了“准时化生产”和“零库存”，降低了企业成本，提高了产品质量，确保了企业在市场竞争中的绝对优势。

“4.2　客观题”参考答案

4.2.1　理论题

1）单项选择题

（1）A　（2）C　（3）D　（4）B　（5）A　（6）C

2）多项选择题

（1）ABC　（2）ABCDE　（3）ABD　（4）ACD　（5）ABCD　（6）ABCD

3）判断题

（1）√　（2）×　（3）×　（4）×　（5）√　（6）√

4.2.2　实务题

1）单项选择题

（1）B　（2）D　（3）　（4）D　（5）B　（6）D

2）多项选择题

（1）ABCD　（2）ABC　（3）BCD　（4）BCD　（5）ABD　（6）ABCDE

3）混合选择题

（1）D　（2）C　（3）D　（4）BCD　（5）ADE　（6）BD

4）判断题

（1）√　（2）√　（3）×　（4）×　（5）×　（6）×

4.2.3　案例题

1）ABCD　2）ABCDE　3）A　4）ABCDE　5）B

4.2.4　实训题

1）单项选择题

（1）A　（2）B　（3）C　（4）A　（5）B　（6）C

2）多项选择题

（1）ABCE　（2）ABC　（3）ABC　（4）AD　（5）AC　（6）ABCDE

"4.3　主观题"参考答案

4.3.1　理论题

参考答案：

1）简答题

（1）营运资金又称营运资本，是指流动资产减去流动负债后的余额，是企业用以维持正常经营所需的资金，即企业在生产经营中可用流动资产的净额。

（2）营运资金的特点体现在流动资产和流动负债的特点上。流动资产的特点：流动资产投资又称经营性投资，与固定资产投资相比，有如下特点：投资回收期短；流动性强；具有并存性；具有波动性。流动负债筹资与长期负债筹资相比具有如下特点：速度快；弹性大；成本低；风险大。

（3）交易动机、预防动机和投机动机。

2）理解题

（1）存货决策的相关成本参见表4-9。

（2）相同点：都是考虑现金管理的总成本，确定总成本最低的那个持有量。不同点：成本分析模式考虑的是机会成本和短缺成本；存货分析模式考虑的是机会成本和转换成本。

（3）相同点：信用条件是信用政策的一部分。不同点：信用政策是指企业为对应收账款投资进行规划与控制而确立的基本原则与行为规范，包括信用标准、信用条件和收账政策三块内容。信用条件是指企业接受客户信用订单时所提出的付款要求，主要包括信用期限、折扣期限及现金折扣率等。

表4-9　**存货决策的相关成本**

<table>
<tr><th>类别</th><th colspan="2">具体项目</th><th>订货批量与存货成本相关性</th></tr>
<tr><td rowspan="3">进货成本（取得成本）</td><td colspan="2">存货进价（购置成本）=采购单价（P）×采购数量（A）</td><td>有数量折扣时，为相关成本；无数量折扣时，为无关成本</td></tr>
<tr><td rowspan="2">进货费用（订货成本）</td><td>固定性进货费用（F_1）</td><td>与进货批量无关，为无关成本</td></tr>
<tr><td>变动性进货费用=年进货次数（A/Q）×每次进货费用（B）</td><td>与进货批量成反比，为相关成本</td></tr>
<tr><td rowspan="2">储存成本</td><td colspan="2">固定性储存成本（F_2）</td><td>与进货批量无关，为无关成本</td></tr>
<tr><td colspan="2">变动性储存成本=平均储存量（Q/2）×单位存货储存成本（C）</td><td>与进货批量成正比，为相关成本</td></tr>
<tr><td rowspan="2">缺货成本</td><td colspan="2" rowspan="2">停工损失、信誉损失、丧失销售机会的损失（TC_s）</td><td>不允许缺货，为无关成本</td></tr>
<tr><td>允许缺货，为相关成本</td></tr>
<tr><td colspan="4">存货相关总成本=存货进价（存在数量折扣时）+相关进货费用+相关储存成本+缺货成本（允许缺货）；$TC=AP+(A/Q)\times B+(Q/2)\times C+TC_s$</td></tr>
</table>

4.3.2　实务题

参考答案：

1）规则复习

（1）$Q=\sqrt{\frac{2TF}{K}}$

（2）应收账款平均余额=日销售平均余额×平均收账天数

应收账款占用资金=应收账款平均余额×变动成本率

应收账款机会成本=应收账款占用资金×资本成本

（3）$Q=\sqrt{\frac{2AB}{C}}$

2）业务解析

（1）企业现金日常管理主要包括三个方面，即尽快收回应收账款；在保持公司信誉的前提下，尽可能延迟支付账单；多余现金及时用于短期证券投资，获得相应收益。

（2）企业信用管理部门依靠完整的客户资料评价和跟踪客户的信用状况，确定客户的信用额度，对逾期账款进行有效管理，例如可以采用账龄分析来进行管理。企业应收账款发生后，应当制定各种控制措施，尽量按时回收款项，满足企业资金需要和防止坏账、呆账出现。

（3）第一步，计算每一种存货在一定时期内的资金占用额；第二步，计算每一种存货资金占用额占全部资金占用额的百分比，并按大小顺序排列，编成表格；第三步，根据事先确定的标准，将存货分成A、B、C三类，并用图表形式表示出来。

4.3.3　案例题

1）案例分析

分析提示：

（1）从健全考核指标体系和完善内控体系两方面进行分析。

（2）健全考核指标体系方面：

公司对销售人员的考核，既有销售收入的指标，也有按销售收入比例确定的收回现金的指标，而且收现指标是最终考核指标。只有在完成收现指标的基础上，完成的销售收入才能成为员工业绩考评的依据。如果销售人员不能完成收现指标，公司将强令其离开销售岗位，在一定期限内专门负责催收由其引起的应收账款。完成任务，可回原岗位工作；完不成任务，将根据情况予以处罚，直至开除。由于在考核指标体系中强调了销售收现指标，销售人员对赊销手段的利用、赊销对象的选择都极为慎重，对应收账款的催收也极为重视。这样，从根本上杜绝了重销售、轻收现的倾向。

（3）完善内控体系方面：

一是分层管理：应收账款的管理是一个系统工程，在公司内部需要各部门之间相互协调、相互配合、相互监督，形成一个应收账款管理的组织体系。在福田公司内部，财务部是应收账款的主管部门，负责公司各事业部应收账款的计划、控制和考核，对不能收回的应收账款提出审核处理意见。各事业部是应收账款的责任单位，负责本单位应收账款的直接管理。其中，事业部综合管理部负责对应收账款直接责任单位和责任人的考核，事业部财务科负责本事业部应收账款的日常监督管理并向公司财务部报送应收账款详细资料。发生应收账款时，对此负责的销售人员根据销售合同的要求在发票的记账联上签字，并负责该账款的催收。这种应收账款管理体系，将赊销的决定权以及应收账款的监控权、考核权、核销权彻底分开，使每个环节都处于其他相关部门的监控之下，最大限度地减少了个别人员或部门徇私舞弊的可能性。

二是总量控制：公司根据各事业部的销售计划核定应收账款的月度占有定额及年度平均定额，各事业部再将定额拆分成每个销售人员的应收账款占有定额。这样，使得各部门和销售人员一定期限内的应收账款发生额保持在一定限额之内，从而使公司的总体风险被控制在一定范围之内，不至于对生产经营造成巨大影响。

三是动态监控：公司要求应收账款责任人每月对应收账款余额进行核对，尤其对有疑问的账项必须及时核对；各事业部每月进行应收账款分析，根据账龄长短制定解决办法；财务部根据各事业部账龄情况分析全公司应收账款情况，据此下达清收专项计划。这种动态监控有利于及时发现和处理应收账款管理中存在的问题，并及时调整相关的策略，避免问题扩大。

福田公司通过建立合理的考评指标体系和内控体系，有效地管理了公司的应收账款，保证了资产的安全性和收益性。

2）善恶研判

研判提示：

（1）高价拿地没有准备及时还钱存在道德伦理问题。

（2）王石认为："孙宏斌在赌博、高价拿地时就没有准备及时还钱，同政府公信力博弈，属恶意竞争行为。"

（3）企业竞争中，首先，要遵守法律法规约束。其次，要及时关注外界环境的变化。再次，要注意增长速度，欲速则不达。

4.3.4　实训题

教学建议：

【实训任务】中的基本技能训练尽量要求全部在课堂内严格按照【实训步骤】分组一次完成，“实训目标”“能力与道德领域”和“知识准备”等则可以在教师的辅导下，学生利用课余时间完成（其中：“职业核心能力”的“‘知识准备’参照范围”所列各项知识，学生可自行通过网络收集，通过自学完成实训操练前的准备）。

“4.4　实训资料”参考答案

实训资料4.4.1

1）丙方案。

2）选用甲方案。

3）最佳采购批量120千克、相关总成本480元、年度最佳进货批次6次、经济进货批量平均占用资金1 200元。

实训资料4.4.2

1）200万元。

2）应该改变信用政策。

3）A材料：最佳采购批量400吨、相关总成本12 800元、年度最佳进货批次16次、经济进货批量平均占用资金80 000元。B材料：最佳采购批量350吨、相关总成本17 500元、年度最佳进货批次14次、经济进货批量平均占用资金109 375元。C材料：最佳采购批量900千克、相关总成本7 200元、年度最佳进货批次4次、经济进货批量平均占用资金64 800元。

第5章 财务成果与评价

5.1 预习要览

5.1.1 内容提要与结构

1）内容提要

●企业利润分配应当在依法分配、资本保全、兼顾各方利益、投资与收益对等、分配与积累并重等原则的指导下进行，同时还应充分考虑法律、公司、股东等相关因素的影响。股利理论主要包括股利无关论、股利相关论。

●企业在制定股利政策时，要兼顾企业股东和企业未来发展两方面的需要。可供选择的股利政策主要包括：剩余股利政策、固定或稳定增长股利政策、固定股利支付率政策及低正常股利加额外股利政策。利润分配必须依照法定程序进行。

●股票分割对公司的资本结构不会产生任何影响，一般只会使发行在外的股票总数增加，而资产负债表中的所有者权益总额不变，其内部结构也不变。股票回购可以改变公司的资本结构，提高每股收益。

●财务分析方法包括趋势分析法、比率分析法、结构分析法和因素分析法。财务分析指标包括偿债能力指标、营运能力指标、盈利能力指标和发展能力指标。将各种指标纳入一个有机的整体中，对企业的财务状况、经营成果进行全面的解剖和分析，称之为综合分析。综合分析方法主要有杜邦财务分析体系和沃尔比重评分法。

2）内容结构

本章内容结构如图5-1所示。

3）主要概念和观念

（1）主要概念

利润　利润总额　净利润　毛利　息税前利润　目标利润　本量利分析法　股利分配　股利无关论　剩余股利政策　固定或稳定增长股利政策　固定股利支付率政策　低正常股利加额外股利政策　股票分割　股票回购　财务报表分析　趋势分析法　结构分析法　比率分析法　因素分析法　企业偿债能力　流动比率　速动比率　现金流动负债比率　资产负债率　产权比率　利息保障倍数　资产周转率　总资产周转率　固定资产周转率　流动资产周转率　应收账款周转率　存货周转率　营业利润率　总资产报酬

率　净资产收益率　营业收入增长率　营业利润增长率　总资产增长率　资本积累率　三年营业收入平均增长率　三年资本平均增长率

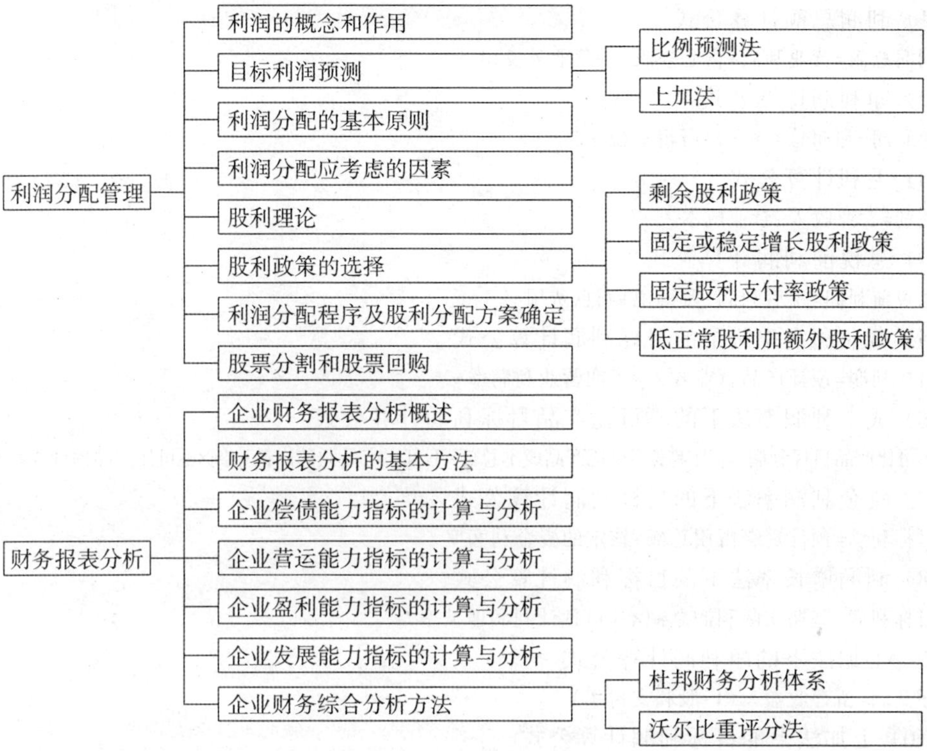

图5-1　本章内容结构图

（2）主要观念

利润的作用　目标利润的规划　利润分配应考虑的因素　财务综合分析

5.1.2　重点与难点

1）重点理论

利润的作用　股利理论　各种股利政策的优缺点　股票分割的作用　股本回购的影响和方式　财务报表分析的基本内容

2）重点实务

利润分配程序　企业偿债能力指标的计算与分析　企业营运能力指标的计算与分析　企业盈利能力指标的计算与分析　企业发展能力指标的计算与分析　企业财务综合分析方法　相关“业务链接”

3）重点操作

目标利润的预测　股利分配方案的确定　基本指标的计算与分析　杜邦财务分析体系　沃尔比重评分法

4）难点

目标利润的预测　利润分配方案的确定　基本指标的计算与分析　杜邦财务分析体系　沃尔比重分析

5.1.3 主要公式

1）利润总额计算公式

利润总额=营业利润+营业外收入-营业外支出

2）净利润计算公式

净利润=利润总额×（1-所得税税率）

3）毛利计算公式

毛利=营业收入-营业成本

4）息税前利润计算公式

息税前利润=税后利润+所得税+利息费用

5）营业利润率法下的目标利润计算公式

目标利润=预计产品营业收入×基期营业利润率

6）成本利润率法下的不可比产品目标利润计算公式

不可比产品目标利润=计划年度不可比产品成本总额×不可比产品预计产销比例×不可比产品预计成本利润率

7）资金利润率法下的目标利润计算公式

目标利润=预计资金占用总额×核定的资金利润率

8）利润增长率法下的目标利润计算公式

目标利润=基期实际利润总额×（1+预计利润增长率）

9）上加法下的净利润计算公式

净利润=留存收益÷（1-股利支付率）

10）上加法下的目标利润计算公式

目标利润=净利润÷（1-所得税税率）

11）企业留存收益计算公式

企业留存收益=盈余公积+未分配利润

12）定基动态比率计算公式

定基动态比率=分析期数额÷固定基期数额×100%

13）环比动态比率计算公式

环比动态比率=分析期数额÷前期数额×100%

14）流动比率计算公式

流动比率=流动资产÷流动负债×100%

15）速动比率计算公式

速动比率=速动资产÷流动负债×100%

16）现金流动负债比率计算公式

现金流动负债比率=经营现金净流量÷流动负债×100%

17）现金比率计算公式

现金比率=（货币资金+交易性金融资产）÷流动负债×100%

18）资产负债率计算公式

资产负债率=负债总额÷资产总额×100%

19）产权比率计算公式

产权比率=负债总额÷所有者权益总额×100%

20）资产周转率（周转次数）计算公式

资产周转率（周转次数）=周转额÷资产平均余额

21）资产周转期（周转天数）计算公式

资产周转期（周转天数）=计算期天数÷周转次数

=计算期天数÷（周转额÷资产平均余额）

22）总资产周转率（周转次数）计算公式

总资产周转率（周转次数）=营业收入÷总资产平均余额

23）总资产周转期（周转天数）计算公式

总资产周转期（周转天数）=365÷（营业收入÷总资产平均余额）

=365÷总资产周转次数

24）固定资产周转率（周转次数）计算公式

固定资产周转率（周转次数）=营业收入÷固定资产平均净值

25）固定资产周转期（周转次数）计算公式

固定资产周转期（周转次数）=365÷（营业收入÷固定资产平均净值）

=365÷固定资产周转率

26）流动资产周转率（周转次数）计算公式

流动资产周转率（周转次数）=营业收入÷流动资产平均余额

27）流动资产周转期（周转天数）计算公式

流动资产周转期（周转天数）=365÷（营业收入÷流动资产平均余额）

=365÷流动资产周转率

28）应收账款周转率（周转次数）计算公式

应收账款周转率（周转次数）=营业收入÷应收账款平均余额

29）应收账款周转期（周转天数）计算公式

应收账款周转期（周转天数）=365÷（营业收入÷应收账款平均余额）

30）存货周转率（周转次数）计算公式

存货周转率（周转次数）=营业收入（成本）÷存货平均余额

31）存货周转期（周转天数）计算公式

存货周转期（周转天数）=365÷（营业收入（成本）÷存货平均余额）

32）营业利润率计算公式

营业利润率=营业利润÷营业收入×100%

33）营业净利率计算公式

营业净利率=净利润÷营业收入×100%

34）营业毛利率计算公式

营业毛利率=（营业收入-营业成本）÷营业收入×100%

35）总资产报酬率计算公式

总资产报酬率=息税前利润总额÷总资产平均余额×100%

36）息税前利润总额计算公式

息税前利润总额=净利润+所得税费用+利息费用

37）总资产净利率计算公式

总资产净利率=净利润÷总资产平均余额×100%

38）净资产收益率计算公式

净资产收益率=净利润÷平均净资产×100%

39）营业收入增长率计算公式

营业收入增长率=本年营业收入增长额÷上年营业收入总额×100%

40）营业利润增长率计算公式

营业利润增长率=本年营业利润增长额÷上年营业利润总额×100%

41）总资产增长率计算公式

总资产增长率=本年总资产增长额÷年初资产总额×100%

42）资本积累率计算公式

资本积累率=本年所有者权益增长额÷年初所有者权益×100%

43）三年营业收入平均增长率计算公式

三年营业收入平均增长率=（$\sqrt[3]{\text{当年营业收入总额} \div \text{三年前营业收入总额}}$ -1）×100%

44）三年资本平均增长率计算公式

三年资本平均增长率=（$\sqrt[3]{\text{当年所有者权益总额} \div \text{三年前所有者权益总额}}$ -1）×100%

45）净资产收益率计算公式

净资产收益率=总资产净利率×权益乘数=营业净利率×总资产周转率×权益乘数

5.2 客观题

5.2.1 理论题

1）单项选择题

（1）最主要的股利支付方式是（　　）。

A.现金股利　　B.负债股利

C.财产股利　　D.股票股利

（2）能反映出企业偿还到期债务能力的最直接的项目是（　　）。

A.有足够的资产　　B.有足够的流动资产

C.有足够的存货　　D.有足够的现金和现金等价物

（3）杜邦财务分析体系的核心指标是（　　）。

A.净资产收益率　　B.资产净利率

C.权益乘数　　D.总资产周转率

（4）下列项目不属于速动资产项目的是（　　）。

A.现金　　B.存货

C.应收账款　　D.交易性金融资产

（5）最能体现企业短期偿债能力强弱的指标是（　　）。

A.利息保障倍数　　B.速动比率

C.流动比率　　D.现金流动负债比率

（6）用来衡量企业运用投资者投入资本获得收益的能力的指标是（　　）。

A.净资产收益率　　B.总资产收益率

C.销售利润率　　D.盈利现金比率

2）多项选择题

（1）在下列各项中，属于企业进行利润分配应遵循的原则有（　　）。

A.依法分配原则　　B.资本保全原则

C.分配与积累并重原则　　D.投资与收益对等原则

E.权责发生制原则

（2）下列关于低正常股利加额外股利政策的说法中，正确的是（　　）。

A.具有较大的灵活性　　B.使股利支付与公司盈利相脱节

C.股利派发缺乏稳定性　　D.可以在一定程度上维持股利的稳定性

E.股利支付与公司盈利情况结合度高

（3）股利分配的一些常见分配政策有（　　）。

A.剩余股利政策　　B.固定股利政策

C.固定股利支付率政策　　D.低正常股利加额外股利政策

E.现金股利政策

（4）资产净利率能被直接分解成（　　）。

A.营业净利率　　B.资产周转率

C.销售成本率　　D.销售期间费用率

E.权益乘数

（5）股票回购的动机有（　　）。

A.提高每股收益　　B.改变公司的资本结构

C.稳定或提高公司的股价　　D.防止敌意收购

E.降低每股收益

（6）能有效地将资产负债表与利润表联系起来的比率有（　　）。

A.净资产收益率　　B.产权比率

C.应收账款周转率　　D.流动资产周转率

E.存货周转率

3）判断题

（1）权益乘数=1÷（1-资产负债率），权益乘数越低，财务风险越大。（　　）

（2）如果企业当期利息保障倍数低于1，则表示企业一定无法支付到期债务。（　　）

（3）在资产报酬率大于借入资本成本率的情况下，资产负债率越高，净资产收益率也会越高。（　　）

（4）在采用因素分析法时，既可以按照各因素的依存关系排列成一定的顺序并依次替代，也可以任意颠倒顺序，其结果是相同的。（　　）

（5）固定股利支付率政策体现了“多盈多分，少盈少分，无盈不分”的利润分配原则。（　　）

（6）资产负债率对债权人、股东、经营者而言，越低越好。（　　）

5.2.2 实务题

1）单项选择题

（1）当公司的盈余和现金流量都不稳定时，对公司和股东都有利的股利分配政策是（　　）。

A.固定股利支付率政策　　B.固定或持续增长股利政策

C.剩余股利政策　　D.低正常股利加额外股利政策

（2）你若是银行的信贷管理人员，在发放三个月短期贷款时，你最关心的是企业的（　　）方面。

A.企业盈利能力　　B.企业支付能力

C.企业社会贡献能力　　D.企业资产营运能力

（3）在其他条件不变的情况下，下列哪些业务会引起总资产周转率指标下降（　　）。

A.用现金偿还负债　　B.借入一笔短期借款

C.用银行存款购入一台设备　　D.用银行存款支付一年的保险费

（4）（　　）是主要依靠股利维持生活的股东和养老基金管理人最不赞成的公司股利政策。

A.剩余股利政策　　B.固定或稳定增长的股利政策

C.固定股利支付率政策　　D.低正常股利加额外股利政策

（5）某企业流动比率为2，使该比率下降的业务是（　　）。

A.赊购商品和材料　　B.偿还应付账款

C.收回应收账款　　D.赊销商品

（6）根据资产负债表上的数据，不能计算的指标有（　　）。

A.利息保障倍数　　B.产权比率

C.资产负债率　　D.权益乘数

2）多项选择题

（1）发放股票股利和股票分割都会导致（　　）。

A.普通股股数增加　　B.股东持股比例上升

C.资产总额增加　　D.每股收益下降

E.每股市价下降

（2）如果流动比率过高，速动比率过低意味着企业存在以下几种可能（　　）。

A.存在闲置货币资金

B.企业存货销售不畅

C.企业货币资金等易变现的资产存量较少

D.企业短期偿债能力差

E.企业短期偿债能力强

（3）从杜邦分析体系可知，可能直接影响企业净资产收益率指标的措施有（　　）。

A.提高营业净利率　　B.提高资产负债率

C.提高总资产周转率　　D.提高流动比率

E.提高产权比率

(4) 某公司当年的经营利润很多，却不能偿还到期债务。为查清其原因，应检查的财务比率包括（　　）。

A.资产负债率　　B.流动比率

C.现金流动负债比率　　D.应收账款周转率

E.产权比率

(5) 企业短期债权人（如供应商）主要关心企业下列哪些项目（　　）。

A.资产的流动性　　B.收益的稳定性

C.销售成本率　　D.速动比率

E.企业的发展速度

(6) 属于公司利润分配程序的是（　　）。

A.弥补企业以前年度亏损　　B.提取法定盈余公积金

C.提取任意盈余公积金　　D.向投资者分配利润

E.向贷款人支付利息

3）混合选择题

(1) 下列不属于利润分配的项目是（　　）。

A.盈余公积　　B.公益金

C.所得税　　D.股利

(2) 在企业净利润和现金流量不够稳定的情况下，对公司比较有利的股利分配政策是（　　）。

A.固定或持续增长的股利政策　　B.剩余股利政策

C.低正常股利加额外股利政策　　D.固定股利支付率政策

(3) 已知某公司20×8年年初未分配利润和20×8年净利润均为正，但该公司20×8年却没有支付股利，则该公司采用的股利政策最有可能是（　　）。

A.剩余股利政策　　B.固定或稳定增长的股利政策

C.固定股利支付率政策　　D.低正常股利加额外股利政策

(4) 假定某公司20×8年7月14日发布公告："本公司董事会于20×8年7月14日的会议上决定，本年度发放每股10元的股利；本公司将于20×9年3月1日将上述股利支付给20×8年12月10日登记为本公司股东的人士。"下列说法正确的是（　　）。

A.20×8年12月10日为除息日　　B.20×8年12月10日为股权登记日

C.20×8年7月14日为股利宣告日　　D.20×9年3月1日为股利发放日

E.20×8年7月14日为股利发放日

(5) 发放股票股利会引起（　　）。

A.所有者权益总额发生变化　　B.所有者权益的结构变化

C.每股市价可能下降　　D.股东的市场价值总额发生变化

E.股东的市场价值总额不变

(6) 在收入不变的情况下，会引起总资产周转率指标下降的经济业务是（　　）。

A.用现金偿还到期负债　　　　　　　　B.向银行借入一笔短期借款

C.用银行存款购入一台办公设备　　　　D.执行利润不分配的股利政策

E.出售闲置的机器设备

4）判断题

（1）股票分割会使股票面值发生变化，但所有者权益总额和内部结构均不发生变化。（　　）

（2）临近资产负债表日，大量购入存货必然会导致速动比率下降。（　　）

（3）若利息保障倍数等于3，它说明根据当前的盈利状况，企业合理的债务规模大约为当前债务规模的3倍。（　　）

（4）流动比率越高，反映企业短期偿债能力越强，企业财务状况越稳定可靠，所以流动比率越高越好。（　　）

（5）在计算存货周转率时，存货计价方法对存货周转率没有什么影响，不用加以考虑。（　　）

（6）已知资产负债率，不能计算出产权比率。（　　）

5.2.3　案例题

天音控股股票回购

2008年10月，天音控股发布公告，将用自有资金在二级市场以集中竞价交易方式回购不超过2 000万股社会公众股，回购资金总额不超过7 000万元。这是证监会发布股份回购新规以来，第一家公布回购计划的上市公司。

天音控股的回购价格每股不超过3.5元。回购资金以上限7 000万元计算，约占货币资金的3.35%，占流动资产的1.09%。以最高回购数量2 000万股计算，回购比例为目前总股本的2.11%，占实际流通股本的2.21%。预计本次回购完成后，每股收益约提高1.06%，净资产收益率约提高1.33%，总股本将降至9.3亿股，流通股将降至8.84亿股。

截至第三季度，天音控股总资产为69.71亿元，所有者权益为15.26亿元，经营活动产生的现金净流量为4.97亿元，货币资金余额为20.91亿元。目前该公司的市场占有率为19.7%，比去年同期提高了近8个百分点。

请根据案例在下列题目中填入适当选项：

1）天音控股预计完成股票回购后，下列说法不正确的有（　　）。

A.流通在外的普通股股数将会减少

B.增加企业的优先股股数，减少普通股股数

C.流通在外的普通股股数将会增加

D.流通在外的普通股股数不增不减

E.股票回购会稀释控股权

2）下列对每股收益说法正确的有（　　）。

A.如果总股本发生变化，则每股收益会发生相反的变化

B.每股收益=（本期净利润-优先股股利）÷流通在外的普通股股数

C.每股收益仅仅代表的是某期每股的收益情况，不具备延续性，因此不能够将它单

独作为判断公司成长性的指标

D.每股收益的增减变化都是由企业的盈利状况决定的

E.如果净利润减少，有可能引起每股收益下降

3）天音控股实施股票回购后，下列理解正确的有（　　）。

A.导致企业大量的现金流出

B.在其他影响因素不变的情况下，将会使企业资产的流动性减弱

C.将会改善企业的经营业绩，从而提高每股收益

D.在其他影响因素不变的情况下，将会使企业资产的流动比率下降

E.提高企业的流动性

4）天音控股发布公告，将用自有资金在二级市场以集中竞价的交易方式回购不超过2 000万股社会公众股，这属于（　　）。

A.公开市场回购　　B.要约回购

C.协约回购　　D.股票合并

5）上市公司实施股票回购，可以产生（　　）等积极的影响。

A.提高每股收益　　B.改变公司的资本结构

C.稳定或提高公司的股价　　D.防止敌意收购

E.增强公司实力

5.2.4 实训题

就“职业道德”相关领域的“规范与标准”“职业核心能力”和“专业能力”各技能点的“规范与标准”（参见“操练题”的“能力与道德领域”），以及“职业核心能力强化训练‘知识准备’参照范围”（参见附录一），在下列题目中填入正确的选项：

1）单项选择题

（1）属于“革新创新（中级）”能力的技能点的是（　　）。

A.展示和使用数据信息　　B.进行数据计算

C.作出并实施创新方案　　D.解决问题

（2）“解决问题（中级）”能力包括的技能点是（　　）。

A.分析问题，提出问题；实施计划，解决问题；验证方案，改进计划

B.分析问题，提出方案；实施计划，解决问题；验证方案，改进计划

C.分析问题，提出对策；实施方案，解决问题；验证方案，改进计划

D.分析问题，提出方案；实施方案，解决问题；验证方案，改进计划

（3）属于“信息处理（中级）”能力的技能点的是（　　）。

A.整理信息　　B.传递信息

C.开发信息　　D.解决问题

（4）“革新创新（中级）”能力的“规范与标准”是（　　）。

A.能通过客观分析事物发展与需求之间的矛盾揭示事物的不足，提出首创性的改进意见和方法

B.能揭示事物不足，提出改进意见

C.能根据实际需要，设计并实施创新工作方案，并在条件变化时坚持创新活动

D.能在新需求条件下揭示事物的不足，提出改进事物的创新点和具体方案

（5）属于“职业态度”的“规范与标准”的是（　　）。

A.具有强烈的职业认同感、职业荣誉感和职业敬业感

B.对职业选择或模拟选择有充分的认知和积极的倾向与行动

C.对职业或职业模拟有愉快的主观体验、稳定的情绪表现、健康的心态、良好的心境

D.对会计人员职业道德和企业伦理等问题具有正确的看法

（6）属于“职业作风”的“规范与标准”的是（　　）。

A.对职业、职业选择、职业工作等问题具有正确的看法

B.对职业选择或模拟选择有充分的认知和积极的倾向与行动

C.对职业或职业模拟有愉快的主观体验、稳定的情绪表现、健康的心态、良好的心境

D.爱岗敬业，诚实守信，廉洁自律，客观公正，坚持原则，提高技能，参与管理，强化服务

2）多项选择题

（1）“信息处理（中级）”能力的“规范与标准”是（　　）。

A.能分析复杂信息任务，比较不同信息来源的优势和限制条件，选择适当技术、使用各种电子方法发现和搜寻信息

B.能对信息进行分类、定量筛选、运算分析、加工整理，用计算机扩展信息

C.能通过演说传递信息，用文字图表、计算机排版展示组合信息，用多媒体辅助信息传达

D.能定义复杂信息任务，确定搜寻范围，列出资源优先顺序，通过询访法和观察法搜寻信息

E.能准备、制订和实施获得支持的较具体计划，并充分利用相关资源

（2）“解决问题（中级）”能力的“规范与标准”是（　　）。

A.能确定方法，实施检查，说明结果，利用经验解决新问题

B.能准备、制订和实施获得支持的较具体计划，并充分利用相关资源

C.能描述问题，确定目标，提出并选择较佳方案

D.能在采纳各方意见的基础上，确定创新方案的目标、方法、步骤、难点和对策，指出创新方案需要的资源和条件

E.展示和使用数据信息

（3）“利润分配管理与财务报表分析”这一“能力与道德领域”包括的技能点有（　　）。

A.利润分配管理技能

B.财务报表分析技能

C.撰写《“利润分配管理与财务报表分析”实训报告》

D.撰写《财务分析报告》

E. 能借助因素分析法等财务分析方法对引起某些指标变化的原因进行深入分析，得出相应的分析结论

（4）“利润分配管理”的“规范与标准”有（　　）。

A. 能熟练掌握企业利润分配的工作流程

B. 能正确分析影响企业利润分配的因素

C. 能合理预测企业的利润

D. 能正确选择适合企业实际情况的股利政策

E. 能通过资产负债表、利润表、现金流量表的对应关系，对企业报表的真实性、完整性、可靠性作出判断

（5）“财务报表分析”的“规范与标准”有（　　）。

A. 能借助因素分析法等财务分析方法对引起某些指标变化的原因进行深入分析，得出相应的分析结论

B. 能正确掌握企业主要财务报表的概念

C. 能正确阅读企业主要的财务报表，获知所需的信息

D. 能正确计算各种财务指标，并根据计算结果得出分析结论

E. 能合理预测企业的利润

（6）“撰写《‘利润分配管理与财务报表分析’实训报告》”的“规范与标准”有（　　）。

A. 能合理设计关于“财务成果与评价”的相应《实训报告》，其结构、层次较分明

B. 能较规范撰写所述《实训报告》

C. 能通过资产负债表、利润表、现金流量表的对应关系，对企业报表的真实性、完整性、可靠性作出判断

D. 能如实地填写实训班级、小组、成员名称，实训时间、地点

E. 能运用较规范的文字如实地描述实训目的、实训步骤、实训感言等

5.3 主观题

5.3.1 理论题

1）简答题

（1）确定利润分配政策时应考虑哪些因素？

（2）企业目前常见的股利政策有哪几种？各自的优缺点是什么？

（3）企业财务报表的各主要使用人进行财务分析的目的分别是什么？

2）理解题

（1）股票回购对企业有什么影响？

（2）杜邦财务分析体系在工作中主要有什么作用？

（3）沃尔比重评分法的具体操作步骤是什么？

5.3.2 实务题

1）规则复习

（1）企业偿债能力指标有哪些？各指标的计算公式是什么？

（2）企业营运能力指标有哪些？各指标的计算公式是什么？

（3）企业盈利能力指标有哪些？各指标的计算公式是什么？

2）业务解析

（1）影响目标利润的因素有哪些？企业有哪些策略来实现目标利润？

（2）分析常见的股利政策适用于什么样的企业？

（3）如何理解杜邦财务分析体系？

5.3.3 案例题

1）案例分析

分析天音控股（000829）股票回购

背景与情境：

2008年10月，天音控股发布公告，将用自有资金在二级市场以集中竞价交易方式回购不超过2 000万股社会公众股，回购资金总额不超过7 000万元。这是证监会发布股份回购新规以来，第一家公布回购计划的上市公司。

天音控股的回购价格每股不超过3.5元。回购资金以上限7 000万元计算，约占货币资金的3.35%，占流动资产的1.09%。以最高回购数量2 000万股计算，回购比例为目前总股本的2.11%，占实际流通股本的2.21%。预计本次回购完成后，每股收益约提高1.06%，净资产收益率约提高1.33%，总股本将降至9.3亿股，流通股将降至8.84亿股。

截至第三季度，天音控股总资产为69.71亿元，所有者权益为15.26亿元，经营活动产生的现金净流量为4.97亿元，货币资金余额为20.91亿元。目前该公司的市场占有率为19.7%，比去年同期提高了近8个百分点。

问题：

（1）什么是股票回购？股票回购后对每股收益、每股市价将产生何种影响，为什么？

（2）天音控股利用自有资金进行股票回购，请分析该回购方式会导致企业的短期偿债能力（速动比率）提升还是下降？对该企业的偿债能力是否有重大影响，为什么？

（3）在企业价值被低估的情况下，你认为采用股票回购方式比采用现金股利方式对企业和股东有什么有利的影响？

分析要求：

（1）形成性要求

①学生根据案例中提出的问题，分别拟定《案例分析提纲》；进行小组讨论，形成小组《案例分析报告》；班级交流并修订小组《案例分析报告》，教师对经过交流和修改的各小组的《案例分析报告》进行点评；在班级内展出附有“教师点评”的小组优秀《案例分析报告》，供学生研究借鉴，并将其纳入本校该课程的教学资源库。

②了解“附录二”中附表2-1“形成性考核”的“考核指标”与“考核内容”。

（2）成果性要求

①案例课业要求：以经班级交流和教师点评的《案例分析报告》为最终成果。

②课业的结构、格式与体例要求：参照“课业范例”的范例5.5.1。

③其他要求：了解“附录二”中附表-1“课业考核”的“考核指标”与“考核内容”。

2）善恶研判

上市公司收益过程中的伦理冲突

背景与情境：

企业的收益伦理表现为企业的销售行为和提供劳务行为应符合社会的伦理标准，在获得平均利润的基础上，避免对消费者、供货商、分销商的欺诈行为及偷税漏税行为，杜绝收入实现过程中的不诚信行为；而我国上市公司收益过程中的伦理冲突现象表现为企业收益实现过程中违背社会伦理规范，包括关联交易、商业贿赂、欺诈消费者等行为。以下重点论述关联方交易问题。

关联方交易是指：“在关联方之间转移资源或义务的事项，而不论是否收取价款。”我国特有的资产拆分制度的存在，使企业集团通过拆分优质资产上市，而保留相对劣质资产在集团内部，从而使上市公司与其控股集团各分公司之间存在紧密的联系。上市公司通过交易等形式为集团公司内的兄弟公司输送利益，调整利益分配，从而上市公司通过关联方交易表面上改善了公司业绩。关联方交易的存在导致错误传达公司盈利信息，降低管理层决策效果，严重破坏了市场的资源配置功能，影响市场机制的发挥，损害利益相关者的利益。

（资料来源：万坤.我国上市公司财务行为的伦理规制研究［D］.西南财经大学硕士学位论文，2011.）

问题：

（1）本案例中存在哪些道德伦理问题？

（2）试对上述问题作出你的善恶研判。

（3）本案例对你有哪些启示？

研判要求：

（1）形成性要求

①学生分析案例提出的问题，拟出《善恶研判提纲》；小组讨论，形成小组《善恶研判报告》；班级交流、相互点评和修订各组的《善恶研判报告》；在校园网的本课程平台上展出经过修订并附有教师点评的各组《善恶研判报告》，供学生借鉴。

②了解本教材“附录二”的附表2中“形成性训练与考核”的“参照指标”与“参照内容”。

（2）成果性要求

①课业要求：以经过班级交流和教师点评的《善恶研判报告》为最终成果。

②课业结构、格式与体例要求：参照本《训练手册》“课业范例5.5.2”。

③了解本教材“附录二”的附表2中“课业训练与考核”的“参照指标”与“参照内容”。

5.3.4 实训题

“利润分配管理与财务报表分析”业务胜任力训练

【实训目的】

见主教材本章“章名页”之“学习目标”中的“实训目标”。

【实训内容】

专业能力训练：其“领域”“技能点”“名称”和“参照规范与标准”见表5-1。

表5-1 专业能力训练领域、技能点、名称及其参照规范与标准

能力领域	技能点	名称	参照规范与标准
利润分配管理与财务报表分析	技能I	利润分配管理技能	1）能熟练掌握企业利润分配的工作流程。 2）能正确分析影响企业利润分配的因素。 3）能合理预测企业的利润。 4）能正确选择适合企业实际情况的股利政策
	技能II	财务报表分析技能	1）能正确掌握企业主要财务报表的概念。 2）能熟练掌握企业各种财务指标的含义。 3）能正确阅读企业主要的财务报表，获知所需信息。 4）能正确计算各种财务指标，并根据计算结果得出分析结论。 5）能对企业财务报表进行综合分析
	技能III	撰写关于“利润分配管理与财务报表分析”的相应《实训报告》技能	1）能合理设计关于“利润分配管理与财务报表分析”的相应《实训报告》，其结构、层次较分明。 2）能较规范撰写所述《实训报告》。 3）本教材网络教学资源包中《学生考核手册》考核表5-2所列各项“考核指标”和“考核标准”

职业核心能力和职业道德训练：其内容、种类、等级与选项见表5-2。

表5-2 职业核心能力与职业道德训练内容、种类、等级与选项表

内容	职业核心能力							职业道德						
种类	自我学习	信息处理	数字应用	与人交流	与人合作	解决问题	革新创新	职业观念	职业情感	职业理想	职业态度	职业良心	职业作风	职业守则
等级		中级		中级	中级	中级	中级	认同级	认同级		认同级	认同级	认同级	认同级
选项		√		√	√	√	√	√	√		√	√	√	√

【组织形式】

将班级学生分成若干实训小组，根据实训内容和项目需要进行角色划分。

【实训任务】

对表5-1所列专业能力领域各技能点，依照其“参照规范与标准”实施阶段性基本训练。

【实训要求】

（1）实训前，学生要了解并熟记本实训的“实训目的”“能力与道德领域”“实训任务”与“实训要求”，了解并熟记本教材网络教学资源包中《学生考核手册》考核表5-1和考核表5-2中的“考核指标”与“考核标准”的内涵，将其作为本实训的操练点和考核点来准备。

（2）通过“实训步骤”，将“实训任务”所列三种训练整合并落实到本实训的“活动过程”和“成果形式”中。

（3）实训后，学生要对本次“利润分配管理与财务报表分析”的实训活动进行总结，在此基础上撰写《实训报告》。

【情境设计】

将学生分成若干实训组，各组从“实训课业”题目中任选其一，结合题目内容和本章相关“实训资料”，进行关于“利润分配管理与财务报表分析”的实训。各实训组通过参与和体验所述项目的运作，实训任务的完成，以及相应《实训报告》的准备、撰写、讨论与交流等实践活动，完成各自实训任务。

【指导准备】

知识准备：

（1）“利润分配管理与财务报表分析”的理论与实务知识。

（2）“附录一”附表1的“知识准备”中，与本章“职业核心能力‘强化训练项’”各技能点相关的“‘知识准备’参照范围”。

（3）“附录二”附表2-2、附表2-3中，涉及本章“职业核心能力领域‘强化训练项’”各技能点和“职业道德领域‘相关训练项’”的“规范与标准”知识。

操作指导：

（1）教师向学生阐明“实训目的”“能力与道德领域”和“知识准备”。

（2）教师就“知识准备”中的第（2）、（3）项，对学生进行培训。

（3）教师指导学生就利润分配管理与财务报表分析所需的基础数据进行调研、资料收集与整理。

（4）教师指导学生利用Excel的强大计算和绘图功能，提高财务分析工作的效率与效果。

（5）教师指导学生根据所收集的数据资料进行利润分配管理与财务报表分析。

（6）教师指导学生撰写关于“利润分配管理与财务报表分析”的相应《实训报告》。

【实训时间】

本章课堂教学内容结束后的双休日和课余时间，为期一周。

【实训步骤】

（1）将学生组成若干个实训组，每8~10位同学分成一组，每组确定1~2人负责。

（2）对学生进行关于“利润分配管理与财务报表分析”实训的“知识准备”培训。

（3）指导各实训组熟悉操练项目企业的利润分配管理情况和财务报表分析资料。

（4）指导各实训组结合所选课业题目和资料，分别进行财务报表的初步阅读、各种财务比率指标的计算和财务报表的综合分析。

（5）各实训组在实施上述训练的过程中，融入对“信息处理”“解决问题”和“革新创新”等职业核心能力领域各技能点的“中级”强化训练，以及对“职业观念”“职业情感”“职业态度”和“职业作风”等职业道德领域各素质点的“认同级”相关训练。

（6）各实训组成员撰写、交流和完善作为最终成果形式的关于“利润分配管理与财务报表分析”的相应《实训报告》。

【成果形式】

实训课业（任选其一）：

《正新公司利润分配管理实训报告》

《江北公司净资产收益率变化的原因分析实训报告》

《江东公司财务指标计算分析实训报告》

课业要求：

（1）实训报告的内容、结构与体例参照“课业范例”的范例5.5.3。

（2）各组成员撰写的《实训报告》初稿须先经小组讨论，然后选拔优胜者参加班级交流讨论。

（3）各组成员在班级交流的基础上进一步完善《实训报告》。

（4）各组成员完成的《实训报告》须由项目指导教师、项目组长、项目组成员三方签字。

（5）将附有“教师点评”的优秀实训报告在班级展出，并纳入本校该课程的教学资源库。

5.4 实训资料

实训资料5.4.1

正新公司利润分配管理

背景与情境：

正新公司成立于2009年1月1日，2009年度实现的净利润为1 000万元，分配现金股利550万元，提取盈余公积450万元（所提盈余公积均已指定用途）。2010年度实现的净利润为900万元（不考虑计提法定盈余公积的因素）。2011年计划增加投资，所需资金为700万元。假定公司目标资本结构为自有资金60%，借入资金40%。

问题：

1）利润分配的流程是什么？

2）在保持目标资本结构的前提下，计算2011年投资方案所需的自有资金额和需要从外部借入的资金额。

3）在保持目标资本结构的前提下，如果公司执行剩余股利政策，计算2010年应分配的现金股利。

4）在不考虑目标资本结构的前提下，如果公司执行固定股利政策，计算2010年应分配的现金股利，以及可用于2011年投资的留存收益和需要额外筹集的资金额。

5）在不考虑目标资本结构的前提下，如果公司执行固定股利支付率政策，计算股利支付率和2010年应分配的现金股利。

6）假定公司2011年面临着从外部筹资的困难，只能从内部筹资，在不考虑目标资本结构的情况下，计算2010年应分配的现金股利。

实训资料5.4.2

江北公司净资产收益率变化的原因分析

背景与情境：

江北公司的管理当局对照着20×7、20×8年度的净资产收益率指标，两者的变化超出了他们的预期。在20×8年，管理当局采取了降价措施，加速了产品的销售。由于产品销售的扩大，公司在该年度适度增加了债务。

公司近两年的有关财务指标见表5-3。

表5-3 **江北公司有关财务指标明细表**

年　度	净资产收益率	营业净利率	总资产周转率	权益乘数
20×7	9.00%	4%	1.50次	1.50
20×8	12.80%	2%	4.00次	1.60

作为管理当局，他们很想知道是什么原因导致20×8年度的净资产收益率达到12.80%。他们也在思考，有什么措施能使20×9年度保持较高的净资产收益率。

问题：

1）净资产收益率的指标由哪些财务指标构成，它们分别能提供哪些方面的经济信息？

2）请分析20×8年净资产收益率变动的原因，并采用因素分析法计算出各因素的影响程度。

3）请对该公司在20×8年采用降价决策的成功与否作出评价，并对如何在20×9年保持较高的净资产收益率提出管理建议。

实训资料5.4.3

江东公司财务指标计算分析

背景与情境：

江东公司2015年年初的流动资产总额为900万元（其中应收票据为300万元，应收账款为200万元，存货为400万元），流动资产占资产总额的25%，流动负债总额为600万元，流动负债占负债总额的30%。该公司2015年年末的流动资产总额为1 100万元（其中应收票据为350万元，应收账款为300万元，存货为450万元），流动资产占资产总额的20%，流动负债占负债总额的32%。该公司2015年年末股东权益与年初股东权益的比值为1.5。

该公司2015年的营业收入为6 000万元，销售毛利率为22%，负债的平均利息率为9%，经营现金流量对流动负债的比率为0.5。

问题：

1）计算该公司2015年年初的负债总额、资产总额、权益乘数、流动比率和速动比率。

2）计算该公司2015年年末的股东权益总额、资产总额、产权比率、流动比率、速动比率。

3）计算该公司2015年的应收账款及应收票据周转率、存货周转率（按营业成本计算）和总资产周转率（涉及资产负债表数据时使用平均数计算）。

4）计算该公司2015年经营现金流量净额、现金流量利息保障倍数（涉及资产负债表数据时使用平均数计算）。

5.5 课业范例

范例5.5.1

股票股利对每股净资产（市价）的影响分析报告

（组长：　　　　组员：　　　　）

背景与情境：

瑞安公司20×8年流通在外的普通股为6 000万股，每股面值为1元。公司拟发放40%的股票股利，即每10股送4股，当前的每股市价为20元。假设按股票面值计算发放的股利金额。

公司当前的所有者权益项目见表5-4。

表5-4　**瑞安公司所有者权益项目表**

所有者权益项目	发放前
普通股股数（万股）	6 000
普通股（万元）	6 000
资本公积（万元）	8 000
盈余公积（万元）	3 000
未分配利润（万元）	3 000
股东权益合计（万元）	20 000
每股净资产（元）	3.33
每股市价（元）	20

问题：

1）发放股票股利后的所有者权益将会产生哪些变化？

2）发放股票股利后每股市价将会发生什么变化？

3）发放股票股利对公司而言有何积极意义？

分析：

1）发放股票股利后，公司净资产总额没有发生变化，但会引起普通股股本、未分配利润项目的变化。同时，股数增加会引起每股净资产下降，也会引起股票价格下降。股票股利对所有者权益的影响见表5-5（单位：万元）。

表5-5 **股票股利对所有者权益的影响**

所有者权益项目	发放前	计算过程	发放后
普通股股数（万股）	6 000	增加6 000×40%=2 400	8 400
普通股（万元）	6 000	增加6 000×40%×1=2 400	8 400
资本公积（万元）	8 000	没有影响	8 000
盈余公积（万元）	3 000	没有影响	3 000
未分配利润（万元）	3 000	减少6 000×40%×1=2 400	600
股东权益合计（万元）	20 000	没有影响	20 000
每股净资产（元）	3.33	20 000÷8 400=2.38	2.38
每股市价（元）	20	20×6 000÷8 400=14.29	14.29

2）发放股票股利后，由于企业的经营业绩没有发生变化，而流通中的普通股股数增加了，因此，发放股票股利后，每股市价将会下降。本例中的股票价格将从每股20元下降到14.29元左右，但市场价值总额不变。其计算过程见上表。

3）股票股利是公司以增发股票的方式所支付的股利，我国实务中通常也称其为“红股”。发放股票股利对公司来说，不会导致公司现金流出，也不会导致公司的财产减少，而只是将公司的留存收益转化为股本。但它会增加流通在外的股票数量，从而降低股票的每股价值，同时也改变股东权益的内部构成。从表面上看，股票股利不直接增加股东的财富，也不增加公司的价值，但对公司而言有特殊意义。

（1）发放股票股利可使股东分享公司的盈余而无需分配现金，这使公司留存了大量现金，便于进行再投资，有利于公司的长期发展。

（2）在盈余和现金股利不变的情况下，发放股票股利可以降低每股价值，从而吸引更多的投资者。

（3）发放股票股利可以降低公司股票的市场价格，一些公司在其股票价格较高，不利于股票交易和流通时，可通过发放股票股利来适当降低股价水平，以促进公司股票的交易和流通。

（4）发放股票股利可以降低股价水平，如果日后公司要以发行股票的方式筹资，则可以降低发行价格，从而有利于吸引投资者，确保发行成功。

范例5.5.2

上市公司收益分配过程中的伦理冲突善恶研判报告

（组长：　　　　　组员：　　　　　　　　　　　　　　　　　　）

背景与情境：

企业的分配伦理表现为企业财务成果的分配应遵循公平、公正原则，财务分配应体现“效率优先、兼顾公平”；我国上市公司分配过程中伦理冲突行为主要表现为企业对财务成果信息的披露失真及企业股利分配政策不持续、不稳定。

企业的股利分配政策反映企业对短期发展和长期发展的理解，不稳定、不持续的股利分配政策由不同的企业战略决定，未必对企业发展不利。而会计信息失真将导致市场主体之间信息的不对称，影响决策的科学性，产生不利倾向，以下将着重讨论企业分配过程中的会计信息失真问题。

会计信息失真，即企业财务报告所披露的信息与会计主体的实际情况不一致，会计信息不能真实有效地反映会计主体的财务情况、经营成果及现金流等会计信息。会计信息失真主要有三大表现：

（1）资产信息失真

资产账面价值不能如实地反映资产实际情况，对超出经济适用年限且不能参与生产活动的资产不进行报废处理，应收账款的管理失效。

（2）经营成果信息失真

企业虚列收入，成本、费用不入账或不及时入账，虚报公司利润、损失。不按会计制度的规定计提资产累计折旧和摊销，违背收入确认原则，将未实现的销售收入计入本年营业收入和应收账款栏目。

（3）会计凭证信息失真

设账外账，开设账外小金库，虚开增值税发票，将企业经营过程中的非法支出合法化纳入公司账目，隐藏已经发生的收入、费用。

会计信息失真给社会公众传达的是有失公允的会计信息，不仅表现出企业缺乏必要的社会责任感和伦理意识，更反映出企业并不遵守会计准则和国家相关法律的规定，谋求非法收益。企业实际情况的错误传达，很可能影响企业管理层的决策水平和决策效率，影响投资者的投资水平，削弱会计行业的公信力。

问题：

1）本案例中存在哪些道德伦理问题？

2）试对上述问题作出你的善恶研判。

3）本案例对你有哪些启示？

分析：

1）企业对财务成果信息的披露失真及企业股利分配政策不持续、不稳定。

2）企业的股利分配政策反映企业对短期发展和长期发展的理解，不稳定、不持续的股利分配政策由不同的企业战略决定，未必对企业发展不利；会计信息失真给社会公众传达的是有失公允的会计信息，不仅表现出企业缺乏必要的社会责任感和伦理意识，更反映出企业并不遵守会计准则和国家相关法律的规定，谋求非法收益。企业实际情况的错误传达，很可能影响企业管理层的决策水平和决策效率，影响投资者的投资水平，削弱会计行业的公信力。

3）完善企业内部控制制度，提高会计信息质量。主要可以采取如下措施：改善企业内部控制环境，完善企业治理结构和股权结构，建立符合企业实际情况的现代企业制度，明确股东大会、董事会、监事会的职责分工，建立规范的“职业经理人”制度，加强不同利益相关者之间的信息交流；树立内部控制观念，提高员工素质；建立独立的内部审计部门，重视内部审计的作用；明确员工的职责划分，明确不相容职务相互分离的制度，加强不同职权员工之间的相互制衡，减少舞弊和虚假报告的发生可能性。

范例5.5.3

中南公司财务报表分析实训报告

（组长：　　　　　组员：　　　　　　　　　　　　　　　　　）

资料：

（1）中南公司资产负债表见表5-6。

表5-6　**中南公司资产负债表**　单位：万元

项目 \ 年份	20×8年	20×7年	20×6年
流动资产：			
货币资金	5 100	4 000	3 100
交易性金融资产	200	300	
应收票据	150	100	325
应收账款	4 300	3 900	3 400
预付款项	700	270	130
其他应收款	420	400	150
存货	5 000	4 500	4 800
一年内到期的非流动资产			
其他流动资产	20		
流动资产合计	15 890	13 470	11 905
非流动资产：			
长期股权投资	400	450	380
投资性房地产			
固定资产	10 000	9 900	10 570

续表

项目　　　　年份	20×8年	20×7年	20×6年
在建工程	1 200	890	360
工程物资	90	70	50
无形资产	1 300	1 400	1 100
商誉			
递延所得税资产	200	150	110
其他非流动资产			
非流动资产合计	13 190	12 860	12 570
资产总计	29 080	26 330	24 475
流动负债：			
短期借款	6 900	7 600	6 600
交易性金融负债	80		0
应付票据	300	1 400	1 700
应付账款	1 900	2 600	3 300
预收款项	200	180	40
应付职工薪酬	100	60	90
应交税费	600	250	140
应付利息	20	20	15
其他应付款	110	110	200
一年内到期的非流动负债	500	3 300	155
流动负债合计	10 710	15 520	12 240
非流动负债：			
长期借款	4 800	840	3 620
应付债券			
其他非流动负债	300	200	30
非流动负债合计	5 100	1 040	3 650
负债合计	15 810	16 560	15 890
所有者权益：			
实收资本	3 400	3 400	3 400
资本公积	1 400	1 300	1 320
盈余公积	1 200	800	690
未分配利润	7 270	4 270	3 175
所有者权益合计	13 270	9 770	8 585
负债和所有者权益总计	29 080	26 330	24 475

(2) 中南公司利润表见表5-7。

表5-7 **中南公司利润表** 单位：万元

项目 \ 年份	20×8年	20×7年	20×6年
一、营业收入	29 000	18 000	16 000
减：营业成本	20 700	14 000	13 500
营业税金及附加	150	80	30
销售费用	700	600	600
管理费用	1 300	950	700
财务费用	1 100	800	560
资产减值损失	250	90	130
加：公允价值变动收益	-40		
投资收益	90	75	10
二、营业利润	4 850	1 555	490
加：营业外收入	160	50	55
减：营业外支出	140	40	70
三、利润总额	4 870	1 565	475
减：所得税费用	1 416	470	150
四、净利润	3 454	1 095	325
五、每股收益(元)：			
(一)基本每股收益	4.02	0.23	0.1
(二)稀释每股收益	4.02	0.23	0.1

(3) 中南公司现金流量表见表5-8。

表 5-8　　中南公司现金流量表　　单位：万元

项目＼年份	20×8 年	20×7 年
一、经营活动产生的现金流量：		
销售商品和提供劳务收到的现金	32 700	15 900
收到的税费返还	290	880
收到其他与经营活动有关的现金	740	140
经营活动现金流入小计	33 730	16 920
购买商品和接受劳务支付的现金	21 000	12 300
支付给职工以及为职工支付的现金	1 390	1 100
支付的各项税费	1 650	850
支付其他与经营活动有关的现金	900	900
经营活动现金流出小计	24 940	15 150
经营活动产生的现金流量净额	8 790	1 770
二、投资活动产生的现金流量：		
收回投资收到的现金	2 400	
取得投资收益收到的现金	100	250
处置固定资产和无形资产和其他长期资产收回的现金净额	20	10
收到其他与投资活动有关的现金	160	240
投资活动现金流入小计	2 680	500
购建固定资产和无形资产和其他长期资产支付的现金	3 800	1 140
投资支付的现金	3 400	
支付其他与投资活动有关的现金	30	200
投资活动现金流出小计	7 230	1 340
投资活动产生的现金流量净额	−4 550	−840
三、筹资活动产生的现金流量：		
吸收投资收到的现金	260	
取得借款收到的现金	19 000	15 000
收到其他与筹资活动有关的现金		
筹资活动现金流入小计	19 260	15 000
偿还债务支付的现金	17 500	13 800
分配股利和利润或偿付利息支付的现金	4 500	900
支付其他与筹资活动有关的现金	200	
筹资活动现金流出小计	22 200	14 700
筹资活动产生的现金流量净额	−2 940	300
四、汇率变动对现金及现金等价物的影响	−200	−30
五、现金及现金等价物净增加额	1 100	1 200
加：期初现金及现金等价物余额	4 000	3 100
六、期末现金及现金等价物余额	5 100	4 300

要求：

1）你作为企业的职业经理人，通过对资产负债表、利润表、现金流量表的阅读，说明该企业20×8年的资产分布、利润的主要来源及其现金流的基本情况。

2）计算并分析该企业最近两年的偿债能力指标、营运能力指标、盈利能力指标，并根据计算结果得出分析结论。

3）利用杜邦财务分析体系，对20×8年净资产收益率的变动原因进行分析，并提出在下一年保持或提高净资产收益率的策略。

4）通过本实训工作的全程参与和体验，能基本完成实训操练任务，并能独立形成《财务报表分析实训报告》。

实训步骤解答：

步骤一：确定财务报表的分析重点

经理人员为了更好地为企业发展服务，需要进行内容广泛的财务分析，几乎包括外部使用人关心的所有问题，如资产营运能力、偿债能力、盈利能力、发展能力等。因此，本实训将对上述内容进行全面分析，最后通过杜邦财务分析体系作出整体综合评价。

步骤二：财务报表的初步阅读

通过对资产负债表的初步阅读，可知该公司20×8年的资产主要来源于债务资金和自有资金，其中自有资金主要来自于内部留存收益，债务资金略大于自有资金，财务风险小，能发挥财务杠杆的作用，初步反映出企业的经营业绩较佳。

企业的流动资产多于非流动资产，暗示着在经营环境较好的情况下，单位产品所承担的固定成本较低，产品有较强的竞争力。这种结论可以从公司20×8年的未分配利润项目大幅增长得到印证。

企业的流动资产主要由货币资金和应收账款构成，侧面说明企业销售状况良好，但货币资金有可能是举债取得，也有可能是经营取得。通过检查资产负债表的权益项目，发现该公司的负债总额较上年有较大幅度下降，而未分配利润有较大幅度增加，因此可以基本确定货币资金是来源于经营收入。

通过对资产负债表的初步阅读，可以得出一个初步结论：公司的经营业绩良好。

通过对利润表的初步阅读，可知该公司20×8年的营业收入、营业利润、净利润较上一年有较大幅度的增长；而从其利润结构分析，公司的净利润更多地是由主营业务创造的，说明公司盈利水平高。这印证了资产负债表分析结论基本正确。

通过对现金流量表的初步阅读，可知该公司20×8年的现金流比较充裕，经营活动产生的现金流不仅能满足当年的投资支出，还能偿还部分债务并有节余。这说明当年的经营活动产生的现金流稳定而充裕，也说明了企业经营业绩良好。

通过对三张报表的综合分析，我们得出了一个初步的分析结论：该公司在20×8年经营状况良好，业绩优秀。

步骤三：计算分析各种财务比率指标

各实训组成员根据财务报表资料，分别计算出公司的偿债能力、营运能力、发展能力、盈利能力等财务指标并分析如下，见表5-9、表5-10、表5-11和表5-12。

表 5-9　　　　偿债能力分析表

项目 年份	20×8 年	20×7 年
流动比率(<200%偏低)	148.37%	86.79%
速动比率(<100%偏低)	101.68%	57.80%
资产负债率	54.37%	62.89%
产权比率	119.14%	169.50%
利息保障倍数	5.43	2.96
平均资产负债率	58.42%	63.87%
权益乘数(资产÷所有者权益)	2.40	2.77

通过表 5-9 可以看出，各项指标均显示出该公司的偿债能力较上年有所增强，流动负债的财务风险有所下降，资本结构趋向稳健。

表 5-10　　　　营运能力分析表

项目 年份	20×8 年	20×7 年
总资产周转率（次）	1.05	0.71
总资产周转天数（天）	342.86	507.04
固定资产周转率（次）	2.91	1.76
流动资产周转率（次）	1.98	1.42
流动资产周转天数（天）	181.82	253.52
应收账款周转率（次）	6.86	4.66
应收账款周转天数（天）	52.45	77.25
存货周转率（次）	4.36	3.01
存货周转天数（天）	82.51	119.60
净资产周转率（次）	2.52	1.96
营业成本率（%）	71.38	77.78

通过表 5-10 可以看出，该公司的营运能力较上年有明显增强，资产周转率在提高，资产的利用率在提高，资产能创造出更多的营业收入；产品适销程度在提高，应收账款的回笼速度在加快。这些指标都反映出公司的产品市场适应性好，应收账款管理在加强，公司的营运能力在提高。

表5-11 **发展能力分析表**

项目 \ 年份	20×8年	20×7年
营业收入增长率(环比)	61.11%	12.50%
营业利润增长率	211.90%	217.35%
净利润增长率	215.43%	236.92%
总资产增长率	10.44%	7.58%
资本保值增值率	135.35%	112.75%
资本积累率	35.82%	13.80%

通过表5-11可以看出，公司近两年发展速度快，20×8年公司营业收入迅猛增长，营业收入的增长带来了利润的增长，为公司的资产增长带来有力的支撑。

表5-12 **盈利能力分析表**

项目 \ 年份	20×8年	20×7年
营业利润率	16.72%	8.64%
营业净利率	11.91%	6.08%
经营毛利率	28.62%	22.22%
成本费用利润率	20.33%	9.53%
资产报酬率	21.55%	9.31%
总资产净利率	12.47%	4.31%
净资产收益率	29.98%	11.93%

通过表5-12可以看出，公司20×8年盈利能力较上一年明显增强，各项指标均有大幅度提高。表5-12显示，公司盈利能力的提高主要归功于成本费用利润率的提高，显示了公司在20×8年的产品销售结构、期间费用控制方面有一定变化，至于具体原因需要结合其他资料进行深入分析。

步骤四：进行杜邦财务综合分析

根据各种财务指标计算的结果，绘制杜邦财务体系图，如图5-2所示。从图5-2中可以看出，引起2008年净资产收益率快速上升的主要原因是总资产净利率上升，该指标从2007年的4.31%提高到了2008年的12.47%；而导致总资产净利率上升的原因是营业净利率与总资产周转率都比上年有较大幅度提高。公司若想保持当期的盈利能力、营运能力，若想进一步提高净资产收益率，则可以从资本结构调整上入手，适当地提高资产负债率，发挥财务杠杆的正向作用，从而起到提高净资产收益率的效果。

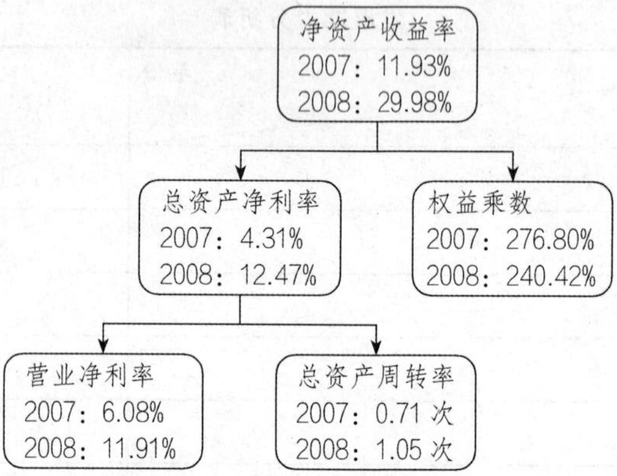

图5-2 杜邦财务体系图

步骤五：撰写《财务报表分析实训报告》(见表5-13)

表5-13 **财务报表分析实训报告**

项目实训班级：财务131　　项目小组：01　　项目组成员：叶晓秀等
实训时间：2015年9月25日　　实训地点：多媒体教室
实训目的：掌握财务报表的初步阅读、财务指标的计算与分析、杜邦财务分析方法的应用
实训步骤： ①项目组通过对企业资产负债表、利润表、现金流量表的初步阅读，能够对企业的财务状况、经营成果、现金流量情况作出恰当的分析判断；②以小组为单位，分别对企业偿债能力、营运能力、盈利能力、发展能力各项指标进行计算，并进行前后各期比较分析，综合报表初步阅读结论，得出更加准确的分析结论；③采用杜邦财务分析体系，对引起企业净资产收益率增减变化的原因进行剖析，并对提高下一年度净资产收益率提出具体的建议；④各组成员根据财务报表分析结论撰写《实训报告》
实训结果： 编制《企业20×8年财务报表分析报告》
企业财务报表分析结论简单说明： 通过综合分析可知，该公司的偿债能力较上年有所增强，流动负债的财务风险有所下降，资本结构趋向稳健。公司的营运能力较上年有明显增强，产品适销程度在提高，应收账款的回笼速度在加快。企业近两年的发展速度很快，20×8年企业营业收入迅猛增长，为企业资产规模的扩大带来了有力的支撑。企业成本费用的有效控制以及产品销售结构的变化成为企业盈利能力提高的主要原因。若要保持或提高净资产收益率，可以通过改变资本结构以及发挥财务杠杆的正向作用，来达到预期目标
实训感言： 通过本实训，掌握了资产负债表、利润表、现金流量表的初步阅读分析方法，进一步熟悉了三者之间的对应关系，掌握了偿债能力、盈利能力、营运能力、发展能力各种财务指标的计算，能够根据计算结果结合报表阅读对企业的整体经营状况作出客观的评价，掌握了杜邦财务分析法在企业经营管理中的应用。这一次实训有助于理解和掌握各种财务指标的计算与含义，有助于自身职业素质的培养

续表

关于"能力与道德领域"其他训练的补充说明： 实训前，我们对资产负债表、利润表、现金流量表之间的对应关系，以及偿债能力、营运能力、盈利能力、发展能力各项指标的计算及含义进行了必要预习；接受了指导老师对Excel、杜邦财务分析体系的应用原理的应用指导。通过参加"知识准备"第（2）、（3）项的培训，我们了解了本章涉及的"专业能力"各项技能、"职业核心能力"和"职业道德"选项的"规范与标准"，克服了实训过程中对相关操作规范的盲目性。 在本实训中，我们在体验本章利润分配管理技能、财务报表分析技能和撰写关于"利润分配管理与财务报表分析"的相应《实训报告》技能等"专业能力"基本训练的同时，也尝到了"信息处理""解决问题"和"革新创新"等"职业核心能力"强化训练以及"职业观念""职业情感""职业态度"和"职业作风"等"职业道德"的相关训练的甜头。通过对这些相关问题的训练，我们的"学习迁移能力"和"可持续发展能力"将得以提高。通过对本课程和后续课程的同类学习和训练，我们在构建"职业胜任力"的过程中，也将会不断增强自身的"职业核心能力"，不断提高自身的"职业道德"水平
不足与改进：（略）
附件：（略）
指导老师点评：（略）
项目组长签字：　　　　　　　　　　指导教师签字：

5.6 参考答案与提示

教学互动5-1

引导提示

（1）当前我国民营企业的状况与过去美国相同，缺乏代代相传、出色的经营管理人才。

（2）现代企业管理制度的核心是利益分配，股权激励能建立科学的分配机制。

（3）当前中国正在进一步完善市场经济制度和深化改革，美国的经验值得借鉴，国家应围绕股权激励出台相关配套的法规和制度。

教学互动5-2

引导提示

市净率（P/B）也是用市场常用的估值方法，低市净率的股票相对比高净率的股票具有更多的安全边际，但也是要分行业和公司的。如以万科为例，年报中显示它的每股净资产为4.26元，对应的市净率为：20.30÷4.26=4.77倍。而宝钢的年报显示每股净资产为5.05元。以4月17日收盘价9.88元来计算，对应的市净率为：9.88÷5.05=1.96倍。宝钢的市净率要比万科的市净率低很多，那是不是就表示宝钢的投资价值就要比万科高呢？其实不是的，因为万科是轻固定资产型的企业，它的净资产主要是存货，也就是土地和待竣工销售的楼盘，这些存货的流动性是很强的，价值也相对稳定（中国房价长期看涨）。而宝钢的净资产主要是固定资产（生产设备）和存货（钢材），生产设备这东西一旦建成投入使用就已开始折旧减值，一旦公司破产清算，实际价值会远低于账面价值。存货中的钢材受市场价格的影响很大，往往会急涨或急跌，当然了，它的流动性还是要比生产设备好一些。所以在用市净率估值的时候，用于同类公司的对比效果要好些。

教学互动5-3

引导提示

1.做好财务分析，计算出各个重要科目或比率的临界点。财务分析的内容包括偿债能力分析、运营能力分析、获利能力分析和发展能力分析等。不同主体出于不同的利益考虑，对财务分析信息的需求的侧重点不同。财务人员要将对于企业来说重要的财务比率全部计算出来，然后告诉领导。这些比率，每月要计算一次，只要超过临界点就及时提醒领导，做到防患于未然。

2.注重帮助老板解读重要的财务信息。很多老板是不懂财务的，或者说不太懂。如果财务人员只是把做成的财务报表“原汁原味”地送到老板那里，老板不懂又不好意思说。因此财务人员应主动做好信息解释工作，在一些重要数据边上用不同颜色的笔注明这些数据表示什么意思，并做好通俗易懂的报表分析说明。

3.财务人员应主动向老板请示参加公司的营销会议。目前一个普遍的问题是财务人员不懂业务，业务人员不懂财务。很多公司的财务人员从来不参加营销会议，这就导致财务人员永远是被动的，他们不了解企业的发展和规划，不知道企业的销售计划和资金计划。因此，企业在召开重要的营销会议时，应该要求财务人员尤其是财务负责人列席会议。

4.注意颜色管理，也就是在财务报表上用不同的颜色把不同重要程度的信息进行区分。如重要的数据用绿色荧光笔涂上去，就表示正常；黄色的表示注意；红色的就表示十分严重了。

5.按顺序排列自己公司最严重的财务危机，注意提醒老板。一般来说，一个公司最严重的财务危机有以下几种：

第一，现金不足。

第二，过多的应收账款没有收回来。

第三，过多的存货没有卖出。

第四，公司买了过多的房子和土地，占用了大量资金。

第五，向银行借的钱都是短期贷款，每一年都要还款。

“5.2　客观题”参考答案

5.2.1　理论题

1）单项选择题

（1）A　（2）D　（3）A　（4）B　（5）D　（6）A

2）多项选择题

（1）ABCD　（2）ACD　（3）ABCD　（4）AB　（5）ABCD　（6）ACDE

3）判断题

（1）×　（2）×　（3）√　（4）√　（5）√　（6）×

5.2.2　实务题

1）单项选择题

（1）D　（2）B　（3）B　（4）A　（5）A　（6）A

2）多项选择题

（1）ADE　（2）BCD　（3）ABCE　（4）BCD　（5）AD　（6）ABCD

3）混合选择题

（1）C　（2）C　（3）A　（4）BCD　（5）BCE　（6）BD

4）判断题

（1）√　（2）√　（3）√　（4）×　（5）×　（6）×

5.2.3　案例题

1）BCDE　2）ABCE　3）ABD　4）A　5）ABCD

5.2.4　实训题

1）单项选择题

（1）C　（2）B　（3）C　（4）D　（5）B　（6）D

2）多项选择题

（1）BCD　（2）ABC　（3）ABC　（4）ABCD　（5）BCD　（6）AB

“5.3　主观题”参考答案

5.3.1　理论题

参考答案：

1）简答题

（1）法律因素、公司因素、股东因素、其他因素。

（2）剩余股利政策。优点：该政策能保持最佳的资本结构，从而有助于降低再投资的资本成本，实现企业价值的最大化。缺点：该政策既不利于投资者安排收入与支出，也不利于公司树立良好的形象，它一般适用于公司的初创阶段。

固定或稳定增长股利政策。优点：该政策有利于公司在资本市场上树立良好的形象，增强投资者对公司未来发展的信心，进而有利于稳定公司股价，有利于吸引那些打算做长期投资的股东。缺点：该政策下的股利分配金额只升不降，股利支付与公司盈利水平相脱离，即不论公司盈利多少，均要按固定的乃至固定增长的比率派发股利。在公司的发展过程中，难免会出现经营状况不好或短暂的困难时期，如果这时仍执行固定或稳定增长的股利政策，那么派发的股利金额将大于公司实现的盈利，这必将侵蚀公司的留存收益，甚至侵蚀公司现有的资本，最终影响公司正常的生产经营活动。

固定股利支付率政策。优点：采用固定股利支付率政策，股利与公司盈余紧密结合，体现了“多盈多分，少盈少分，无盈不分”的利润分配原则，这是一种稳定的股利政策。缺点：传递的信息容易成为公司的不利因素，容易使公司面临较大的财务压力，缺乏财务弹性，合适的固定股利支付率的确定难度大。

低正常股利加额外股利政策。优点：该政策具有较大的财务弹性，有助于稳定股价，增强投资者信心。缺点：该政策容易使投资者产生公司收益不稳定的感觉；公司在较长时期持续发放额外股利后，其可能会被股东误认为是“正常股利”，而一旦取消了这部分额外股利，传递出去的信号可能会使股东认为这是公司财务状况恶化的表现，进而可能会引起公司股价下跌的不良后果。

（3）所有者作为企业的股东，十分关心其资本的保值和增值情况，因而比较重视企业盈利能力的分析；债权人更关心其能否按期收回本息，因此侧重于企业偿债能力的分析；税务、工商管理、证券管理、会计监管等政府部门，其阅读财务报表是为了履行自己的监督管理职责，对报表的关注点也因其身份不同而存在差异；经营者为了更好地为企业发展服务，需要进行内容广泛的财务分析，如分析资产营运能力、偿债能力、盈利能力、发展能力等。

2）理解题

（1）股票回购需要大量资金支付回购的成本，容易造成资金紧张，资产流动性降低，从而影响公司的后续发展；同时，公司进行股票回购，无异于股东退股和公司资本的减少，在一定程度上削弱了对债权人利益的保障；此外，股票回购容易导致公司操纵股价，公司回购自己的股票，容易导致其利用内幕消息进行炒作，或操纵财务信息，加剧公司行为的非规范化，使投资者蒙受损失。

（2）杜邦财务分析体系是1920年杜邦公司首先采用的衡量表现的标准，一直沿用至今。在这个标准下，为带来更高的投资回报率，资产应根据公司的账面总值，而不是账面净值来评估。

杜邦财务分析体系以净资产收益率为核心，通过财务指标的内在联系，系统、综合地分析企业的盈利水平，具有鲜明的层次结构，是典型的利用财务指标之间的关系对企业财务进行综合分析的方法。

（3）沃尔比重评分法的具体操作步骤为：选择评价指标并分配指标权重；确定各项评价指标的标准值；计算企业在一定时期各项比率指标的实际值；对各项评价指标计分并计算综合分数；形成评价结果。

5.3.2　实务题

参考答案：

1）规则复习

（1）企业偿债能力指标有流动比率、速动比率、现金流动负债比率、资产负债率、产权比率、利息保障倍数等。流动比率=流动资产÷流动负债×100%；速动比率=速动资产÷流动负债×100%；现金流动负债比率=经营现金净流量÷流动负债×100%；资产负债率=负债总额÷资产总额×100%；产权比率=负债总额÷所有者权益总额×100%；利息保障倍数=息税前利润÷利息费用=（净利润+所得税费用+利息费用）÷利息费用。

（2）企业营运能力指标有总资产周转率、固定资产周转率、流动资产周转率、应收账款周转率、存货周转率等。总资产周转率（周转次数）=营业收入÷总资产平均余额；固定资产周转率（周转次数）=营业收入÷固定资产平均净值；流动资产周转率（周转次数）=营业收入÷流动资产平均余额；应收账款周转率（周转次数）=营业收入÷应收账款平均余额；存货周转率（周转次数）=营业收入（成本）÷存货平均余额。

（3）企业盈利能力指标有营业利润率、总资产报酬率、净资产收益率等指标。营业利润率=营业利润÷营业收入×100%；总资产报酬率=息税前利润总额÷总资产平均余额×100%；净资产收益率=净利润÷平均净资产×100%。

2）业务解析

（1）影响目标利润的因素有：销售量、销售单价、单位变动成本和固定成本。实现目标利润的策略有：降低销售单价，扩大销售量；降低单位变动成本；压缩固定成本等。

（2）剩余股利政策一般适用于公司的初创阶段；固定或稳定增长股利政策一般适用于经营比较稳定或正处于成长期的企业；固定股利支付率政策比较适合于那些处于稳定发展阶段且财务状况也较稳定的公司；低正常股利加额外股利政策一般适用于盈利水平随着经济周期而波动较大的公司或行业。

（3）杜邦财务分析体系各主要指标之间的关系如下：净资产收益率=总资产净利率×权益乘数=营业净利率×总资产周转率×权益乘数。净资产收益率是一个综合性最强的财务分析指标，是杜邦财务分析体系的核心。营业净利率反映了企业净利润与营业收入的关系。总资产净利率的综合性也较强，它是营业净利率和总资产周转率的乘积。权益乘数主要受资产负债率的影响。

5.3.3 案例题

1）案例分析

分析提示：

（1）股票回购是指上市公司出资将其发行的流通在外的股票以一定价格购买回来予以注销或作为库存股的一种资本运作方式。一般来讲，上市公司在回购股份之后，要将这部分股份予以注销，使流通中的股数减少，这相应地提高了公司的每股收益、每股净资产等指标，降低了股票的市盈率和市净率，使公司股票的投资价值得以提升，从而对股价产生正面的影响。

（2）股票回购需要大量资金支付回购的成本，这容易造成公司资金紧张，资产流动性降低，从而影响公司的后续发展。公司进行股票回购，无异于股东退股和公司资本的减少，这在一定程度上削弱了对债权人利益的保障。

公司拟用于回购的资金总额不超过7 000万元，而截至2008年第三季度末，公司合并报表货币资金为20.91亿元，因此，公司该项行为不会对企业偿债能力造成重大影响。

（3）在企业价值被低估的情况下，采用股票回购方式，对于企业而言，能用较少的资金回购股票，有利于股价回升，恢复企业的价值；对于股东而言，其同样能享受到企业价值恢复的好处。

2）善恶研判

研判提示：

（1）关联方交易、商业贿赂、欺诈消费者都存在道德伦理问题。

（2）关联方交易的存在错误传达公司盈利信息，降低管理层决策效果，严重破坏了市场的资源配置功能，影响市场机制的发挥，损害利益相关者的利益。

（3）上市公司财务伦理行为，虽然使其在短期内承担外部成本内部化所带来的高额成本，但从长远的角度来看，伦理行为有助于增强企业内部的凝聚力，提升企业的品牌形象，增强企业的竞争力，促进企业长期战略目标的实现，所以企业应积极主动地承担相应的伦理责任；政府或其他管理部门作为伦理规制的主导者，也应认识到自发的市场行为难以克服伦理问题，应设计科学、有效的激励机制以规避企业因财务原因、组织行为原因导致的伦理冲突行为。

5.3.4　实训题

教学建议：

【实训任务】中的基本技能训练尽量要求全部在课堂内严格按照【实训步骤】分组一次完成，“实训目标”、“能力与道德领域”和“知识准备”等则可以在教师的辅导下，学生利用课余时间完成（其中：“职业核心能力”的“‘知识准备’参照范围”所列各项知识，学生可自行通过网络收集，并通过自学完成实训操练前的准备）。

“5.4　实训资料”参考答案

实训资料 5.4.1

1）利润分配的流程是：弥补企业以前年度亏损；提取法定盈余公积金；提取任意盈余公积金；向投资者分配利润等。

2）在保持目标资本结构的前提下，2011 年投资方案所需的自有资金为 420 万元，从外部借入的资金为 280 万元。

3）在保持目标资本结构的前提下，如果公司执行剩余股利政策，则 2010 年应分配的现金股利为 480 万元。

4）在不考虑目标资本结构的前提下，如果公司执行固定股利政策，则 2010 年应分配的现金股利为 550 万元，可用于 2011 年投资的留存收益为 350 万元，需要额外筹集的资金为 350 万元。

5）在不考虑目标资本结构的前提下，如果公司执行固定股利支付率政策，则 2010 年应分配的现金股利为 495 万元。

6）假定公司 2011 年面临着从外部筹资的困难，只能从内部筹资，在不考虑目标资本结构的情况下，则 2010 年应分配的现金股利为 200 万元。

实训资料 5.4.2

1）杜邦财务分析体系中的核心指标为净资产收益率，该指标由总资产净利率、权益乘数、营业净利率、总资产周转率等指标构成，它们之间的关系如下：

净资产收益率=总资产净利率×权益乘数=营业净利率×总资产周转率×权益乘数

从上式可以看出，营业净利率、总资产周转率和权益乘数三个因素决定了净资产收益率的高低，这三个比率分别反映了企业的盈利能力、资产管理能力和负债状况。

2）不利因素是营业净利率的降低，使净资产收益率减少了4.50%；有利的因素是总资产周转率的提高，使净资产收益率增加了7.50%；资产负债率提高，使净资产收益率增加了0.80%。有利因素超过不利因素，所以净资产收益率增加了3.80%。

3）该公司在20×8年采用降价决策是成功的。

在20×9年，该公司可以通过加强成本控制、提高营业净利率来进一步提高净资产收益率；当然，该公司也可以继续提高总资产周转率，充分发挥财务杠杆的正向作用，以此来提高净资产收益率。

实训资料5.4.3

1）该公司2015年年初的负债总额为2 000万元，资产总额为3 600万元，权益乘数为225%，流动比率为150%，速动比率为83%。

2）该公司2015年年末的股东权益总额为2 400万元，资产总额为5 500万元，产权比率为129%，流动比率为110%，速动比率为66%。

3）该公司2015年的应收账款及应收票据周转率为10.43次，存货周转率（按营业成本计算）为11次，总资产周转率为1.32次。

4）该公司2015年经营现金流量净额为496万元，现金流量利息保障倍数为2.16。

第6章
财务预算

6.1 预习要览

6.1.1 内容提要与结构

1）内容提要

●全面预算具体包括日常业务预算、特种决策预算和财务预算。全面预算具有规划、协调、分配和控制等作用。企业编制预算，一般应按照“上下结合、分级编制、逐级汇总”的程序进行。一般需要经过下达目标、编制上报、审查平衡、审议批准、下达执行五个具体步骤。

●编制预算的方法按其业务量不同，可分为固定预算与弹性预算两种方法。固定预算不仅过于机械呆板，而且可比性差。弹性预算能够克服固定预算的缺点。编制弹性成本预算可以选择公式法和列表法两种方法；编制弹性利润预算可以选择因素法和销售百分比法两种方法。编制成本费用预算的方法按其出发点的特征不同，可分为增量预算和零基预算两种方法。编制预算的方法按照预算期的时间特征不同，可分为定期预算和滚动预算两种方法。滚动预算能够克服定期预算远期指导性差、灵活性差和连续性差的缺点。滚动预算按其预算编制和滚动的时间单位的不同，可分为逐月滚动、逐季滚动和混合滚动三种方式。

●现金预算是以日常业务预算和特种决策预算为基础编制的反映现金收支情况的预算。现金预算不仅要反映经营业务活动的现金收入，而且还要反映有关直接材料、直接人工、制造费用、经营费用及管理费用方面的经营性现金支出，用于缴纳税金、股利分配等支出，以及对外投资和购买设备等资本性支出。在现金预算的基础上，可以进一步编制预计利润表和预计资产负债表。

2）内容结构

本章内容结构如图6-1所示。

3）主要概念和观念

（1）主要概念

全面预算　固定预算　弹性预算　弹性利润预算　零基预算　增量预算　定期预算　滚动预算　财务预算　日常业务预算　现金预算　销售预算　生产预算　直接材料消耗及采购预算　应交税费及附加预算　直接人工预算　财务费用预算　特种决策预算

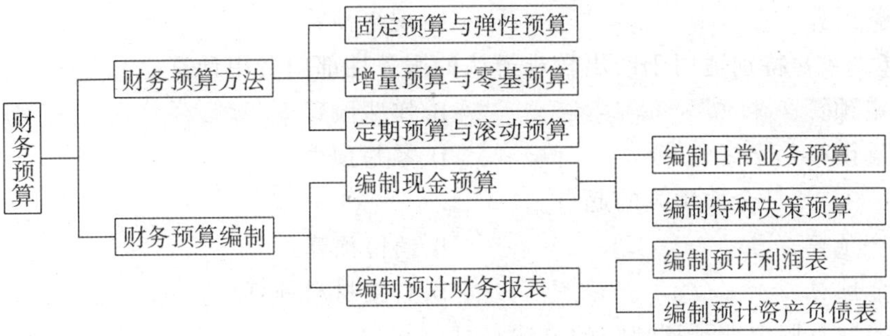

图6-1　本章内容结构图

（2）主要观念

弹性预算的应用　零基预算的应用　滚动预算的应用　全面预算的作用

6.1.2　重点与难点

1）重点理论

全面预算的内容与作用　各种预算编制方法的优缺点

2）重点实务

全面预算编制的基本程序　财务预算方法的应用　财务预算的编制　相关“业务链接”

3）重点操作

日常业务预算的编制　现金预算的编制　预计利润表的编制　预计资产负债表的编制

4）难点

日常业务预算的编制　现金预算的编制　预计利润表的编制　预计资产负债表的编制

6.1.3　主要公式

1）预计生产量计算公式

预计生产量=预计销售量+预计期末存货量-预计期初存货量

2）预计采购量计算公式

预计采购量=预计生产需要量+预计期末存货量-预计期初存货量

3）预计生产需要量计算公式

预计生产需要量=预计生产量×单位产品材料消耗量

4）预计直接人工成本计算公式

预计直接人工成本=预计生产量×单位产品工时定额×单位工时工资率

6.2　客观题

6.2.1　理论题

1）单项选择题

（1）下列各项预算中，构成全面预算体系最后环节的是（　　）。

A.特种决策预算　　　　B.日常业务预算

C.财务预算　　D.现金预算

(2)(　　)特别适用于产出较难辨认的服务性部门费用预算。

A.固定预算　　B.弹性预算

C.增量预算　　D.零基预算

(3)(　　)是全面预算的起点。

A.生产预算　　B.销售预算

C.现金预算　　D.直接材料预算

(4)能够克服定期预算缺陷的方法是(　　)。

A.弹性预算　　B.零基预算

C.滚动预算　　D.增量预算

(5)预计财务报表与一般财务报表在形式和内容上都完全相同,所不同的是报表的资料均为(　　)。

A.实际数　　B.预计数

C.目标数　　D.预算数

(6)在下列各项中,不属于财务预算内容的是(　　)。

A.预计资产负债表　　B.预计利润表

C.销售预算　　D.现金预算

2)多项选择题

(1)零基预算方法的优点主要有(　　)。

A.工作量较小

B.不受现有费用项目和开支水平的限制

C.能够调动企业各部门降低费用的积极性

D.有助于企业未来发展

E.有利于按需编制预算支出

(2)下列各项中,(　　)能够在现金预算中直接反映。

A.现金余缺　　B.现金支出

C.现金收入　　D.资金筹措及运用

E.预计生产量

(3)产品成本预算的基础包括(　　)。

A.制造费用预算　　B.直接材料预算

C.管理费用预算　　D.直接人工预算

E.销售费用预算

(4)关于弹性预算,下列说法正确的是(　　)。

A.弹性预算应每月重复编制以保证适用性

B.弹性预算是按一系列业务量水平编制的

C.弹性预算的业务量范围应尽可能将实际业务量包括在内

D.弹性成本预算是按成本的不同习性分类列示的

E.弹性预算更多地适用于成本和利润预算

（5）不能够同时以实物量指标和价值量指标反映企业经营业务和相关现金收入或支出的预算有（　　）。

A.现金预算　　B.生产预算

C.销售预算　　D.直接人工预算

E.销售费用预算

（6）现金流入量应该包括（　　）。

A.现销收入　　B.赊销收入

C.固定资产报废残值收入　　D.按政策规定退回的已交税款

E.发行债券款

3）判断题

（1）现金预算中的现金支出既包括经营性现金支出，又包括资本性现金支出。（　　）

（2）特种决策预算又叫专门决策预算，包括经营决策预算和投资决策预算。（　　）

（3）生产预算是所有日常业务预算中唯一只使用实物量计量单位的预算。（　　）

（4）根据预算编制的业务量的不同，可以将预算编制方法分为固定预算方法和零基预算方法两大类。（　　）

（5）一般来说，固定预算只适用于业务量水平较为稳定的企业或非营利组织的预算编制。（　　）

（6）滚动预算的主要特点是预算期永远保持12个月。（　　）

6.2.2 实务题

1）单项选择题

（1）编制生产预算时，关键是正确地估算（　　）。

A.销售量　　B.生产量

C.期初存货量　　D.期末存货量

（2）关于预算的编制方法，下列各项中正确的是（　　）。

A.零基预算编制方法适用于非营利组织编制预算时采用

B.固定预算编制方法适用于产出较难辨认的服务性部门费用预算的编制

C.固定预算编制方法适用于业务量水平较为稳定的企业预算的编制

D.零基预算编制方法适用于业务量水平较为稳定的企业预算的编制

（3）在业务预算中，唯一仅以业务量形式反映预算期内有关产品生产数量及品种构成的一种预算是（　　）。

A.销售预算　　B.生产预算

C.生产成本预算　　D.期间费用预算

（4）某企业每季度销售收入中，本季度收到现金60%，另外的40%要到下季度才能收到，若预算年度的第四季度销售收入为40 000元，则预计资产负债表中年末应收账款项目金额为（　　）元。

A.16 000　　B.24 000

C.40 000　　D.20 000

(5) 不需要另外预计现金支出，直接参加现金预算汇总的预算是（　　）。

A.成本预算　　B.销售预算

C.人工预算　　D.期间费用预算

(6) 某期现金预算中假定出现了正值的现金收支差额，且超过额定的期末现金余额，单纯从财务预算调剂现金余缺的角度来看，该期不宜采用的措施是（　　）。

A.抛售短期有价证券　　B.偿还部分借款利息

C.偿还部分借款本金　　D.购入短期有价证券

2) 多项选择题

(1) 需要编制与其相关的现金支出，作为现金预算编制依据的预算有（　　）。

A.销售预算　　B.产品成本预算

C.直接人工预算　　D.生产预算

E.应交税费预算

(2) 下列各种预算编制方法的说法中错误的有（　　）。

A.固定预算过于机械呆板并且可比性差

B.弹性预算只能用于编制成本费用预算

C.增量预算不利于降低企业费用支出

D.零基预算可能导致保守落后

E.零基预算有利于降低企业费用支出

(3) 弹性预算适用于全面预算体系中与业务量有关，特别是受业务量变动影响较大的各种预算，如（　　）。

A.收入预算　　B.成本费用预算

C.利润预算　　D.现金预算

E.资本支出预算

(4) 生产预算由（　　）等内容组成。

A.期初产品库存　　B.期初产品库存成本

C.本期产品预计销售量　　D.本期产品预计生产量

E.本期产品生产成本

(5) 全面预算编制的基本程序（　　）。

A.下达目标　　B.编制上报

C.审查平衡　　D.审议批准

E.下达执行

(6) 在编制现金预算时，计算某期现金余缺必须考虑的因素有（　　）。

A.期初现金余额　　B.期末现金余额

C.当期现金支出　　D.当期现金收入

E.上期现金支出和收入

3）混合选择题

（1）下列哪些项目不作为产品成本预算的编制基础（　　）。

A.生产预算　　B.销售预算

C.直接材料预算　　D.制造费用预算

（2）业务量水平较为稳定的企业一般采用的预算是（　　）。

A.固定预算　　B.弹性预算

C.零基预算　　D.滚动预算

（3）生产预算编制需要（　　）提供基础依据。

A.现金预算　　B.销售预算

C.利润预算　　D.资本预算

（4）直接材料采购预算由（　　）等内容组成。

A.单位产品消耗定额　　B.期初产品库存成本

C.本期产品预计销售量　　D.本期产品预计生产量

E.期初、期末材料库存

（5）下列（　　）是在生产预算的基础上编制的。

A.直接材料预算　　B.直接人工预算

C.产品成本预算　　D.管理费用预算

E.营业费用预算

（6）编制生产预算中的"预计生产量"项目时，需要考虑的因素有（　　）。

A.预计销售量　　B.预计期初存货量

C.预计期末存货量　　D.前期实际销量

E.生产需用量

4）判断题

（1）增量预算会受现有费用项目和费用水平的影响。（　　）

（2）生产预算是在销售预算的基础上编制的。按照"以销定产"的原则，生产预算中各季度的预计生产量应该等于各季度的预期销售量。（　　）

（3）预计财务报表的编制程序是先编制预计利润表，然后编制预计资产负债表。（　　）

（4）在编制零基预算时，应以企业现有的费用水平为基础。（　　）

（5）销售量和单价预测的准确性直接影响企业财务预算的质量。（　　）

（6）在编制弹性成本预算时，业务量可以选择历史上最高业务量或最低业务量为其上下限。（　　）

6.2.3　案例题

大亚湾核电站

推行预算管理在大亚湾核电站的管理工作中取得了巨大的经济效益。据统计，从1997年至2002年，大亚湾核电站年平均节省资金9 232万元人民币。

针对核电站运行管理的特点，大亚湾核电站采用了"零基预算"的管理方法。这样做的优点是成本中心每年在预算申报时都需对以往的工作进行进一步的检查、讨论，同时亦可有效消除或减少成本费用开支“今年存在下一年度就一定存在”的习惯性心理，所有项目均需重新审视其开支的合理性。

采用零基预算管理方法的难点是所有项目均需重新审视，工作量极大，而且效率低，时效性差，投入成本巨大。为了避免上述问题，应充分发挥公司预算计划的作用。该公司在设计预算运作模式的时候，采取“折中”模式，即对新的项目、重要的项目（5万美元以上）全部采用“零基预算”管理，对其他项目采用滚动预算管理。同时，采取年度预算编制、年中预算调整、预算变更等具体的工作方式来使预算与实际工作相匹配，真正起到通过工作计划来编制预算，又通过预算来衡量指导工作计划的作用。

请根据案例在下列题目中填入适当选项：

1）大亚湾核电站在推行预算管理过程中取得了巨大的经济效益，其主要依靠（　　）预算方法。

A.零基预算　　B.增量预算

C.滚动预算　　D.文中没有涉及

2）下列（　　）预算方法可以有效消除并减少成本费用开支“今年存在下一年度就一定存在”的习惯性心理。

A.零基预算　　B.增量预算

C.滚动预算　　D.定期预算

3）下列有关零基预算管理方法的说法正确的有（　　）。

A.实施零基预算管理投入成本高，编制工作量大

B.编制预算效率低，不能及时完成预算编制工作

C.容易受到费用开支高的部门抵制，增加实施难度

D.所有费用项目均需重新审视，工作量极大

4）大亚湾核电站采用（　　），来有效地缓解老项目“零基预算”工作量极大的问题。

A.与“弹性预算”组合，增强预算的适应性

B.与“增量预算”组合，增强预算编制的灵活性

C.与“滚动预算”组合，减轻预算集中编制的工作量

D.与“定期预算”组合，增强预算与本会计年度结合度

5）从大亚湾核电站案例中可以看出，零基预算管理一般不用于（　　）。

A.利润中心的利润项目　　B.收入中心的收入项目

C.成本中心的成本费用项目　　D.收入、成本、利润等项目

6.2.4 实训题

就“职业道德”相关领域的“规范与标准”“职业核心能力”和“专业能力”各技能点的“规范与标准”（参见“操练题”的“能力与道德领域”），以及“职业核心能力强化训练‘知识准备’参照范围”（参见“附录一”），在下列题目中填入正确的选项：

1）单项选择题

（1）属于“数字应用（中级）”能力技能点的是（　　）。

A.能进行简单计算并验算结果

B.能从事多步骤的复杂计算，并统计与分析数据

C.进行数字计算

D.进行数据计算

（2）“与人交流（中级）”能力的“基本要求”有（　　）。

A.在更广泛的工作范围内，灵活运用这些能力，以适应工作岗位各方面的需要

B.在工作岗位上表现出更强的组织和管理能力，通过运用与人交流的能力适应更复杂的工作需要

C.具备进入工作岗位最基本的与人交流能力，在常规条件下能运用这些能力适应既定工作的需要

D.能始终围绕主题参与，主动把握讲话时机、方式和内容，理解对方谈话内容，推动讨论进行，全面准确传达一个信息或观点

（3）属于“革新创新（中级）”能力技能点的是（　　）。

A.作出并实施创新方案

B.验证方案、改进计划

C.进行数字计算

D.能揭示事物不足，提出改进意见

（4）属于“职业理想”的“规范与标准”的是（　　）。

A.具有强烈的职业认同感、职业荣誉感和职业敬业感

B.对职业选择或模拟选择有充分的认知和积极的倾向与行动

C.对将要从事的职业种类、职业方向与事业成就有积极的向往和执着的追求

D.对会计人员职业道德具有正确的看法

（5）属于“职业态度”的“规范与标准”的是（　　）。

A.具有强烈的职业认同感、职业荣誉感和职业敬业感

B.对职业选择或模拟选择有充分的认知和积极的倾向与行动

C.对职业或职业模拟有愉快的主观体验、稳定的情绪表现、健康的心态、良好的心境

D.对会计人员职业道德和企业伦理等问题具有正确的看法

（6）属于“职业作风”的“规范与标准”的是（　　）。

A.对职业、职业选择、职业工作等问题具有正确的看法

B.对职业选择或模拟选择有充分的认知和积极的倾向与行动

C.对职业或职业模拟有愉快的主观体验、稳定的情绪表现、健康的心态、良好的心境

D.爱岗敬业，诚实守信，廉洁自律，客观公正，坚持原则，提高技能，参与管理，强化服务

2）多项选择题

（1）“信息处理（中级）”能力的“规范与标准”是（　　）。

A.能定义复杂信息任务，确定搜寻范围，列出资源优先顺序，通过询访法和观察法搜寻信息
B.能对信息进行分类、定量筛选、运算分析、加工整理，用计算机扩展信息
C.能通过演说传递信息，用文字图表、计算机排版展示组合信息，用多媒体辅助信息传达
D.能通过阅读、计算机或网络获取信息
E.能辨别信息真伪，定性核校、分析综合、解读与验证资料，建立较大规模的数据库，用计算机生成新的信息
(2)"革新创新（中级）"能力的"规范与标准"是（　　）。
A.能在新需求条件下揭示事物的不足，提出改进事物的创新点和具体方案
B.能从多种选择中确认最佳方案，并利用外界信息、资源和条件实施创新活动
C.能按常规方式和专业要求，对创新改进方法和结果的价值进行评估，根据实际条件进行调整，并指导他人的创新活动
D.能在采纳各方意见的基础上，确定创新方案的目标、方法、步骤、难点和对策，指出创新方案需要的资源和条件
E.能根据实际需要，设计并实施创新工作方案，并在条件变化时坚持创新活动
(3)"数字应用（中级）"能力的"规范与标准"是（　　）。
A.能从不同信息源获取信息，读懂、归纳、汇总数据，编制图表
B.能从事多步骤、较复杂的计算，使用公式计算结果
C.能使用适当方法展示数据信息和计算结果，设计并使用图表，根据结果准确说明工作任务
D.能组织大型数据采集活动，通过调查和实验获取、整理与加工数据
E.能正确使用单位，根据计算结果说明工作任务
(4)"财务预算方法运用技能"的"规范与标准"有（　　）。
A.能掌握固定预算、弹性预算、增量预算、零基预算、定期预算和滚动预算的含义
B.能对某部门制造费用资料进行初步汇总和解析，将制造费用划分为固定成本、变动成本、混合成本三大类
C.能正确运用财务预算方法
D.能根据制造费用预算的要求，设计制造费用预算表格
E.能正确使用单位，根据计算结果说明工作任务
(5)"财务预算编制技能"的"规范与标准"有（　　）。
A.能掌握现金预算、财务预算和预计财务报表等概念
B.能正确编制现金预算
C.能正确编制预计财务报表
D.能根据制造费用预算的要求，设计制造费用预算表
E.能根据制造费用各成本项目及其成本性态，正确运用列表法进行成本预算编制
(6)"撰写关于'财务预算'的相应《实训报告》技能"的"规范与标准"有

（　　）。

A.能根据制造费用预算的要求，设计制造费用预算表格

B.能合理设计关于“财务预算”的相应《实训报告》，其结构、层次较分明

C.能较规范撰写所述《实训报告》

D.能将实际发生的制造费用与预算数进行对比分析，并分析出导致差异的原因

E.能根据制造费用各成本项目及其成本性态，正确运用列表法进行成本预算编制

6.3 主观题

6.3.1 理论题

1）简答题

（1）什么是财务预算？财务预算有什么积极作用？

（2）增量预算有什么缺点？零基预算有什么优点？

（3）什么是弹性预算？弹性预算的优点是什么？

2）理解题

（1）若由你负责预算编制，你将如何安排财务预算编制工作？

（2）编制销售预算时，你需要收集哪些基础数据资料？

（3）预计资产负债表中的应收账款、应付账款、存货、固定资产、未分配利润项目需要根据哪些预算资料分析填列，为什么？

6.3.2 实务题

1）规则复习

（1）预计生产量的计算公式是什么？

（2）预计采购量的计算公式是什么？

（3）预计直接人工成本的计算公式是什么？

2）业务解析

（1）全面预算的编制程序是什么？

（2）如何理解预计财务报表变量之间的关系？

（3）如何理解现金预算的构成？

6.3.3 案例题

1）案例分析

大亚湾核电站的零基预算管理

背景与情境：

推行预算管理在大亚湾核电站的管理工作中取得了巨大的经济效益。据统计，从1997年至2002年，大亚湾核电站年平均节省资金9 232万元人民币。

针对核电站运行管理的特点，大亚湾核电站采用了“零基预算”的管理方法。这样做的优点是成本中心每年在预算申报时都需对以往的工作进行进一步的检查、讨论，同

时亦可有效消除或减少成本费用开支“今年存在下一年度就一定存在”的习惯性心理，所有项目均需重新审视其开支的合理性。采用零基预算管理方法的难点是所有项目均需重新审视，工作量极大，而且效率低，时效性差，投入成本巨大。为了避免上述问题，应充分发挥公司预算计划的作用。该公司在设计预算运作模式的时候，采取“折中”模式，即对新的项目、重要的项目（5万美元以上）全部采用零基预算管理，对其他项目采用滚动预算管理。同时，采取年度预算编制、年中预算调整、预算变更等具体的工作方式使预算与实际工作相匹配，真正起到通过工作计划来编制预算，又通过预算来衡量指导工作计划的作用。

大亚湾核电站的预算管理功能是通过设立各级成本中心来实现的。

成本中心责任管理体系是按照统一领导、分级管理的原则，根据技术上的特点和管理上的要求而设置的。目前，核电站在公司机构划分为决策、管理和执行三个层次的基础上，又将执行层划分为三级成本中心，即部级成本中心、处级成本中心和科级成本中心。各级成本中心负责人分别是部长、处长和科长，对各自成本中心的预算、成本及其他资源进行规划、申报、执行、控制和考核。

成本中心一般以处为基本单位进行划分，业务较多的处可以以科为单位进行划分；对于临时性的较大的工程项目，可设置单独的、临时的成本中心，项目经理为该成本中心的负责人。每个成本中心应指定一个专人为兼职预算员，协助成本中心负责人的日常预算管理或其他经济管理工作。

预算管理的决策层是董事会、执委会，管理层是总经理部，执行层是各级职能部门。总经理部委托财务部实施公司预算归口管理。

核电站的预算管理遵循“工作计划—预算编制—立项—承诺—支付—反馈—工作计划”的管理循环。

①工作计划。这是一切预算形成的基础，离开工作计划编制出来的预算不是真正的预算，是无法执行的预算。

②预算编制。每年8月，财务部向公司各级成本中心负责人分发下一年度“预算编制计划大纲”，并开展相关的在岗业务培训。各级成本中心负责人及预算协调员在接受在岗业务培训和阅读理解该大纲的基础上，开展年度预算的编制与申报工作。

整个公司年度预算的编制工作是以各级预算成本中心为单位开展实施的，科级成本中心负责向处级成本中心申报，处级成本中心负责向部级成本中心或预算归口管理部门申报；各部级成本中心负责对所属下级成本中心所报预算进行综合审议，然后正式报送财务部。

凡有归口管理部门的项目，应首先报送归口管理部门所在的科或处级预算成本中心，然后由归口管理部门所在的部级预算成本中心统一向财务部申报；在预算编制过程中，财务部成本处及各部预算归口单位预算人员将按预算大纲中的协调计划进行预算编制协调工作，而各级成本中心在预算编制过程中也可与财务部成本处随时保持联络与沟通，以便财务部成本处能够掌握充足的信息，随时提供必要的协助。

③立项。所有项目实施前均应按《合同采购手册》等公司章程中的规定进行立项申请。在这一过程中，各级成本中心的工作内容是：各级成本中心在填制立项申请单前首

先应经过本成本中心预算协调员运用财务系统中的预算管理系统对其预算与立项情况进行检查，在保证确有预算后，对立项单进行编码并签字认可，然后送有关授权成本中心负责人批准。有归口管理的项目还需经归口管理部门审批，无归口管理成本中心的批准，任何部门不得动用属于归口管理资源的预算。对于无预算的项目，各级成本中心预算协调员应先进行“预算变更申请单”的填制报批工作。各级成本中心预算协调员应对有关立项予以记录，并定期与预算管理计算机系统数据或与财务部成本处核对分析。

④承诺。在立项申请获得批准之后，公司商务部门将组织对外询价、签订合同的活动。商务部门申请的合同推荐除按程序逐步审批外，还需经过原申请立项的各部预算归口管理单位在“签订合同/订单推荐书”的预算控制栏签字认可。各部预算归口管理单位应对有关合同推荐予以记录，并定期与预算管理计算机系统数据或与财务部成本处核对分析。

⑤支付。商务部门申请的合同支付除按程序逐步审批外，还需经过原申请立项的各部预算归口管理单位在“支付申请单”的预算控制栏签字认可。各部预算归口管理单位应对有关合同支付资料予以记录并定期与预算管理计算机系统数据或与财务部成本处核对分析。

⑥反馈。预算反馈包括对预算执行情况实行定期分析、报告与考核。财务部成本处每月汇总编制《预算执行情况及成本分析月报》，分析预算及成本的执行情况，揭示发展趋势及重大异常现象，汇总公司生产经营、财务状况的重要信息及各成本中心的运作状况，报财务部经理、总经理部审核批示。每年年终财务部成本处根据预算年度成本执行状况编制《年度预算执行情况分析表》和《预算年度成本与往年同期成本费用对比分析表》，对年度内的预算管理工作进行考核，揭示成本控制工作的成绩与不足，并编制《年度预算控制回顾报告》，报财务部经理、总经理部审核批示。财务部成本处每月按成本中心提供预算监控报告，发送各级成本中心，以便各级成本中心掌握预算开支情况；了解各申请项目的具体执行情况，促使各项目按原计划日期及时完成并办理支付。

公司制度规定，公司采购执行“没有预算不能立项，没有立项不能承诺，没有承诺不能支付”这一不可逆过程，同时通过预算系统的在线监控，保证公司业务按计划开展，促进公司目标的顺利实现。

按照预算管理的要求，公司制定了各种程序、制度，从各方面对预算管理作出了明确规定。按照经济业务的不同，公司制定了《生产预算编制与执行程序》、《资本性预算编制与执行程序》、《材料采购预算编制与执行程序》等专门规定来执行具体的预算管理。同时，公司还颁布了《成本中心运作管理规定》来规范成本中心的职责和权力。

（资料来源：根据《大亚湾核电站预算管理案例分析》改编。）

问题：

（1）请绘制大亚湾核电站预算管理的组织机构表，并说明其预算从哪些地方体现出了“上下结合、分级编制、逐级汇总”的编制程序？

（2）大亚湾核电站如何发挥财务预算的事中控制、事后控制作用？对没有纳入预算的事项，该电站如何实施管理？

（3）你认为大亚湾核电站的《材料采购预算编制与执行程序》中应包括哪些数据

资料？

分析要求：

（1）形成性要求

①学生根据案例中提出的问题，分别拟定《案例分析提纲》；进行小组讨论，形成小组《案例分析报告》；班级交流并修订小组《案例分析报告》，教师对经过交流和修改的各小组的《案例分析报告》进行点评；在班级内展出附有“教师点评”的小组优秀《案例分析报告》，供学生研究借鉴，并将其纳入本校该课程的教学资源库。

②了解“附录二”中附表2-1“形成性考核”的“考核指标”与“考核内容”。

（2）成果性要求

①案例课业要求：以经班级交流和教师点评的《案例分析报告》为最终成果。

②课业的结构、格式与体例要求：参照“课业范例”的范例6.5.1。

③其他要求：了解“附录二”中附表2-1“课业考核”的“考核指标”与“考核内容”。

2）善恶研判

YQ公司预算编制松弛现象

背景与情境：

YQ公司按照“上下结合、分级编制、逐级汇总”的程序编制预算。作为公司最下级预算编制人员，其同样是独立的“经济人”，出于对己方利益的考虑，会将本单位（部门）财务预算指标定在较低的水平上，以便员工能轻松完成目标，拿到效益工资。这时就出现了预算指标与企业目标相违背的现象，各部门只重视短期预算目标的实现，却忽略了企业经营发展目标。而且公司预算编制过于宽裕，虽然表面上预算指标实现了，但从根本上失去预算应有作用。首先，对公司而言，YQ公司虽然成立了预算领导小组，成员由各职能部门负责人组成，但实际运作主要是由财务部门负责。由于部门职责有限，其未能真正了解公司内部其他部门的生产经营状况，在编制预算制度时存在一定的主观性和局限性。较低的预算指标仿佛一道重重的枷锁，束缚了公司的快速发展，甚至可能导致公司生产经营举步维艰。当出现预算编制松弛现象时，资源大部分流向预算宽裕的部门，直接导致公司内部资源配置失调，有失公允。其次，财务部门在制定公司预算时，要依靠大量的公司历史数据，忽略了企业生产、经营的实践环节。当公司平稳发展、市场波动较小时，财务预算尚能反映公司的盈亏状况；但是当企业与市场发生较大变化时，这种财务预算存在很大的精确度问题，不能准确反映公司的实际运营状况。再次，对员工而言，由于指定的财务预算指标很低，员工不需要通过很大努力，即能实现预期的指标，一定程度上挫伤了员工工作热情与主观能动性，积极性大为削减。长此以往，必然导致其工作懈怠、玩忽职守，导致企业的短期目标发生扭曲，并与长期目标脱离。

（资料来源：肖琳.YQ公司财务预算管理制度优化研究［D］.华南理工大学硕士学位论文，2012.）

问题：

（1）本案例中存在哪些道德伦理问题？

（2）试对上述问题作出你的善恶研判。

（3）如何改善公司预算管理？

研判要求：

（1）形成性要求

①学生分析案例提出的问题，拟出《善恶研判提纲》；小组讨论，形成小组《善恶研判报告》；班级交流、相互点评和修订各组的《善恶研判报告》；在校园网的本课程平台上展出经过修订并附有教师点评的各组《善恶研判报告》，供学生借鉴。

②了解本教材“附录二”的附表2中“形成性训练与考核”的“参照指标”与“参照内容”。

（2）成果性要求

①课业要求：以经过班级交流和教师点评的《善恶研判报告》为最终成果。

②课业结构、格式与体例要求：参照本《训练手册》“课业范例6.5.2”。

③了解本教材“附录二”的附表2中“课业训练与考核”的“参照指标”与“参照内容”。

6.3.4　实训题

“财务预算”业务胜任力训练

【实训目的】

见主教材本章“章名页”之“学习目标”中的“实训目标”。

【实训内容】

专业能力训练：其“领域”“技能点”“名称”和“参照规范与标准”见表6-1。

表6-1　**专业能力训练领域、技能点、名称及其参照规范与标准**

能力领域	技能点	名称	参照规范与标准
财务预算	技能I	财务预算方法运用技能	1）能掌握固定预算、弹性预算、增量预算、零基预算、定期预算和滚动预算的含义。 2）能正确运用财务预算方法
	技能II	财务预算编制技能	1）能掌握现金预算、财务预算和预计财务报表等概念。 2）能正确编制日常业务预算。 3）能正确编制特种决策预算。 4）能正确编制现金预算。 5）能正确编制预计财务报表
	技能III	撰写关于“财务预算”的相应《实训报告》技能	1）能合理设计关于“财务预算”的相应《实训报告》,其结构、层次较分明。 2）能较规范撰写所述《实训报告》。 3）本教材网络教学资源包中《学生考核手册》考核表6-2所列各项“考核指标”和“考核标准”

职业核心能力和职业道德训练：其内容、种类、等级与选项见表6-2。

表6-2　　职业核心能力与职业道德训练内容、种类、等级与选项表

内容	职业核心能力							职业道德						
种类	自我学习	信息处理	数字应用	与人交流	与人合作	解决问题	革新创新	职业观念	职业情感	职业理想	职业态度	职业良心	职业作风	职业守则
等级		中级	中级	中级	中级	中级	中级			认同级	认同级	认同级	认同级	认同级
选项		√	√	√	√	√	√			√	√	√	√	√

【组织形式】

将班级学生分成若干实训小组，根据实训内容和项目需要进行角色划分。

【实训任务】

对表6-1所列专业能力领域各技能点，依照其“参照规范与标准”实施阶段性基本训练。

【实训要求】

（1）实训前，学生要了解并熟记本实训的“实训目的”“能力与道德领域”“实训任务”与“实训要求”，了解并熟记本教材网络教学资源包中《学生考核手册》考核表6-1和考核表6-2中的“考核指标”与“考核标准”的内涵，将其作为本实训的操练点和考核点来准备。

（2）通过“实训步骤”，将“实训任务”所列三种训练整合并落实到本实训的“活动过程”和“成果形式”中。

（3）实训后，学生要对本次“财务预算”的实训活动进行总结，在此基础上撰写《实训报告》。

【情境设计】

将学生分成若干实训组，各组从“实训课业”题目中任选其一，结合题目内容和本章相关“实训资料”，进行关于“财务预算”的实训。各实训组通过参与和体验所述项目的运作，实训任务的完成，以及相应《实训报告》的准备、撰写、讨论与交流等实践活动，完成各自实训任务。

【指导准备】

知识准备：

（1）“财务预算”的理论与实务知识。

（2）“附录一”附表1的“知识准备”中，与本章“职业核心能力‘强化训练项’”各技能点相关的“‘知识准备’参照范围”。

（3）“附录二”附表2-2、附表2-3中，涉及本章“职业核心能力领域‘强化训练项’”各技能点和“职业道德领域‘相关训练项’”的“规范与标准”知识。

操作指导：

（1）教师向学生阐明“实训目的”“能力与道德领域”和“知识准备”。

（2）教师就“知识准备”中的第（2）、（3）项，对学生进行培训。

（3）教师指导学生就财务预算编制所需的基础数据进行调研、资料收集与整理。

（4）教师指导学生就财务预算方法运用进行操练。

（5）教师指导学生根据所收集的数据编制财务预算。

（6）教师指导学生撰写关于“财务预算”的相应《实训报告》。

【实训时间】

本章课堂教学内容结束后的双休日和课余时间，为期一周。

【实训步骤】

（1）将学生组成若干个实训组，每8~10位同学分成一组，每组确定1~2人负责。

（2）对学生进行“财务预算”实训的“知识准备”培训。

（3）指导各实训组熟悉操练项目企业的财务预算资料。

（4）指导各实训组结合课业题目和所选资料，分别进行财务预算方法运用和财务预算编制的讨论。

（5）各实训组在实施上述训练的过程中，融入对“信息处理”“数字应用”“与人交流”和“革新创新”等职业核心能力领域各技能点的“中级”强化训练，以及对“职业理想”“职业态度”“职业作风”和“职业守则”等职业道德领域各素质点的“认同级”相关训练。

（6）各实训组成员撰写、交流和完善作为最终成果形式的关于“财务预算”的相应《实训报告》。

【成果形式】

实训课业（任选其一）：

《江北公司现金预算表的编制实训报告》

《海北公司弹性预算方法的运用实训报告》

《长城公司财务预算编制实训报告》

课业要求：

（1）实训报告的内容、结构与体例参照“课业范例”的范例6.5.3。

（2）各组成员撰写的《实训报告》初稿须先经小组讨论，然后选拔优胜者参加班级交流讨论。

（3）各组成员在班级交流的基础上进一步完善《实训报告》。

（4）各组成员完成的《实训报告》须由项目指导教师、项目组长、项目组成员三方签字。

（5）将附有“教师点评”的优秀《实训报告》在班级展出，并纳入本校该课程的教学资源库。

6.4 实训资料

实训资料6.4.1

江北公司现金预算表的编制

背景与情境：

江北公司2015年有关预算资料如下：

（1）3~7月份的销售收入分别为55 000元、65 000元、40 000元、35 000元、80 000元。每月销售收入中，当月收到现金40%，下月收到现金60%。

（2）各月直接材料采购成本按下一个月销售收入的70%计算。所购材料款于当月支付现金40%，下月支付现金60%。

（3）4~6月份的制造费用分别为5 000元、5 500元、6 500元。

（4）每月制造费用中包括折旧费1 500元。

（5）4月份购置固定资产，需要现金20 000元。

（6）在现金不足时，向银行借款（为1 000的倍数）；现金多余时，归还银行借款（为1 000的倍数）；借款在期初，还款在期末，借款年利率为12%，还款时支付利息。

（7）期末现金余额最低为5 000元。其他资料见现金预算表。

问题：

根据以上资料，完成该企业4~6月份现金预算的编制工作，见表6-3。

表6-3 **现金预算表** 单位：元

项目 \ 月份	3月	4月	5月	6月
（1）期初现金余额		7 000.00		
（2）经营现金收入				
可运用现金合计				
（3）直接材料采购支出				
（4）直接工资支出		20 000.00	18 000.00	2 800.00
（5）制造费用支出				
（6）其他付现费用		800.00	900.00	750.00
（7）预计所得税				8 000.00
（8）购置固定资产				
现金支出合计				
（9）现金余缺				
（10）向银行借款				
（11）偿还银行借款				
（12）支付借款利息				
（13）期末现金余额				

实训资料6.4.2

海北公司弹性预算方法的运用

背景与情境：

海北公司预计A产品在预算年度的销售量在900~2 500件之间变动，产品销售单价为100元；单位变动成本为65元；固定成本总额为8 000元。预计计划年度的实际产量为1 700件，但由于市场波动较大，实际产量可能与预计产量发生偏离。请根据上述资料以400件为销售量的间隔单位编制该产品的弹性利润预算，见表6-4。

问题：

编制A产品弹性利润预算。

表6-4　**A产品弹性利润预算表**　金额单位：元

项　目	行　次	业务量1	业务量2	业务量3	业务量4	业务量5
销售量（件）	1					
销售单价	2					
单位变动成本	3					
营业收入	4					
减：变动成本	5					
边际贡献	6					
减：固定成本	7					
息税前利润	8					

实训资料6.4.3

长城公司财务预算编制

背景与情境：

资料一：长城公司生产甲、乙两种产品，2015年年初应收账款和各季度预测的销售单价及销售量等资料见表6-5。

表6-5　**长城公司2015年预计销售单价、销售量及其他资料表**

项　目		季　度				年初应收账款（元）	增值税税率	收现率	
		第一季度	第二季度	第三季度	第四季度			首期	二期
甲产品	单价（元/件）	100	100	110	100	200 000	17%	60%	40%
	销售量（件）	800	900	1 200	1 000				
乙产品	单价（元/件）	120	120	120	110	150 000			
	销售量（件）	600	700	1 000	1 200				

资料二：长城公司2015年年初有关资料如下：甲产品年初产成品存货量80件，年末产成品存货量110件，年初产成品单位成本93元，预计期末产成品占下期销量的百分比为10%；乙产品年初产成品存货量60件，年末产成品存货量130件，年初产成品单位成本105元，预计期末产成品占下期销量的百分比为10%。

资料三：长城公司甲、乙两种产品2015年需要的各种材料消耗定额及采购单价资料见表6-6；各种材料年初、年末的存货量，以及有关账户余额等资料见表6-7。

表6-6　　**长城公司2015年材料消耗定额及采购单价资料表**

项目		季度			
		第一季度	第二季度	第三季度	第四季度
甲产品材料消耗定额（千克/件）	A材料	5	5	5	5
	B材料	3	3	3	3
乙产品材料消耗定额（千克/件）	A材料	6	6	6	6
	C材料	4	4	4	4
材料采购单价（元/件）	A材料	10	10	12	12
	B材料	8	8	8	8
	C材料	5	5	5	5

表6-7　　**长城公司2015年材料存货量与其他资料表**

材料名称	年初存货量（件）	年末存货量（件）	预计期末存货量占下期需用量的百分比	增值税税率	年初余额（元）		付现率	
					应付账款	库存材料余额	首期	二期
A材料	1 550	2 660	20%	17%	175 000	25 015	60%	40%
B材料	730	990	30%					
C材料	735	1 560	30%					

资料四：长城公司流通环节只缴纳增值税，并于实现销售的当期（每季度）用现金完税；附加税费率为10%。

资料五：长城公司2015年单位工时工资率和工时定额资料见表6-8。

表6-8　　**长城公司2015年单位工时工资率和工时定额资料**

项目		季度				其他直接费用计提标准	预计应付福利费支用率
		第一季度	第二季度	第三季度	第四季度		
单位工时工资率（元/小时）		3	3	3	4	14%	85%
单位产品工时定额（小时/件）	甲产品	3	3	3	2.6		
	乙产品	4	4	4	3.5		

资料六：长城公司采用变动成本法编制预算，变动性制造费用按各种产品直接人工工时比例分配，除折旧外的各项制造费用均以现金支付。

资料七：长城公司2015年的销售预算见表6-9，销售费用现金支出预算见表6-10。

表 6-9　　长城公司2015年销售预算表　　单位：元

变动性销售费用			固定性销售费用	
项　目	单位产品标准费用额		项　目	全年费用
			管理人员工资	3 000
			专设销售机构办公费	5 000
	甲产品	乙产品	宣传广告费用	3 000
销售佣金	1.5	2.0	保险费用	1 500
销售运杂费	1.0	1.2	其　他	1 000
其　他	0.2	0.4	合　计	13 500
合　计	2.7	3.6	各季度平均3 375元(13 500÷4)	

表 6-10　　长城公司2015年销售费用现金支出预算表　　金额单位：元

项　目		季　度				全　年
		第一季度	第二季度	第三季度	第四季度	
单位产品标准费用额	甲产品	2.7	2.7	2.7	2.7	2.7
	乙产品	3.6	3.6	3.6	3.6	3.6
预计销售量（件）	甲产品	800	900	1 200	1 000	3 900
	乙产品	600	700	1 000	1 200	3 500
变动性销售费用	甲产品	2 160	2 430	3 240	2 700	10 530
	乙产品	2 160	2 520	3 600	4 320	12 600
	小　计	4 320	4 950	6 840	7 020	23 130
固定性销售费用		3 375	3 375	3 375	3 375	13 500
现金支出合计		7 695	8 325	10 215	10 395	36 630

资料八：长城公司2015年的管理费用预算及现金支出预算见表6-11。

表 6-11　　长城公司2015年管理费用预算及现金支出预算表　　单位：元

费用项目	金　额
公司经费	3 000
工会经费	1 200
办公费	2 000
董事会费	1 000
折旧费	1 500

续表

费用项目	金额
无形资产摊销	600
职工培训费	800
其他	1 000
合计	11 100
减：折旧费	1 500
无形资产摊销	600
现金支出	9 000
平均每季支付数	2 250

资料九：长城公司2015年的财务费用预算见表6-12。

表6-12 **长城公司2015年财务费用预算表** 金额单位：元

项目	季度				全年	资料来源
	第一季度	第二季度	第三季度	第四季度		
应计并支付短期借款利息		150	450	450	1 050	
应计并支付长期借款利息						
应计并支付公司债券利息						
支付利息合计		150	450	450	1 050	
减：资本化利息						
预计财务费用		150	450	450	1 050	

资料十：2015年长城公司的资本支出预算见表6-13。

表6-13 **长城公司2015年资本支出预算表** 金额单位：元

项目	季度				全年	资料来源
	第一季度	第二季度	第三季度	第四季度		
购置固定资产支出	20 000	30 000	50 000	10 000	110 000	略
资本性现金支出	20 000	30 000	50 000	10 000	110 000	略

资料十一：每季末现金余额的规定范围在30 000~50 000元之间。企业本年初现金余额为30 000元。

问题：

1）根据上述资料编制长城公司2015年的销售预算、经营现金收入预算、生产预算、直接材料需用量预算、直接材料采购预算、直接材料采购现金支出预算、应交税费及附加预算、直接人工预算（平均工资率和平均人工成本保留两位小数，其他计算结果保留整数）、制造费用预算、制造费用现金支出预算、产品成本预算，按变动成本法编制长城公司2015年年末存货预算。

2）根据上述资料编制长城公司2015年现金预算。

3）根据上述资料编制长城公司2015年预计利润表。

4）根据上述资料编制长城公司2015年预计资产负债表。

6.5 课业范例

范例6.5.1

增量预算的优缺点案例分析报告

（组长：　　　　　组员：　　　　　　　　　　　　　　　　）

背景与情境：

每届预算年度开始，江南公司所属各部门均以上年实际支出为基础，再增列一笔金额，巧妙装饰后，作为新计划提交最高领导层审批。主持预算审批的领导，明知预算中有“水分”，但因不能透彻了解情况，只得不分良莠，一律砍掉30%（或更多），随后开始一个争吵过程。经过一段时间后，预算编制完成。几乎所有的申请部门都意见纷纷，大家都感到这套办法必须改革，但年复一年，仍不见有多少起色。这种不分青红皂白砍一刀的做法，使“有经验”的预算人员有意把预算编得大大超过实际需要，以便“砍一刀”后还能满足需要；而那些实事求是编制预算的人员则叫苦不迭。好在吃一堑，长一智，明年再作预算时，预算编制人员就学乖了。结果导致下级不得不欺骗上级。

问题：

1）请分析判断该公司应采用何种预算编制方法编制各部门下一年的支出。

2）“那些实事求是编制预算的人员则叫苦不迭。吃一堑，长一智，明年再作预算时，预算编制人员就学乖了。结果导致，下级欺骗上级。”这句话应如何理解？

3）该公司拟扭转该种局面，你能给出好的建议吗？

分析：

1）该公司是采用增量预算方法编制下一年度的预算的。增量预算是指以基期成本费用水平为基础，结合预算期的业务量水平及有关影响成本因素的未来变动情况，通过调整原有费用项目而编制预算的一种方法。而该公司以上年实际支出为基础，再增列一笔金额作为支出的编制基础，属于增量预算编制方法的运用。

2）增量预算最容易掩盖低效率和浪费。其中，最普遍的问题就是，在典型的增量预算中，原有的开支项目一般很难删除，即使其中一些项目已没有设立的必要了也很难压缩。因此，若企业的管理当局不能采取有效的方法激励、考核预算执行情况，将会使预算编制部门在下一年度不按实际需要编制预算，故意从高编制预算以便“砍一刀”后还能满足需要。

3）若要扭转这种局面，则公司应在加强对预算执行的业绩考核的同时，将增量预算方法改为零基预算方法进行预算编制，逐项审议预算期内各项费用的内容及开支标准是否合理，从而有效避免各部门故意从高编制预算。

范例6.5.2

甲公司预算决策层与预算执行层之间的博弈善恶研判报告

（组长：　　　　组员：　　　　　　　　　　　　　　　　　　　）

背景与情境：

决策层希望执行层能不折不扣地完成预算，同时出于自身的监控考虑，决策层往往对执行层的成果、效益进行考评与惩罚。而执行层则希望付出最小的代价完成预算目标，双方存在的博弈关系通常有以下表现：

第一，执行层出于自身利益的考虑在编制过程中，向决策层提供虚假信息或夸大难度，旨在使决策层能审核通过对其有利的财务预算目标。

第二，在公司预算的执行过程中，会受到各种内、外部客观因素的影响导致预算的执行出现不可预测的偏差，此时执行层与决策层将会站在各自的角度作出不同的决定，进而发生争执，这种争执本身就是双方的一种博弈。

第三，预算周期末，决策层需对执行层的执行效果、进度等方面进行评价和考核，进而实施奖惩措施，这种奖与罚的过程亦是双方的一种博弈。

问题：

1）本案例中存在哪些道德伦理问题？

2）试对上述问题作出你的善恶研判。

3）本案例对你有哪些启示？

分析：

1）执行层因利己考虑向决策层提供虚假信息或夸大难度，旨在使决策层能审核通过对其有利的财务预算目标。决策层没有充分考虑各种因素对预算的影响而一味处罚执行层。这两个方面都存在道德伦理问题。

2）作为独立的“经济人”，各方均代表着各自的利益群体，在落实环节时，难免不站在自身的立场上考虑问题，这就造成了各方之间的互相博弈，可能导致各方互相质疑、彼此不满，严重影响了公司财务预算指标的顺利实现，给公司造成不可估量的损失。

3）科学协调利益相关者变博弈为共赢。建立科学规范的博弈规则；创造良好的博弈环境；减少预算博弈的负效应等。

范例6.5.3

制造费用预算编制实训报告

（组长： 组员： ）

资料：

（1）江南公司某车间20×8年的机器实际生产工时为90 000小时，有关历史数据见表6-14。

表6-14 **江南公司某车间20×8年有关历史数据表** 金额单位：元

项 目	金 额	备 注
销售费用	500 000	
财务费用	150 000	
行政管理人员工资	600 000	
车间管理人员固定工资	70 500	
车间保险费	5 000	
车间设备折旧	20 000	
车间设备维修费	13 000	当产销量为0时，设备维修费为8 500元
车间水电费	50 000	当产销量为0时，水电费为5 000元
辅助材料费	10 000	当产销量为0时，辅助材料费为1 000元
辅助人员工资	360 000	辅助人员工资和检验人员工资均按生产工时计酬
检验人员工资	360 000	
合 计	2 138 500	

（2）根据历史资料显示，该车间的机器生产工时变动范围：70 000~90 000小时。

（3）根据历史资料显示，近年来机器生产工时和维修费用的变动情况见表6-15。

表6-15 **江南公司某车间20×8年机器生产工时和维修费用的变动情况表**

项目＼年份	20×4年	20×5年	20×6年	20×7年	20×8年
生产工时x（小时）	80 000	50 000	60 000	70 000	90 000
维修费用y（元）	10 000	11 000	12 000	15 000	13 000

（4）江南公司预计，20×9年的机器生产工时为85 000小时，计划期各季度的预计生产工时见表6-16。

表6-16　　江南公司某车间20×9年各季度预计生产工时　　单位：小时

项　目	第一季度	第二季度	第三季度	第四季度	合　计
预计生产工时	13 000	19 000	25 000	28 000	85 000

要求：

1）请采用高低点法将该公司的维修成本分解为变动成本和固定成本，其他混合成本根据备注中的有关提示进行分解。

2）请为该公司生产车间按公式法编制20×9年的制造费用弹性预算，并陈述在计划生产工时的情况下预计制造费用总额为多少，预计维修费用为多少。

3）通过本实训工作的全程参与和体验，能基本完成实训操练任务，能独立形成制造费用预算，并编制《实训报告》。

实训步骤解答：

步骤一：分析确定制造费用明细构成项目

项目组根据制造费用的概念，对资料（1）进行分析判断，最后明确除了销售费用、财务费用、行政管理人员工资外，其余各项目均属于制造费用的构成内容。

步骤二：将成本费用项目按性态进行分类

项目组根据制造费用与产销量的关系，对资料（1）中属于制造费用的项目进行成本性态分类，将其分为固定成本、变动成本、混合成本三类。其中属于固定成本的有：车间管理人员固定工资、车间保险费、车间设备折旧；属于变动成本的有：辅助人员工资、检验人员工资；属于混合成本的有：车间设备维修费、车间水电费、辅助材料费。

步骤三：将混合成本划分为固定成本和变动成本

各实训组成员可以采用高低点法、散布图法、回归分析法将混合成本划分为固定成本和变动成本两大类。

（1）车间设备维修费的分解。

本实训采用高低点法对车间设备维修费进行分解，得出车间设备维修费的预算公式为：

$y=8\ 500+0.05x$

即固定维修费用为8 500元，单位变动维修费用为0.05元/小时。

其分解过程计算如下：

因为 $b=\frac{y_h-y_l}{x_h-x_l}=\frac{13\ 000-11\ 000}{90\ 000-50\ 000}=0.05$（元/小时）

将b值代入混合成本公式，并移项得：

$a=y_h-bx_h=13\ 000-0.05\times 90\ 000=8\ 500$（元）

或 $a=y_l-bx_l=11\ 000-0.05\times 50\ 000=8\ 500$（元）

所以，车间设备维修费的预算公式为：

$y=8\ 500+0.05x$

（2）车间水电费的分解。

根据实训资料，可知该企业20×8年的机器生产工时为90 000小时，车间发生的水电费为50 000元。当产销量为0时，水电费为5 000元，即车间水电费的固定费用为5 000元。

我们用y代表总成本，a代表固定成本总额，b代表单位变动成本，x代表业务量，则上述预算公式可以写为：

$y=a+bx$

所以，有50 000=5 000+b×90 000，从而得出b=0.5元/小时，即水电费的预算公式为：

$y=5\ 000+0.50x$

（3）辅助材料费的分解。

同理，可以得出辅助材料费的预算公式为：

$y=1\ 000+0.10x$

步骤四：确定制造费用各项目的预算公式

制造费用预算编制的方法，对于变动成本项目，在一般情况下，应以计划期的一定业务量为基础，来规划它们的具体预算数；对于固定成本项目，则大多根据基期的实际开支水平，再结合上级下达的成本降低率，进行预算编制。本实训假设基期所开支的各种成本费用项目均合理，即固定成本按基期数据编制，见表6-17。

表6-17　**20×9年制造费用相关数据表**　单位：元

一、固定成本	固定费用	单位变动费用
车间管理人员固定工资	70 500	
车间保险费	5 000	
车间设备折旧	20 000	
二、混合成本		
车间设备维修费	8 500	0.05
车间水电费	5 000	0.5
辅助材料费（混合成本）	1 000	0.1
三、变动成本		
辅助人员工资		4
检验人员工资		4
合　计	110 000	8.65

根据表6-17，可得出该公司20×9年制造费用预算的总公式为：

$y=110\ 000+8.65x$

步骤五：根据预计生产工时编制制造费用弹性预算

由于该公司预算期内生产工时为85 000小时，则在该生产工时下的制造费用总额为：

$y=110\ 000+8.65x=110\ 000+8.65\times 85\ 000=845\ 250$（元）

维修费用的预算公式为y=8 500+0.05x，因此当生产工时为85 000小时时，预算的维修费用为：

y=8 500+0.05×85 000=12 750（元）

分季度的制造费用预算表编制见表6-18。

表6-18 **分季度制造费用预算表** 金额单位：元

项目		季度				合计
		第一季度	第二季度	第三季度	第四季度	
预计生产工时（小时）		13 000	19 000	25 000	28 000	85 000
一、固定成本	成本标准					
管理人员工资	70 500					
保险费	5 000					
设备折旧	20 000					
设备维修费	8 500					
水电费	5 000					
辅助材料费	1 000					
小计	110 000	27 500	27 500	27 500	27 500	110 000
二、变动成本						
设备维修费	0.05	650	950	1 250	1 400	4 250
水电费	0.5	6 500	9 500	12 500	14 000	42 500
辅助材料费	0.1	1 300	1 900	2 500	2 800	8 500
辅助人员工资	4	52 000	76 000	100 000	112 000	340 000
检验人员工资	4	52 000	76 000	100 000	112 000	340 000
小计	8.65	112 450	164 350	216 250	242 200	735 250
合计		139 950	191 850	243 750	269 700	845 250
减：折旧		5 000	5 000	5 000	5 000	20 000
付现的制造费用		134 950	186 850	238 750	264 700	825 250

步骤六：撰写《制造费用预算编制实训报告》(见表6-19)

表6-19　**制造费用预算编制实训报告**

项目实训班级：0933501	项目小组：01	项目组成员：叶晓秀等
实训时间：20×8年12月15日	实训地点：多媒体教室	
实训目的： 熟悉制造费用的概念、成本的性态分类，掌握混合成本的分解，掌握弹性预算编制方法		
实训步骤： ①由项目组根据企业的成本费用资料对制造费用进行准确归类；②以小组为单位，对企业制造费用项目进行讨论分析，正确地分析固定成本、变动成本、混合成本；③由成员自己商量确定采用高低点法、散布图法、回归分析法等方法对混合成本进行分解，确定制造费用预算总公式；④由各成员采用公式法或列表法编制制造费用预算表并撰写《实训报告》		
实训结果： 编制企业20×9年制造费用预算		
制造费用预算编制的简单说明： 若预算期内的生产工时为85 000小时，则在该生产工时下的制造费用总额为845 250元，其中付现制造费用为825 250元。由于各季度的预计生产工时不同，因此各季度的制造费用总额也不一样。计划期内第一季度至第四季度的制造费用预算金额分别为139 950元、191 850元、243 750元、269 700元		
实训感言： 通过本实训，熟悉了制造费用的概念及制造费用的构成，掌握了成本性态划分方法及混合成本分解方法，掌握了制造费用预算编制的格式、步骤，进一步理解了对制造费用明细项目的预算数据的编制。这一切有助于理解和掌握预算编制方法的应用，有助于自己动手能力的提高		
关于"能力与道德领域"其他训练的补充说明： 实训前，我们对制造费用的含义、成本项目和混合成本分解方法进行了必要的预习，接受了指导老师对制造费用构成项目中的变动成本、固定成本、混合成本的分析判断以及对制造费用预算公式确定的培训。通过参加"知识准备"第(2)、(3)项的培训，我们了解了本章涉及的"专业能力"领域各技能点、"职业核心能力"和"职业道德"领域的"规范与标准"，克服了实训过程中对相关操作规范的盲目性。 实训过程中，我们全组同学在体验本章财务预算方法运用技能、财务预算编制技能和撰写关于"财务预算"的相应《实训报告》技能等"专业能力"基本训练的同时，也尝到了"信息处理""数字应用""与人交流"和"革新创新"等"职业核心能力"强化训练以及"职业理想""职业态度""职业作风"和"职业守则"等"职业道德"的相关训练的甜头。通过对这些相关问题的训练，我们的"学习迁移能力"和"可持续发展能力"将不断提高。通过对本课程和后续课程的同类学习和训练，我们在建构"职业胜任力"的过程中，也将不断增强自身的"职业核心能力"，不断提高自身的"职业道德"水平		
不足与改进：(略)		
附件：(略)		
指导老师点评：(略)		
项目组长签字：		指导教师签字：

6.6 参考答案与提示

教学互动6-1

引导提示

对于有关基本政策的预算，首先规定一个较长时期的平均投资利润率和平均正常运转率（即所谓“标准量”），然后再据以制定产品的标准价格。有了标准量和标准价格之后，就可根据有关资料对下年度的销售、资金、成本、利润、投资等作出估计，从而构成年度预算。

对于有关日常管理的预算，先根据过去三年的统计资料，并考虑未来年度的经济增长、经济循环变化、季节变化及保持均衡生产的需要、竞争形势等因素，确定“指标产量”（以相当于年度生产能力的一个百分数表示），再据以制定“指标价格”，然后根据各种定额作出下年度有关销售、生产、存货、采购、资金、成本、利润等全面预算。

教学互动6-2

引导提示

现金预算4季度末现金余额等于预计资产负债表的货币资金年末数；预计资产负债表的年末未分配利润等于年初未分配利润加预计利润表的净利润。

“6.2 客观题”参考答案

6.2.1 理论题

1）单项选择题

（1）C （2）D （3）B （4）C （5）B （6）C

2）多项选择题

（1）BCDE （2）ABCD （3）ABD （4）BCDE （5）ABE （6）ACDE

3）判断题

（1）√ （2）√ （3）√ （4）× （5）√ （6）√

6.2.2 实务题

1）单项选择题

（1）D （2）C （3）B （4）A （5）C （6）A

2）多项选择题

（1）ACE （2）BD （3）ABC （4）ACD （5）ABCDE （6）ACD

3）混合选择题

（1）B （2）A （3）B （4）ADE （5）ABC （6）ABC

4）判断题

（1）√ （2）× （3）√ （4）× （5）√ （6）√

6.2.3　案例题

1）A　2）A　3）ACD　4）C　5）ABD

6.2.4　实训题

1）单项选择题

（1）D　（2）A　（3）A　（4）C　（5）B　（6）D

2）多项选择题

（1）ABC　（2）ABC　（3）ABC　（4）AC　（5）ABC　（6）BC

“6.3　主观题”参考答案

6.3.1　理论题

参考答案：

1）简答题

（1）财务预算是指一系列专门反映企业未来一定预算期内预计的财务状况和经营成果，以及现金收支等价值指标的各种预算的总称，也称总预算。财务预算具体包括现金预算、预计利润表、预计资产负债表和预计现金流量表等内容。它可以起到规划、协调、控制、分配等作用。

（2）增量预算很容易掩盖低效率和浪费，一些原有的、已没有设立必要的项目很难压缩。零基预算由于不考虑以往会计期间所发生的费用项目或费用数额，而是将所有的预算支出均以零为出发点，可以不受现有费用项目和开支水平的限制，能够调动各方面降低费用的积极性。

（3）弹性预算是为克服固定预算方法的缺点而设计的，以业务量、成本和利润之间的依存关系为依据，以预算期可预见的各种业务量水平为基础而编制的，能够适应多种情况预算的一种方法。弹性预算具有预算范围宽和可比性强的优点。

2）理解题

（1）一是组建预算编制的组织机构，明确各部门在预算中的职责；二是明确预算编制应遵循的基本原则；三是确定预算编制的基本内容及基本流程；四是确定预算编制的基本程序与步骤。

（2）销售预算是反映企业预算期内各种商品或劳务的销售单价、销售数量和销售收入的预算。编制销售预算时，一般需要收集以下信息：一是预计企业各种产品的销售量、销售单价及销售收入；二是预计销售现金回笼情况，其目的是为编制现金预算提供必要的资料。

（3）所有项目都应该根据“期初余额+本期增加额-本期减少额=期末余额”的关系进行分析填列。当然，具体到某一项目时：应收账款可以根据销售预算资料分析填列；应付账款可以根据采购预算资料分析填列；存货要在充分考虑产成品、原材料、在产品等存货期末库存情况的基础上进行分析填列；固定资产要在考虑预算期内有无固定资产投资项目的基础上，根据特种经营预算等资料分析填列；未分配利润需要结合利润表中的盈利状况以及现金预算表中的利润分配情况进行分析填列。

6.3.2 实务题

参考答案：

1）规则复习

（1）预计生产量=预计销售量+预计期末存货量-预计期初存货量

（2）预计采购量=预计生产需要量+预计期末存货量-预计期初存货量

（3）预计直接人工成本=预计生产量×单位产品工时定额×单位工时工资率

2）业务解析

（1）全面预算的编制程序主要包括：下达目标；编制上报；审查平衡；审议批准；下达执行。

（2）编制预计财务报表最常用的方法是销售百分比法，在这种方法下，财务报表中的各种变量几乎都是由销售驱动的。根据预计财务报表各变量之间的关系，可分为以下四种变量：主变量，通常以销售收入作为主变量；政策变量，这些变量是由公司的政策决定的；技术变量，有些变量是由其与另一种变量的技术关系决定的；会计定义变量，这些变量与会计定义有关。

（3）现金预算包括现金流入量、现金流出量、现金净流量、现金筹措与运用等内容。

6.3.3 案例题

1）案例分析

分析提示：

（1）大亚湾核电站的预算管理功能是依靠公司各级成本中心组织机构实现的，其预算管理的组织机构见表6-20。

表6-20 **大亚湾核电站预算管理的组织机构表**

组织层次	组织部门	成本中心	负责人	预算员
决策层	董事会、执委会			
管理层	总经理部			
执行层	各级职能部门	财务部		
		部级成本中心	部长	配备兼职预算员
		处级成本中心	处长	配备兼职预算员
		科级成本中心	科长	配备兼职预算员
	临时项目	项目成本中心	项目负责人	配备兼职预算员

核电站的预算管理遵循“工作计划—预算编制—立项—承诺—支付—反馈—工

作计划”的管理循环，该循环体现了“上下结合、分级编制、逐级汇总”的编制程序。

（2）大亚湾核电站财务预算的事中控制、事后控制作用主要通过财务部每月或每年的信息反馈过程实现，具体方式如下：

①按月向总经理等管理层反馈。财务部成本处每月汇总编制《预算执行情况及成本分析月报》，分析预算及成本的执行情况，揭示发展趋势及重大异常现象，汇总公司生产经营、财务状况的重要信息及各成本中心的运作状况，报财务部经理、总经理部审核批示。

②按月向成本中心反馈。财务部成本处每月按成本中心提供预算监控报告，发送各级成本中心，以便各级成本中心掌握预算开支情况；了解各申请项目的具体执行情况，促使各项目按原计划日期及时完成并办理支付。

③每年年终进行年度分析。每年年终，财务部成本处根据预算年度成本执行状况编制《年度预算执行情况分析表》和《预算年度成本与往年同期成本费用对比分析表》，对年度内的预算管理工作进行考核，揭示成本控制工作的成绩与不足，并编制《年度预算控制回顾报告》，报财务部经理、总经理部审核批示。

公司执行“没有预算不能立项，没有立项不能承诺，没有承诺不能支付”这一不可逆过程。对于无预算的项目，各级成本中心预算协调员应先进行“预算变更申请单”的填制报批工作，批准后方可纳入预算执行。

（3）材料采购预算是反映预算期内各种直接材料消耗数量及采购金额的预算。它是以生产预算为基础编制的，包括材料需要量预算和采购预算两个部分。由于“预计采购量=生产需要量+期末库存量-期初库存量”“生产需要量=预计生产量×单位产品材料耗用量”，因此，大亚湾核电站在编制《材料采购预算编制与执行程序》时，需要采集预计生产量、预计材料存货量、单位产品材料消耗量和材料采购单价等资料。

为了便于编制现金预算，通常还要在《材料采购预算表》中预计各季度材料采购的现金支出。各季度材料采购的现金支出包括两部分：一是偿还上期应付账款；二是本期应支付的采购货款。

2）善恶研判

研判提示：

（1）出于对己方利益的考虑，会将本单位（部门）财务预算指标定在较低的水平上，以便员工能轻松完成目标，拿到效益工资。

（2）在单位或个人利益的驱动下，有部分预算责任单位或部门利用机会特别是结算环节隐匿或随意预提与摊销，抢占财务资源，并利用本单位的可控资源从事与集团利益不一致的活动。导致企业的短期目标发生扭曲，并与长期目标脱离。

（3）树立科学的财务预算管理理念；合理设置预算指标；增强预算编制的真实性与可靠性；坚持预算刚性原则等。

6.3.4　实训题

教学建议：

实训任务中的基本技能训练尽量要求全部在课堂内严格按照实训步骤分组一次完

成，“实训目标”“能力与道德领域”和“知识准备”等则可以在教师的辅导下，学生利用课余时间完成（其中：“职业核心能力”的“‘知识准备’参照范围”所列各项知识，学生可自行通过网络收集，并通过自学完成实训操练前的准备）。

“6.4 实训资料”参考答案

实训资料6.4.1

该企业4~6月份的现金预算表见表6-21。

表6-21 现金预算表 单位：元

项目 \ 月份	3月	4月	5月	6月
(1) 期初现金余额		7 000.00	5 200.00	5 600.00
(2) 经营现金收入	22 000.00	59 000.00	55 000.00	38 000.00
可运用现金合计	22 000.00	66 000.00	60 200.00	43 600.00
(3) 直接材料采购支出	18 200.00	38 500.00	26 600.00	37 100.00
(4) 直接工资支出		20 000.00	18 000.00	2 800.00
(5) 制造费用支出		3 500.00	4 000.00	5 000.00
(6) 其他付现费用		800.00	900.00	750.00
(7) 预计所得税				8 000.00
(8) 购置固定资产		20 000.00		
现金支出合计	18 200.00	82 800.00	49 500.00	53 650.00
(9) 现金余缺		-16 800.00	10 700.00	-10 050.00
(10) 向银行借款		22 000.00		16 000.00
(11) 偿还银行借款			5 000.00	
(12) 支付借款利息			100.00	
(13) 期末现金余额	3 800.00	5 200.00	5 600.00	5 950.00

实训资料6.4.2

A产品弹性利润预算可以根据“息税前利润=（单价-单位变动成本）×预计销售量-固定成本”这一计算公式来编制，见表6-22。

表6-22　**A产品弹性利润预算表**　金额单位：元

项　目	行　次	业务量1	业务量2	业务量3	业务量4	业务量5
销售量（件）	1	900	1 300	1 700	2 100	2 500
销售单价	2	100	100	100	100	100
单位变动成本	3	65	65	65	65	65
营业收入	4	90 000	130 000	170 000	210 000	250 000
减：变动成本	5	58 500	84 500	110 500	136 500	162 500
边际贡献	6	31 500	45 500	59 500	73 500	87 500
减：固定成本	7	8 000	8 000	8 000	8 000	8 000
息税前利润	8	23 500	37 500	51 500	65 500	79 500

实训资料6.4.3

1）长城公司2015年销售预算见表6-23。

表6-23　**长城公司2015年销售预算表**　金额单位：元

项　目		季　度				全　年
		第一季度	第二季度	第三季度	第四季度	
销售单价（元/件）	甲产品	100	100	110	100	102.50
	乙产品	120	120	120	110	117.50
预计销售量（件）	甲产品	800	900	1 200	1 000	3 900
	乙产品	600	700	1 000	1 200	3 500
预计销售收入	甲产品	80 000	90 000	132 000	100 000	402 000
	乙产品	72 000	84 000	120 000	132 000	408 000
	合计	152 000	174 000	252 000	232 000	810 000
增值税销项税额		25 840	29 580	42 840	39 440	137 700
含税销售收入		177 840	203 580	294 840	271 440	947 700

长城公司2015年经营现金收入预算见表6-24。

表6-24　**长城公司2015年经营现金收入预算表**　单位：元

项　目	季　度				全　年	年末应收账款余额
	第一季度	第二季度	第三季度	第四季度		
含税销售收入	177 840	203 580	294 840	271 440	947 700	
本期现销含税收入	106 704	122 148	176 904	162 864	568 620	108 576
期初应收账款回收	350 000	71 136	81 432	117 936	620 504	
经营现金收入合计	456 704	193 284	258 336	280 800	1 189 124	

长城公司2015年生产预算见表6-25。

表6-25　长城公司2015年生产预算表　单位：件

项目		季度				全年
		第一季度	第二季度	第三季度	第四季度	
甲产品	预计销售量	800	900	1 200	1 000	3 900
	加：预计期末存货量	90	120	100	110	110
	减：预计期初存货量	80	90	120	100	80
	预计生产量	810	930	1 180	1 010	3 930
乙产品	预计销售量	600	700	1 000	1 200	3 500
	加：预计期末存货量	70	100	120	130	130
	减：预计期初存货量	60	70	100	120	60
	预计生产量	610	730	1 020	1 210	3 570

长城公司2015年直接材料需用量预算见表6-26。

表6-26　长城公司2015年直接材料需用量预算表

项目			季度				全年
			第一季度	第二季度	第三季度	第四季度	
甲产品	材料消耗定额（千克/件）	A材料	5	5	5	5	5
		B材料	3	3	3	3	3
	预计生产量（件）		810	930	1 180	1 010	3 930
	预计生产需用量（千克）	A材料	4 050	4 650	5 900	5 050	19 650
		B材料	2 430	2 790	3 540	3 030	11 790
乙产品	材料消耗定额（千克/件）	A材料	6	6	6	6	6
		C材料	4	4	4	4	4
	预计生产量（件）		610	730	1 020	1 210	3 570
	预计生产需用量（千克）	A材料	3 660	4 380	6 120	7 260	21 420
		C材料	2 440	2 920	4 080	4 840	14 280

长城公司2015年直接材料采购预算见表6-27。

表6-27　　长城公司2015年直接材料采购预算表

项　目		季　度				全　年
		第一季度	第二季度	第三季度	第四季度	
A材料	材料采购单价（元）	10	10	12	12	11
	甲产品需用量（千克）	4 050	4 650	5 900	5 050	19 650
	乙产品需用量（千克）	3 660	4 380	6 120	7 260	21 420
	材料总需用量（千克）	7 710	9 030	12 020	12 310	41 070
	加：期末材料存量（千克）	1 806	2 404	2 462	2 660	2 660
	减：期初材料存量（千克）	1 550	1 806	2 404	2 462	1 550
	本期采购量（千克）	7 966	9 628	12 078	12 508	42 180
	材料采购成本（元）	79 660	96 280	144 936	150 096	470 972
B材料	材料采购单价（元）	8	8	8	8	8
	甲产品需用量（千克）	2 430	2 790	3 540	3 030	11 790
	材料总需用量（千克）	2 430	2 790	3 540	3 030	11 790
	加：期末材料存量（千克）	837	1 062	909	990	990
	减：期初材料存量（千克）	730	837	1 062	909	730
	本期采购量（千克）	2 537	3 015	3 387	3 111	12 050
	材料采购成本（元）	20 296	24 120	27 096	24 888	96 400
C材料	材料采购单价（元）	5	5	5	5	5
	乙产品需用量（千克）	2 440	2 920	4 080	4 840	14 280
	材料总需用量（千克）	2 440	2 920	4 080	4 840	14 280
	加：期末材料存量（千克）	876	1 224	1 452	1 560	1 560
	减：期初材料存量（千克）	735	876	1 224	1 452	735
	本期采购量（千克）	2 581	3 268	4 308	4 948	15 105
	材料采购成本（元）	12 905	16 340	21 540	24 740	75 525
预计材料采购成本合计（元）		112 861	136 740	193 572	199 724	642 897
增值税进项税额（元）		19 186	23 246	32 907	33 953	109 292
预计采购金额合计（元）		132 047	159 986	226 479	233 677	752 189

长城公司2015年直接材料采购现金支出预算见表6-28。

表6-28 **长城公司2015年直接材料采购现金支出预算表** 单位：元

项　目	季　度					年末应付账款
	第一季度	第二季度	第三季度	第四季度	全　年	
预计采购金额合计	132 047	159 986	226 479	233 677	752 189	93 471
本期采购现金支出	79 228	95 992	135 887	140 206	451 313	
期初应付账款	175 000	52 819	63 994	90 592	382 405	
现金支出合计	254 228	148 811	199 881	230 798	833 718	

长城公司2015年应交税费及附加预算见表6-29。

表6-29 **长城公司2015年应交税费及附加预算表** 单位：元

项　目	季　度				全　年
	第一季度	第二季度	第三季度	第四季度	
增值税销项税额	25 840	29 580	42 840	39 440	137 700
增值税进项税额	19 186	23 246	32 907	33 953	109 292
应交增值税	6 654	6 334	9 933	5 487	28 408
销售税金及附加	665.40	633.40	993.30	548.70	2 840.80
现金支出合计	7 319.40	6 967.40	10 926.30	6 035.70	31 248.80

长城公司2015年直接人工预算见表6-30。

表6-30 **长城公司2015年直接人工预算表** 金额单位：元

项　目		季　度				全　年
		第一季度	第二季度	第三季度	第四季度	
单位工时工资率（元/小时）		3	3	3	4	
甲产品	单位产品工时定额（小时/件）	3	3	3	2.60	2.90
	预计生产量（件）	810	930	1 180	1 010	3 930
	直接人工工时总数（小时）	2 430	2 790	3 540	2 626	11 386
	预计直接工资	7 290	8 370	10 620	10 504	36 784
	其他直接费用	1 021	1 172	1 487	1 471	5 151
	直接人工成本合计	8 311	9 542	12 107	11 975	41 935
	单位工时直接人工成本	3.42	3.42	3.42	4.56	3.68

续表

项　目		季　度				全　年
		第一季度	第二季度	第三季度	第四季度	
乙产品	单位产品工时定额（小时/件）	4	4	4	3.50	3.88
	预计生产量（件）	610	730	1 020	1 210	3 570
	直接人工工时总数（小时）	2 440	2 920	4 080	4 235	13 675
	预计直接工资	7 320	8 760	12 240	16 940	45 260
	他直接费用	1 025	1 226	1 714	2 372	6 337
	直接人工成本合计	8 345	9 986	13 954	19 312	51 597
	单位工时直接人工成本	3.42	3.42	3.42	4.56	3.77
合计	直接工资总额	14 610	17 130	22 860	27 444	82 044
	其他直接费用	2 046	2 398	3 201	3 843	11 488
	直接人工成本合计	16 656	19 528	26 061	31 287	93 532
预计福利费现金支出		1 739	2 038	2 721	3 267	9 765
直接人工成本现金支出合计		16 349	19 168	25 581	30 711	91 809

长城公司2015年制造费用预算见表6-31。

表6-31　**长城公司2015年制造费用预算表**　金额单位：元

变动性制造费用		固定性制造费用	
间接材料	8 000	管理人员工资	7 200
间接人工成本	6 000	折旧费	9 500
维修费	4 000	办公费	4 500
水电费	5 000	保险费	2 500
其他	3 000	租赁费	3 000
合计	26 000	其他	1 000
		合计	27 700
直接人工工时总数（小时）	25 061	减:折旧费	9 500
预算分配率=26 000÷25 061=1.04（元/小时）		现金支出合计	18 200
		各季支出数	4 550

长城公司2015年制造费用现金支出预算见表6-32。

表6-32　　长城公司2015年制造费用现金支出预算表　　金额单位：元

项　目		季　度				全　年
		第一季度	第二季度	第三季度	第四季度	
变动性制造费用分配率（元/小时）		1.04	1.04	1.04	1.04	1.04
直接人工工时（小时）	甲产品	2 430	2 790	3 540	2 626	11 386
	乙产品	2 440	2 920	4 080	4 235	13 675
	小　计	4 870	5 710	7 620	6 861	25 061
变动性制造费用	甲产品	2 527	2 902	3 682	2 731	11 842
	乙产品	2 538	3 037	4 243	4 404	14 222
	小　计	5 065	5 939	7 925	7 135	26 064
固定性制造费用		4 550	4 550	4 550	4 550	18 200
现金支出合计		9 615	10 489	12 475	11 685	44 264

长城公司2015年甲产品成本预算见表6-33。

表6-33　　长城公司2015年甲产品成本预算表

计划产量：3 930件　　金额单位：元

成本项目	单　价	单位用量	单位成本	总成本
直接材料				
A材料	11.00	5千克	55.00	216 150
B材料	8.00	3千克	24.00	94 320
小　计			79.00	310 470
直接人工	3.68	2.9小时	10.67	41 935
变动性制造费用	1.04	2.9小时	3.02	11 842
合　计			92.69	364 247
加：在产品及自制半成品期初余额				
减：在产品及自制半成品期末余额				
预计产品生产成本			92.69	364 247
加：产成品期初余额			93.00	7 440
减：产成品期末余额			92.69	10 196
预计产品销售成本			92.69	361 491

长城公司2015年乙产品成本预算见表6-34。

表6-34　**长城公司2015年乙产品成本预算表**

计划产量：3 570件　金额单位：元

成本项目	单　价	单位用量	单位成本	总成本
直接材料				
A材料	11.00	6千克	66.00	235 620
C材料	5.00	4千克	20.00	71 400
小　计			86.00	307 020
直接人工	3.77	3.88小时	14.63	51 597
变动性制造费用	1.04	3.88小时	4.04	14 222
合　计			104.67	372 839
加：在产品及自制半成品期初余额				
减：在产品及自制半成品期末余额				
预计产品生产成本			104.43	372 839
加：产成品期初余额			105.00	6 300
减：产成品期末余额			104.43	13 603
预计产品销售成本			104.43	365 536

长城公司2015年年末存货预算见表6-35。

表6-35　**长城公司2015年年末存货预算表**　金额单位：元

产成品存货	年初存货量（件）	年初存货成本	期末存货量（件）	单位成本	期末存货成本
甲产品	80	7 440	110	92.69	10 196
乙产品	60	6 300	130	104.67	13 603
小　计		13 740			23 799
材料存货	年初材料成本	本年材料采购成本	本期耗用材料成本		期末存货成本
			A产品	B产品	
A材料	15 500	470 972	216 150	235 620	34 702
B材料	5 840	96 400	94 320		7 920
C材料	3 675	75 525		71 400	7 800
小　计	25 015	642 897	310 470	307 020	50 422

2）长城公司2015年现金预算见表6-36。

表6-36　　长城公司2015年现金预算表　　单位：元

项　目	季　度				全　年	资料来源
	第一季度	第二季度	第三季度	第四季度		
一、期初现金余额	30 000	50 247.60	38 371.20	35 928.90		
二、现金收入合计	456 704	193 284	258 336	280 800	1 189 124	
经营现金收入	456 704	193 284	258 336	280 800	1 189 124	见表6-24
三、现金支出合计	326 456.40	235 010.40	320 328.30	310 874.70	1 192 669.80	
1.经营现金支出	306 456.40	205 010.40	270 328.30	300 874.70	1 082 669.80	
（1）采购直接材料	254 228	148 811	199 881	230 798	833 718	见表6-28
（2）支付直接人工	16 349	19 168	25 581	30 711	91 809	见表6-30
（3）支付制造费用	9 615	10 489	12 475	11 685	44 264	见表6-32
（4）支付销售费用	7 695	8 325	10 215	10 395	36 630	见表6-10
（5）支付管理费用	2 250	2 250	2 250	2 250	9 000	见表6-11
（6）支付增值税、销售税金及附加	7 319.40	6 967.40	10 926.30	6 035.70	31 248.80	见表6-29
（7）预交所得税	5 000	5 000	5 000	5 000	20 000	估计数
（8）预分股利	4 000	4 000	4 000	4 000	16 000	估计数
2.资本性现金支出	20 000	30 000	50 000	10 000	110 000	见表6-28
四、现金余缺	160 247.60	8 521.20	-23 621.10	5 854.20	26 454.20	
五、资金筹集运用	-110 000	29 850	59 550	49 550	28 950	
加：短期借款		30 000	60 000		90 000	
发行普通股				50 000	50 000	
减：支付借款利息		150	450	450	1 050	年利率2%
归还借款	100 000				100 000	3月末到期
购买有价证券	10 000				10 000	
六、期末现金余额	50 247.60	38 371.20	35 928.90	55 404.20		

3）长城公司2015年预计利润表见表6-37。

表6-37　**长城公司2015年预计利润表**　单位：元

项　目	金　额	资料来源
一、销售收入	810 000	
减：变动生产成本	727 027	
变动性销售费用	231 300	
销售税金及附加	2 840.80	
二、边际贡献	57 002.20	
减：固定性制造费用	27 700	
固定性销售费用	13 500	
管理费用	11 100	
财务费用	1 050	
三、利润总额	3 652.20	
减：所得税（25%）	913.05	
四、净利润	2 739.15	

4）长城公司2015年预计资产负债表见表6-38。

表6-38　**长城公司2015年预计资产负债表**　单位：元

资　产	年初数	年末数	资料来源	负债及所有者权益	年初数	年末数	资料来源
一、流动资产				一、负债			
货币资金	30 000	55 404.20		流动负债			
交易性金融资产	0	10 000		短期借款	0	90 000	
应收账款	350 000	108 576		未交所得税	0	−19 086.95	
存货	38 755	74 221		应付账款	175 000	93 471	
流动资产合计	418 755	286 201.20		应付股利	0	−16 000	
二、固定资产				应付职工薪酬	5 000	6 723	
固定资产原值	500 000	610 000		流动负债合计	180 000	155 107.05	
减:累计折旧	22 000	33 000		长期负债			
固定资产净值	478 000	577 000		长期借款	100 000	0	
固定资产合计	478 000	577 000		应付债券	0	0	
三、无形及其他非流动资产合计	1 600	1 000		长期负债合计	100 000	0	
四、长期资产合计	479 600	578 000		负债合计	280 000	155 107.05	
				二、所有者权益			
				实收资本	500 000	550 000	
				资本公积	10 000	10 000	
				盈余公积	20 000	20 000	
				未分配利润	88 355	91 094.15	
				所有者权益合计	618 355	671 094.15	
资产总计	898 355	826 201.20		负债及所有者权益总计	898 355	826 201.20	

第 7 章
财务控制

7.1 预习要览

7.1.1 内容提要与结构

1）内容提要

●财务控制具有以下特征：财务控制是一种价值控制；财务控制是一种综合性的控制；现金流量控制是财务控制的日常内容。财务控制具有预防性功能、侦查性功能、纠正性功能、指导性功能和补偿性功能。财务控制可以按照多种标准分类。财务控制的基本要素可划分为控制环境、目标设定、事件识别、风险评估、风险应对、控制活动、信息与沟通、监控八个部分。财务控制的方式主要有：授权控制、职务分离控制、全面预算控制、财产保全控制、独立检查控制、业绩评价。

●责任中心是指具有一定的管理权限、承担一定的经济责任、享有一定的权力和利益的企业内部单位。责任中心可以分为成本中心、利润中心和投资中心。

●责任预算是以责任中心为主体，以其可控成本、收入、利润和投资等为对象编制的预算。责任会计以责任预算为基础，对责任预算的执行情况进行系统的反映，以实际完成情况同预算目标对比，可以评价和考核各个责任中心的工作成果。责任中心的业绩考核应通过编制责任报告来完成。

2）内容结构

本章内容结构如图 7-1 所示。

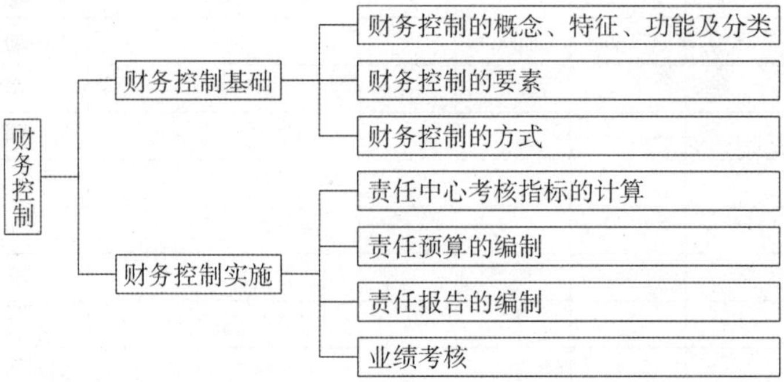

图 7-1　本章内容结构

7.1.2　主要概念和观念

（1）主要概念

财务控制　预防性功能　侦查性功能　纠正性功能　指导性功能　补偿性功能　一般控制　应用控制　事前控制　事中控制　事后控制　出资者财务控制　经营者财务控制　财会部门财务控制　预算控制　制度控制　收支控制　货币资金控制　定额控制　定率控制　控制环境　事件　风险评估　控制活动　信息　沟通　监控　授权控制　一般授权　特别授权　职务分离控制　全面预算控制　独立检查控制　业绩评价　责任中心　成本中心　技术性成本　酌量性成本　利润中心　自然利润中心　人为利润中心　投资中心　投资利润率　剩余收益　责任预算　责任报告　业绩考核

（2）主要观念

财务控制基础　财务控制实施

7.1.3　重点与难点

1）重点理论

财务控制的特征、功能、分类与要素　责任中心的特征　成本中心、利润中心及投资中心的类型与特点

2）重点实务

财务控制各种方式的方法、内容与要求　各类型责任中心的考核指标与计算方法　责任预算与责任报告的编制　责任中心业绩考核的要求　相关"业务链接"

3）重点操作

责任中心考核指标的计算　责任预算的编制　责任报告的编制

4）难点

责任中心各类型考核指标与计算方法　责任预算与责任报告的编制

7.1.4　主要公式

1）成本（费用）变动额计算公式

成本（费用）变动额=实际责任成本（费用）-预算责任成本（费用）

2）成本（费用）变动率计算公式

$$成本（费用）变动率=\frac{成本（费用）变动额}{预算责任成本（费用）}\times 100\%$$

3）利润中心边际贡献总额计算公式

利润中心边际贡献总额=该利润中心销售收入总额-该利润中心可控成本总额

4）投资利润率计算公式

$$投资利润率=\frac{利润}{投资额}\times 100\%$$

5）剩余收益计算公式

剩余收益=利润-投资额×预期最低投资报酬率

6）总资产平均占用额计算公式

总资产平均占用额=（期初总资产余额+期末总资产余额）÷2

7.2 客观题

7.2.1 理论题

1）单项选择题

（1）（　　）既要防止因货币资金短缺而可能出现的支付危机，也要防止因货币资金沉淀可能出现的机会成本增加。

A.收支控制　　B.货币资金控制

C.定额控制　　D.定率控制

（2）在集权组织结构下，责任预算是（　　）的。

A.自下而上，层层汇总　　B.自上而下，层层分解

C.自下而上，层层分解　　D.自上而下，层层汇总

（3）通过编制现金预算、预计资产负债表、预计利润表等财务预算，对企业的财务活动施加影响和调节，最终保证财务预算顺利完成，这反映的是财务控制的（　　）特征。

A.财务控制是一种价值控制

B.财务控制是一种综合性的控制

C.现金流量控制是财务控制的日常内容

D.财务控制是对企业利润进行的控制

（4）（　　）是指财务控制可以有效地防范风险、错弊和非法行为的发生，或减少其发生的概率。

A.侦查性功能　　B.纠正性功能

C.指导性功能　　D.预防性功能

（5）（　　）是为了实现企业财务预算目标，而对企业及各责任中心的财务收支活动所进行的监控。

A.财会部门财务控制　　B.经营者财务控制

C.出资者财务控制　　D.结果控制

（6）（　　）是指具有一定的管理权限、承担一定的经济责任、享有一定的权力和利益的企业内部单位。

A.责任中心　　B.成本中心

C.利润中心　　D.投资中心

2）多项选择题

（1）财务控制的原则包括（　　）。

A.经济性原则　　B.协调性原则

C.简明性原则　　D.认同性原则

E.重要性原则

（2）财务控制的要素包括（　　）。

A.控制环境　　B.风险评估

C.信息与沟通　　D.监控

E.人员控制

（3）常见的不相容职务包括（　　）。

A.业务授权与执行职务相分离　　B.经营责任与记账责任相分离

C.记录总账与明细账职务相分离　　D.业务执行与记录职务相分离

E.现金的保管与记录现金日记账的职务相分离

（4）下列各项中，属于责任中心特征的有（　　）。

A.是企业内部一个责、权、利相结合的相对独立的实体

B.应当具有承担经济责任的条件

C.所承担的责任和行使的权力都是可控的

D.应具有相对独立的经济业务和财务收支活动

E.责任中心是一个法人

（5）下列属于利润中心考核指标的有（　　）。

A.投资报酬率　　B.利润中心可控利润总额

C.利润中心边际贡献总额　　D.利润中心负责人可控利润总额

E.应收账款周转率

（6）一般情况下，下列属于成本中心可控成本的是（　　）。

A.车间耗用的原材料

B.车间管理人员工资

C.车间使用固定资产的折旧费

D.车间耗用电力而从供电车间分配转入的电费

E.销售部门使用固定资产的折旧费

3）判断题

（1）财务控制系统是最具有连续性、系统性和综合性的子系统，它是以综合经济业务为控制对象的。（　　）

（2）独立检查的主要目的是预防和及时发现职工在履行职责过程中产生的错误和舞弊行为。（　　）

（3）工业企业的大多数成本中心都可以转化为人为利润中心，人为利润中心不需要具有相对独立的经营权。（　　）

（4）绩效报告是根据责任会计记录编制的反映责任预算实际执行情况，揭示责任预算与实际执行差异的内部会计报告。（　　）

（5）人为利润中心的特点是：具有产品销售权、价格制定权、材料采购权和生产决策权。（　　）

（6）凡是有成本费用发生，对成本费用负责，并能单独进行成本核算的部门都可以成为一个成本中心。（　　）

7.2.2 实务题

1）单项选择题

（1）甲利润中心常年向乙利润中心提供劳务，如果其今年使用的内部结算价格比去年有所提高，下列说法正确的是（　　）。

A.企业的总利润有所减少　　B.乙中心取得了更多的内部利润

C.企业的总利润有所增加　　D.甲中心取得了更多的内部利润

（2）在其他条件不变的情况下，总厂提高了某下级分厂生产产品的内部转移价格，其结果是（　　）。

A.企业总体的利润水平下降　　B.企业总体的利润水平不变

C.该分厂的利润水平下降　　D.该分厂的利润水平不变

（3）若使投资中心的剩余收益大于零，则该中心的投资利润率必定是（　　）。

A.小于最低投资报酬率　　B.大于最低投资报酬率

C.大于销售利润率　　D.小于最低销售利润率

（4）利润中心与投资中心的主要区别是它没有（　　）。

A.投资决策权　　B.产品销售权

C.价格制定权　　D.材料采购权

（5）约束性固定成本不受管理当局短期经营决策行动的影响。下列各项中，不属于企业约束性固定成本的是（　　）。

A.厂房折旧　　B.新产品研究开发费用

C.高管人员基本工资　　D.厂房租金支出

（6）不论利润中心是否计算共同成本或不可控成本，都必须考核的指标是（　　）。

A.利润中心的剩余收益　　B.利润中心的边际贡献总额

C.利润中心的可控利润总额　　D.利润中心负责人的可控利润总额

2）多项选择题

（1）财务控制的方式主要包括（　　）。

A.授权审批控制　　B.职务分离控制

C.全面预算控制　　D.财产保全控制

E.生产安全控制

（2）以下各项中，有可能对剩余收益指标产生影响的是（　　）。

A.责任中心的投资报酬率　　B.企业最低投资报酬率

C.企业最高投资报酬率　　D.责任中心的不可控成本

E.企业短期偿债能力

（3）一个有效的独立检查控制应当满足的条件有（　　）。

A.检查工作由一个和原业务活动、记录、保管相独立的人员来执行

B.财务权力的行使必须接受定期独立检查

C.错误和例外必须被迅速传达给有关人员以便更正

D.不管采用全部复核还是抽样复核，复核工作都须经常进行

E.股东的市场价值总额不变

（4）下列表述中，正确的说法是（　　）。

A.某一责任中心的不可控成本，对另一个责任中心来说则可能是可控的

B.低层次责任中心的不可控成本，对于较高层次的责任中心来说，一定是可控的

C.高层次责任中心的不可控成本，对于较低层次的责任中心来说，一定是不可控的

D.某些从短期看属不可控的成本，从长期来看，可能又成为可控成本

E.责任中心的成本可分为不可控成本和可控成本

（5）下列关于责任中心的说法正确的是（　　）。

A.利润中心无投资决策权，投资中心有投资决策权

B.考核利润中心业绩时不进行投入产出的比较，考核投资中心业绩时要进行投入产出的比较

C.考核利润中心业绩时要进行投入产出的比较，考核投资中心业绩时不进行投入产出的比较

D.投资中心是利润中心，但是利润中心不一定是投资中心

E.投资中心不一定是利润中心

（6）利润中心成本的计算方法有（　　）。

A.不负担共同成本法　　B.负担共同成本法

C.完全成本法　　D.变动成本法

E.作业成本法

3）混合选择题

（1）投资利润率可以进一步分解为三个相对数指标之积，它们不包括（　　）。

A.销售成本率　　B.销售利润率

C.资本周转率　　D.成本费用利润率

（2）下列各项中，不影响部门剩余收益的是（　　）。

A.销售收入　　B.投资额

C.支付股利　　D.资本成本率

（3）为了划分各责任中心的成本责任，使不应承担损失的责任中心在经济上得到合理补偿，必须实施（　　）。

A.内部仲裁　　B.内部结算

C.责任成本结转　　D.责任成本考核

（4）投资利润率等于（　　）的乘积。

A.资本周转率　　B.销售成本率

C.销售利润率　　D.成本费用利润率

E.净资产收益率

（5）成本中心的考核指标计算正确的有（　　）。

A.成本（费用）变动额=实际责任成本（费用）-预算责任成本（费用）

B.成本(费用)变动率= $\frac{\text{成本(费用)变动额}}{\text{预算责任成本(费用)}}\times100\%$

C.利润中心边际贡献总额=该利润中心销售收入-该利润中心可控成本

D.投资利润率=$\frac{利润额}{投资额}\times100\%$

E.剩余收益=利润-最低投资收益额

(6) 全面预算应注意以下环节（　　）。

A.建立预算体系　　B.预算的编制和审定

C.预算执行的授权　　D.预算差异的分析与调整

E.预算业绩的考核

4）判断题

(1) 财务控制的最终效率取决于是否有切实可行的奖罚制度，以及是否严格执行这一制度。（　　）

(2) 若成本（费用）变动额、成本（费用）变动率均大于零，则表明实际成本大于预算成本。（　　）

(3) 通过编制责任预算可以明确各责任中心的责任，通过与企业总预算保持一致性，可以确保责任预算的实现。（　　）

(4) 无论哪种责任中心的业绩考核，都必须重事实、重原因、重奖罚，不能走过场。（　　）

(5) 在计算成本（费用）变动额时，如果实际产量与预算产量不一致，应按实际产量计算。（　　）

(6) 利润中心是比成本中心高一层次的责任中心，其责、权、利相对于成本中心要大一些。（　　）

7.2.3 案例题

汉斯公司的财务控制

汉斯公司是总部设在德国的大型包装品供应商，它按照客户要求制作各种包装袋、包装盒等，其业务遍及西欧各国。欧洲经济一体化使公司可以自由地从事跨国业务。出于降低信息和运输成本、占领市场、适应各国不同税收政策等的考虑，公司采用了在各国商业中心城市分别设厂，由一个执行部集中管理一国境内各工厂生产经营的组织和管理方式。由于各工厂资产和客户（即收益来源）的地区对应性良好，公司决定将每个工厂都作为一个利润中心，采用总部→执行部→工厂两层次、三级别的财务控制方式。

各工厂作为利润中心，独立地进行生产、销售及相关活动。公司对它们的控制主要体现在预算审批、内部报告管理和协调会三个方面。

预算审批是指各工厂的各项预算由执行部审批，执行部汇总后的地区预算交由总部审批。审批意见依据历史数据及市场预测作出，在尊重工厂意见的基础上体现公司的战略意图。

内部报告及其管理是公司实施财务控制最主要的手段。内部报告包括利润表、费用报告、现金流量报告和顾客利润分析报告。前三者每月呈报一次，顾客利润分析报告每季度呈报一次。公司通过内部报告能够全面了解各工厂的业务情况，并且对照预算作出相应的例外管理。

其中，费用按制造费用、管理费用、销售费用等项目进行核算，偏离分析及相应措施偏高额度的大小由不同层级决定。偏高额度较小的由工厂作出决定，执行部提出相应意见；偏高额度较大的由执行部作出决定，总部提出相应意见。额度大小的标准依费用项目的不同而有所差别。

顾客利润分析报告列出了各工厂所拥有的最大的10位客户的情况，其排列次序以工厂经营所获得的利润为准。

其中，产品类型和批量是为了了解客户的主要需求，批量固定成本是指生产的准备成本和运输成本等，按时交货率和产品质量评级从客户处取得。同时，针对每个客户，还要算出销售利润率。最后，报告将记载最大的10位客户的营业利润占总营业利润的百分比。由此，公司可以掌握各工厂的成本发生与利润取得情况，以便有针对性地加以控制；也可以掌握其主要客户的结构和需求情况，以便实时调整生产以适应市场变化。

根据以上内部报告，公司执行部每月召开一次工厂经理协调会，处理部分预算偏差，交换市场信息和成本降低经验，发现并解决本执行部存在的主要问题。公司每季度召开一次执行部总经理会议，处理重大预算偏离或作出相应的预算修改，对近期市场进行预测，考察重大投资项目的执行情况，调剂内部资源。同时，总部要对各执行部业绩按营业利润的大小作出排序，并与其营业利润的预算值和上年同期值作比较。

其中，去年同期排序反映了该执行部去年同期在营业利润排序中的位置。比较的主要目的是考察各执行部的预算完成情况和其自身的市场地位变化。

汉斯公司的财务控制制度具有以下两个特点：

第一，实现了集权与分权的巧妙结合，散而不乱，统而不死。各工厂直接面对客户，能够迅速地根据当地市场变化作出经营调整；作为利润中心，其决策权相对独立，避免了集权形式下信息在企业内部传递可能给企业带来的决策延误，分权经营具有反应的适时性和灵活性。公司通过预算审批、内部报告管理和协调会，使得各工厂的经营处于公司总部的控制之下，相互间可以共享资源、协调行动，以发挥企业整体的竞争优势。其中，执行部起到了承上启下的作用，它处理了一国境内各工厂的大部分相关事务，加快了问题的解决，减轻了公司总部的工作负担。相对于公司总部来说，执行部对于各工厂的情况更了解，只需掌握一国的市场情况与政策法规，因而决策更有针对性，实施更快捷。另外，协调会对防止预算的僵化、提高公司反应的灵活性也起到了关键性作用。

第二，内部报告的内容突破了传统财务会计数据的范围，将财务指标和业务指标有机地结合起来。在顾客利润分析报告中，引入了产品类型、按时交货率、产品质量评级等反映顾客需要及满意程度的非财务指标；在费用报告中，也加入了偏离分析、改进措施及相应意见等内部程序和业务测评要素。这使得各工厂在追求利润目标的同时要兼顾顾客需要（服务的时效、质量）和内部组织运行等业务目标；既防止了短期行为，又提高了企业的综合竞争力。财务指标离开了业务基础将只是抽象的数字，并且可能对工厂行为产生误导；只有将两者有机地结合起来，才能真正发挥财务指标应有的作用。

实践证明，汉斯公司的财务控制制度是切实有效的。其下属工厂在各自所处的商业中心城市的包装品市场上均占有较大的份额，公司的销售收入和利润呈现稳定增长的态势。公司总部也从繁琐的日常管理中解脱出来，主要从事战略决策、公共关系、内部资源协调、重大筹资投资等工作，公司内部资源在科学地调配下发挥了极大的潜能。

请根据案例在下列题目中填入适当选项：

1）汉斯公司对各工厂的控制主要体现在（　　）三个方面。

A.业绩报告　　B.预算审批

C.内部报告管理　　D.协调会

E.生产产品

2）汉斯公司的财务控制制度的特点有（　　）。

A.实现了集权与分权的巧妙结合

B.内部报告的内容将财务指标和业务指标有机地结合起来

C.采用总部集权的方式控制

D.内部报告仅仅考虑财务指标

E.注重产量和质量的提高

3）汉斯公司的各工厂被作为一个（　　）。

A.利润中心　　B.成本中心

C.投资中心　　D.以上答案都不对

4）财务控制是一种综合性的控制，是指（　　）。

A.当发现现金流量出现异常情况时，要引起重视，必要时应采取相应手段，对现金流量进行干预，以纠正偏差

B.以现金预算为依据，经常考核企业的现金流量状况

C.将不同部门、不同层次、不同岗位的多项业务活动综合起来，实行目标控制，使各个环节、企业的各个部门，都以企业目标为中心展开向心运动

D.利用价值尺度，通过编制现金预算、预计资产负债表、预计利润表等财务预算，对企业的财务活动施加影响和调节，最终保证财务预算顺利完成

5）可以作为利润中心考核指标的是（　　）。

A.利润中心的边际贡献　　B.利润中心负责人可控利润总额

C.利润中心的可控利润总额　　D.成本（费用）变动率

E.成本（费用）变动额

7.2.4　实训题

就“职业道德”相关领域的“规范与标准”“职业核心能力”和“专业能力”各技能点的“规范与标准”（参见“操练题”的“能力与道德领域”），以及“职业核心能力强化训练‘知识准备’参照范围”（参见“附录一”），在下列题目中填入正确的选项：

1）单项选择题

（1）不属于“自我学习（中级）”能力的“规范与标准”的是（　　）。

A.能明确提出多个学习目标，列出实现各目标的行动要点，确定实现目标的计划，并运筹时间

B.能开展学习和活动，通过简单的课程和技能训练，提高工作能力
C.能证明取得的学习成果，并能将学到的东西用于新的工作任务
D.能对学习情况提出看法、改进意见和提高学习能力的设想
（2）“与人合作（中级）”能力的技能点是（　　）。
A.理解合作目标、执行合作计划、检查合作效果
B.进行数据计算
C.制订合作计划、完成合作任务、改善合作效果
D.调整合作目标、控制合作进程、达到合作目标
（3）“解决问题（中级）”能力的“基本要求”是（　　）。
A.能确定方法，实施检查，说明结果，利用经验解决新问题
B.具备进入工作岗位最基本的解决问题的能力，在常规条件下能根据工作的需要，解决一般简单和熟悉的问题
C.在工作岗位上表现出较强的解决问题的能力，在多种资源条件下，根据工作需要解决复杂和综合性的问题
D.在有限的资源条件下，根据工作岗位的需要，解决较复杂的问题
（4）“自我学习（中级）”能力的“基本要求”是（　　）。
A.主要用理解式接受法，对有兴趣的任务可以用发现法掌握知识信息；在更广泛的工作范围内灵活运用这些能力，以适应工作岗位各方面的需要
B.具备学习的超强能力，在特殊条件下能运用这些能力适应工作和学习要求
C.能较熟练灵活地运用各种学习方法在最短时间内掌握急需知识信息；能广泛地搜集、整理、开发和运用信息，善于学习、接受新的事物，以适应复杂工作和终身发展的要求
D.具备学习的基本能力，在常规条件下能运用这些能力适应工作和学习要求
（5）“责任报告编制技能”的“规范与标准”有（　　）。
A.分析问题、提出问题，实施计划、解决问题，验证方案、改进计划
B.能正确编制责任报告
C.能较规范撰写所述《实训报告》
D.能正确编制责任预算
（6）属于“职业良心”的“规范与标准”的是（　　）。
A.对职业或职业模拟有愉快的主观体验、稳定的情绪表现、健康的心态、良好的心境，具有强烈的职业认同感、职业荣誉感和职业敬业感
B.在履行职业义务时具有强烈的道德责任感和较高的自我评价能力
C.对将要从事的职业种类、职业方向与事业成就有积极的向往和执着的追求
D.爱岗敬业，诚实守信，廉洁自律，客观公正，坚持原则，提高技能，参与管理，强化服务
2）多项选择题
（1）“财务控制”这一“专业能力领域”包括的技能点有（　　）。
A.责任中心考核指标计算

B.责任预算编制
C.能按照财务控制程序制定工作任务
D.能根据环境因素的变化做好企业的财务控制决策工作
E.能用专业术语正确分析财务控制的环境因素对企业财务控制决策的影响
(2)“责任中心考核指标计算技能”的“规范与标准”有（　　）。
A.能正确掌握责任中心的含义
B.能正确计算成本中心的考核指标
C.能正确计算利润中心的考核指标
D.能通过资产负债表、利润表、现金流量表的对应关系，对企业报表的真实性、完整性、可靠性作出判断
E.能通过资产负债表、利润表、现金流量表的对应关系，对企业报表的真实性、完整性、可靠性作出判断
(3)“责任预算编制技能”的“规范与标准”有（　　）。
A.能借助因素分析法等财务分析方法对引起某些指标变化的原因进行深入分析，得出相应的分析结论
B.能正确掌握责任预算的含义
C.能正确编制责任预算
D.能根据需要写出比较规范的《财务控制调研报告》
E.能充分认识环境变化可能给企业财务控制带来的不同影响
(4) 属于“解决问题（中级）”能力的“规范与标准”的是（　　）。
A.能用几种常用的办法理解问题，确立目标，提出对策或方案
B.能准备、制订和实施被人认可并具有一定可行性的计划
C.能寻找方法，实施检查，鉴定结果，提出改进方式
D.能描述问题，确定目标，提出并选择较佳方案
E.能确定方法，实施检查，说明结果，利用经验解决新问题
(5) 属于“与人合作（中级）”能力的“规范与标准”的是（　　）。
A.能与他人协同工作，处理合作过程中的矛盾
B.能判断合作障碍，表达不同意见，接受批评建议，弥补双方失误
C.能及时全面检查工作成效，不断改善合作方式
D.能接受上级指令，准确、顺利地执行合作计划
E.制订合作计划
(6)“自我学习（中级）”能力的技能点是（　　）。
A.确定中期学习目标
B.实施中期学习计划
C.检查学习进度
D.能明确学习动机和目标，并计划时间、寻求指导
E.能对学习情况提出看法、改进意见和提高学习能力的设想

7.3 主观题

7.3.1 理论题

1）简答题

（1）投资利润率指标作为投资中心的考核指标有哪些优缺点？

（2）剩余收益指标有哪些特点？

（3）什么是业绩考核？

2）理解题

（1）财务控制的方式主要有哪几种类型？

（2）投资中心与利润中心有哪些区别？

（3）责任中心具有哪些特征？

7.3.2 实务题

1）规则复习

（1）成本中心有哪些考核指标？其计算公式是什么？

（2）某利润中心税前利润的计算公式是什么？

（3）投资中心的考核指标主要有哪些？其计算公式是什么？

2）业务解析

（1）企业建立授权控制体系需注意哪些问题？

（2）一个有效的独立检查控制应当满足哪些条件？

（3）责任预算和责任报告有何不同？

7.3.3 案例题

1）案例分析

追加投资决策分析

背景与情境：

某企业下设A投资中心和B投资中心。两投资中心均有一投资方案可供选择，预计产生的影响见表7-1。

表7-1 **投资中心信息表** 单位：万元

项目	A投资中心		B投资中心	
	追加投资前	追加投资后	追加投资前	追加投资后
投资额	50	100	100	150
息税前利润	4	8.6	15	20.5
剩余收益	−1		5	

问题：

（1）计算预期息税前利润率。

（2）分别计算两个投资中心追加投资后的剩余收益。

（3）如果你是该企业的负责人，你将如何决定两个投资中心是否应追加投资？

分析要求：

（1）形成性要求

①学生根据案例中提出的问题，分别拟定《案例分析提纲》；进行小组讨论，形成小组《案例分析报告》；班级交流并修订小组《案例分析报告》，教师对经过交流和修改的各小组的《案例分析报告》进行点评；在班级内展出附有“教师点评”的小组优秀《案例分析报告》，供学生研究借鉴，并将其纳入本校该课程的教学资源库。

②了解“附录二”中附表2-1“形成性考核”的“考核指标”与“考核内容”。

（2）成果性要求

①案例课业要求：以经班级交流和教师点评的《案例分析报告》为最终成果。

②课业的结构、格式与体例要求：参照“课业范例”的范例7.5.1。

③其他要求：了解“附录二”中附表2-1“课业考核”的“考核指标”与“考核内容”。

2）善恶研判

中国航油（新加坡）集团财务伦理执行

背景与情境：

（1）融资活动

2004年10月20日，中国航油集团（以下简称“中航油”）提前实施了本准备在年底进行的股份减持，将所持75%股份中的15%折价配售给部分机构投资者。此次配售以购买新加坡石油公司股份的名义进行，但事实上中航油管理层已经决定放弃这次收购。此次配售筹得1.08亿美元，全部贷给上市公司用于补仓。然而，直至11月30日向法院申请破产保护之前，公众和投资者一直被蒙在鼓里。中航油集团没有向买家披露公司已因卖空期权将面临上亿美元亏损，也没有向投资者和公众宣布15%股份配售所获资金目标用途的更改。

（2）投资活动

中航油的长期战略不是成为一家从事期货投机赚钱的企业，而是成为一个在航油现货交易中具有扎实基础的实业企业。但是，在2003年，中航油来自企业收购以及其他投资的回报已占公司税前盈利的68%，航油进口和国际石油业务交易才占业务的16%。也就是说，“非经常性损益”远超过了“经常性损益”。中航油垄断了航空油料的进口。据报道，中航油以高于日本航油价格60%、新加坡航油价格2.5倍、国际平均航油价格1倍多向国内航空公司供销航油，获取暴利。这种因为行政行为而形成的行业垄断导致社会财富和社会福利向垄断者一方转移，垄断者通过行政权利向国家和社会“合法寻租”，这种赚取暴利的行为实质上是将公众利益私利化。

（3）分配活动

新加坡《联合早报》报道，陈久霖2002年收入达490万元新币，折合人民币2 350

万元，成为整个新加坡的“打工皇帝”。2003薪酬方案规定，陈久霖的年薪仍由三部分组成：基本工资4 851万元，3个月花红12万元，外加集团利润分成。公司的税前盈利部分，头2 000万元内不予分成；接下来的2 000万元至4 000万元，分成比例为7%；下一个2 000万元，分成比例为8%；再下来的2 000万元，分成比例为9%；超过8 000万元部分，分成比例为10%。中航油在2000年3月即正式下发文件，要求包括参股企业在内的所有下属公司在未来几年进口航油必须通过中航油。2001年10月，总公司又再次承诺决不撤销以往的进口安排，从而保证了中航油获取高额的垄断利润。因此，中航油的利润直接源于垄断权带来的利益重新分配，而非创造的新价值，那么陈久霖为此拿到的巨额回报，是否不太合理？

（资料来源：李昕.国有企业财务伦理与内部财务控制相关性研究［D］.南京航空航天大学硕士论文，2009.）

问题：

（1）本案例中存在哪些道德伦理问题？

（2）试对上述问题作出你的善恶研判。

（3）企业如何加强财务伦理规范体系建设？

研判要求：

（1）形成性要求

①学生分析案例提出的问题，拟出《善恶研判提纲》；小组讨论，形成小组《善恶研判报告》；班级交流、相互点评和修订各组的《善恶研判报告》；在校园网的本课程平台上展出经过修订并附有教师点评的各组《善恶研判报告》，供学生借鉴。

②了解本教材“附录二”的附表2中“形成性训练与考核”的“参照指标”与“参照内容”。

（2）成果性要求

①课业要求：以经过班级交流和教师点评的《善恶研判报告》为最终成果。

②课业结构、格式与体例要求：参照本《训练手册》“课业范例7.5.2”。

③了解本教材“附录二”的附表2中“课业训练与考核”的“参照指标”与“参照内容。”

7.3.4　实训题

“财务控制”业务胜任力训练

【实训目的】

见主教材本章“章名页”之“学习目标”中的“实训目标”。

【实训内容】

专业能力训练：其“领域”“技能点”“名称”和“参照规范与标准”见表7-2。

职业核心能力和职业道德训练：其内容、种类、等级与选项见表7-3。

【组织形式】

将班级学生分成若干实训小组，根据实训内容和项目需要进行角色划分。

表 7-2　　专业能力训练领域、技能点、名称及其参照规范与标准

能力领域	技能点	名称	参照规范与标准
财务控制	技能I	责任中心考核指标计算技能	1）能正确掌握责任中心的含义。 2）能正确计算成本中心的考核指标。 3）能正确计算利润中心的考核指标。 4）能正确计算投资中心的考核指标
	技能II	责任预算编制技能	1）能正确掌握责任预算的含义。 2）能正确编制责任预算
	技能III	责任报告编制技能	1）能正确掌握责任报告的含义。 2）能正确编制责任报告
	技能Ⅳ	撰写关于“财务控制”的相应《实训报告》技能	1）能合理设计关于“财务控制”的相应《实训报告》,其结构、层次较分明。 2）能较规范撰写所述《实训报告》。 3）本教材网络教学资源包中《学生考核手册》考核表 7-2 所列各项“考核指标”和“考核标准”

表 7-3　　职业核心能力与职业道德训练内容、种类、等级与选项表

内容	职业核心能力							职业道德						
种类	自我学习	信息处理	数字应用	与人交流	与人合作	解决问题	革新创新	职业观念	职业情感	职业理想	职业态度	职业良心	职业作风	职业守则
等级	中级			中级	中级	中级	中级		认同级	认同级	认同级	认同级	认同级	认同级
选项	√			√	√	√	√		√	√	√	√	√	√

【实训任务】

对表 7-2 所列专业能力领域各技能点，依照其“参照规范与标准”实施阶段性基本训练。

【实训要求】

（1）实训前，学生要了解并熟记本实训的“实训目的”“能力与道德领域”“实训任务”与“实训要求”，了解并熟记本教材网络教学资源包中《学生考核手册》考核表 7-1 和考核表 7-2 中的“考核指标”与“考核标准”的内涵，将其作为本实训的操练点和考核点来准备。

（2）通过“实训步骤”，将“实训任务”所列三种训练整合到本实训的“活动过程”和“成果形式”中。

（3）实训后，学生要对本次“财务控制”的实训活动进行总结，在此基础上撰写关于“财务控制”的相应《实训报告》。

【情境设计】

将学生分成若干实训组，各组从“实训课业”题目中任选其一，结合题目内容和本章相关“实训资料”，进行关于“财务控制”的实训。各实训组通过参与和体验所述项目的运作，实训任务的完成，以及相应《实训报告》的准备、撰写、讨论与交流等实践活动，完成各自实训任务。

【指导准备】

知识准备：

（1）“财务控制”的理论与实务知识。

（2）“附录一”附表1的“知识准备”中，与本章“职业核心能力‘强化训练项’”各技能点相关的“‘知识准备’参照范围”。

（3）“附录二”附表2-2、附表2-3中，涉及本章“职业核心能力领域‘强化训练项’”各技能点和“职业道德领域‘相关训练项’”的“规范与标准”知识。

操作指导：

（1）教师向学生阐明“实训目的”“能力与道德领域”和“知识准备”。

（2）教师就“知识准备”中的第（2）、（3）项，对学生进行培训。

（3）教师指导学生就操练项目进行调查、资料收集、整理、计算与分析。

（4）教师指导学生撰写关于“财务控制”的相应《实训报告》。

【实训时间】

本章课堂教学内容结束后的双休日和课余时间，为期一周。

【实训步骤】

（1）将学生组成若干个实训组，每8~10位同学分成一组，每组确定1~2人负责。

（2）对学生进行关于“财务控制”实训的“知识准备”培训。

（3）指导各实训组熟悉操练项目企业的财务控制资料。

（4）指导各实训组结合课业题目和所选资料，分别完成责任中心考核指标的计算、责任预算的编制、责任报告的编制。

（5）各实训组在实施上述训练的过程中，融入对“自我学习”“与人合作”和“解决问题”等职业核心能力领域各技能点的“中级”强化训练，以及对“职业情感”“职业理想”“职业良心”和“职业作风”等职业道德领域各素质点的“认同级”相关训练。

（6）各实训组成员撰写、交流和完善作为最终成果形式的关于“财务控制”的相应《实训报告》。

【成果形式】

实训课业（任选其一）：

《新联公司责任中心考核指标计算实训报告》

《华信公司责任预算编制实训报告》

《华信公司责任报告编制实训报告》

课业要求：

（1）实训报告的内容、结构与体例参照“课业范例”的范例7.5.3。

（2）各组成员撰写的《实训报告》初稿须先经小组讨论，然后选拔优胜者参加班级交流讨论。

（3）各组成员在班级交流的基础上进一步完善《实训报告》。

（4）各组成员完成的《实训报告》须由项目指导教师、项目组长、项目组成员三方签字。

（5）将附有“教师点评”的优秀《实训报告》在班级展出，并纳入本校该课程的教学资源库。

7.4 实训资料

实训资料 7.4.1

新联公司责任中心考核指标计算

背景与情境：

新联集团是一家生产化工产品的企业集团。该集团现有多个责任中心，其中三个责任中心基本情况如下：

甲车间是一个成本中心，生产A产品，预算产量为5 000件，单位成本为60元；实际产量为5 600件，单位成本为58元。

乙部门是一个人为利润中心，本期实现内部销售收入160 000元，销售变动成本120 000元，该中心负责人可控固定成本12 000元，中心负责人不可控的应由该中心负担的固定成本为11 000元。

丙部门是一个投资中心，利润为310万元，净资产平均占用额为3 000万元，股东权益为2 500万元，规定的最低投资报酬率为11%。

问题：

1）计算甲车间的成本变动额和成本变动率。

2）计算乙部门的边际贡献总额、利润中心负责人可控利润总额和利润中心可控利润总额。

3）计算丙部门的剩余收益，如果现有一投资机会，可带来13%的投资报酬率，试分析丙部门是否愿意投资。

实训资料 7.4.2

华信公司责任预算编制

背景与情境：

假设华信公司采取分权组织结构形式，各成本中心发生的成本费用均为可控成本，该公司各分公司的责任预算资料分别见表7-4至表7-8。

问题：

编制华信公司的责任预算。

表 7-4

投资中心责任预算表

2015年

金额单位：万元

项目	预算
甲分公司利润	300
乙分公司利润	200
小计	500
总公司所得税(按25%计)	125
合计	375
净资产平均占用额	1 750
投资利润率	21.4%
行业平均最低报酬率	15%
剩余收益	112.5

表 7-5

甲分公司责任预算表

2015年

金额单位：万元

部门	责任中心类型	项目	责任预算	责任人
销售部	收入中心	销售部收入	560	销售部经理
制造部 行政管理部 销售部	成本中心	制造部可控成本 行政管理部可控成本 销售部可控成本	200 20 40	制造部经理 行政管理部经理 销售部经理
合计			260	甲分公司经理
利润中心		营业利润	300	甲分公司经理

表 7-6

甲分公司销售部责任预算表

2015年

金额单位：万元

范围	责任中心类型	项目	责任预算	责任人
东北地区	收入中心	东北地区收入	120	责任人A
中南地区	收入中心	中南地区收入	100	责任人B
西北地区	收入中心	西北地区收入	60	责任人C
东南地区	收入中心	东南地区收入	150	责任人D
西南地区	收入中心	西南地区收入	70	责任人E
出口销售	收入中心	出口销售收入	60	责任人F
收入中心		收入合计	560	销售部经理

表 7-7　　**甲分公司制造部责任预算表**

2015年　　金额单位：万元

成本中心	项　目	责任预算	责任人
一车间	变动成本		一车间负责人
	直接材料	50	
	直接人工	30	
	变动制造费用	10	
	小　计	90	
	固定成本		
	固定制造费用	15	
	成本合计	105	
二车间	变动成本		二车间负责人
	直接材料	45	
	直接人工	25	
	变动制造费用	10	
	小　计	80	
	固定成本		
	固定制造费用	10	
	成本合计	90	
制造部	制造部其他费用	5	制造部经理
	成本费用总计	200	制造部经理

表 7-8　　**甲分公司行政管理部和销售部责任预算表**

2015年　　金额单位：万元

部　门	项　目	责任预算	责任人
行政管理部	工资费用	11	行政管理部经理
	折　旧	5	
	办公费	2	
	保险费	2	
	费用合计	20	
销售部	工资费用	20	销售部经理
	办公费	5	
	广告费	12	
	其　他	3	
	费用合计	40	

实训资料7.4.3

华信公司责任报告编制

背景与情境：

以前述华信公司为例，相关资料见表7-9至表7-11。

表7-9

成本中心责任报告

2015年

单位：万元

项　目	实　际	预　算	差　异
甲分公司第一车间可控成本			
变动成本			
直接材料	54	50	
直接人工	26	30	
变动制造费用	13	10	
变动成本合计	93	90	
固定成本			
固定制造费用	13	15	
合　计	106	105	
甲分公司第二车间可控成本			
变动成本			
直接材料	46	45	
直接人工	25	25	
变动制造费用	11	10	
变动成本合计	82	80	
固定成本			
固定制造费用	9.5	10	
合　计	91.5	90	
甲分公司制造部可控成本			
第一车间			
变动成本	93	90	
固定成本	13	15	
小　计	106	105	

续表

项　目	实　际	预　算	差　异
第二车间			
变动成本	82	80	
固定成本	9.5	10	
小　计	91.5	90	
制造部其他费用	7	5	
合　计	204.5	200	
甲分公司可控成本			
制造部	204.5	200	
行政管理部	18	20	
销售部	39	40	
总　计	261.5	260	

表7-10　**利润中心责任报告**

2015年　单位：万元

项　目	实　际	预　算	差　异
甲分公司销售收入			
东北地区	110	120	
中南地区	120	100	
西北地区	59	60	
东南地区	140	150	
西南地区	75	70	
出口销售	80	60	
小　计	584	560	
甲分公司变动成本			
第一车间	93	90	
第二车间	82	80	
小　计	175	170	

续表

项　目	实　际	预　算	差　异
甲分公司边际贡献总额	409	390	
甲分公司固定成本			
制造部			
第一车间	13	15	
第二车间	9.5	10	
制造部其他费用	7	5	
小　计	29.5	30	
行政管理部	18	20	
销售部	39	40	
小　计	86.5	90	
甲分公司利润	322.5	300	
总公司利润			
甲分公司利润	322.5	300	
乙分公司利润	220	200	
合　计	542.5	500	

表7-11　**投资中心责任报告**

2015年　单位：万元

项　目	实　际	预　算	差　异
甲分公司利润	322.5	300	
乙分公司利润	220	200	
小　计	542.5	500	
总公司所得税(按25%)	135.63	125	
合　计	406.87	375	
净资产平均占用额	1 502.2	1 750	
投资利润率	27%	21.4%	
行业平均最低报酬率	18%	15%	
剩余收益	136.48	112.5	

问题：

编制华信公司的《责任报告》。

7.5 课业范例

范例7.5.1

中国华能集团财务控制案例分析报告

（组长： 组员： ）

背景与情境：

中国华能集团是在执行国家以煤代油的产业政策，依托国家以煤代油专用资金创立发展起来的一个以电力为中心，综合发展的国有大型企业集团。中国华能集团各公司于1985年后陆续组建，1988年8月国务院批准正式组建中国华能集团公司，中国华能集团公司为集团的核心企业；1991年，中国华能集团被列为国家首批大型企业集团试点单位之一；1996年，中国华能集团公司进入新成立的国家电力公司。

（1）中国华能集团的财务控制。

中国华能集团在建立之初就建立了比较清晰的产权关系。目前，华能集团内部可以分为三个层次：中国华能集团公司（母公司）、成员公司（子公司）和下设的生产经营单位。华能集团公司从1997年年初由国家电力公司组建后，成为国家电力公司的全资子公司；华能集团各专业成员公司和各地分公司所属的地方实业公司是华能集团公司的全资子公司；集团公司和各成员公司向下投资设立了一些全资、控股和参股的直接生产经营企业。第一层次的集团公司是华能集团的决策中心和资产运作中心；第二层次的成员和各地实业公司起着专业化发展、职能化经营和对生产经营企业进行监督管理的作用，并且有一定的投资功能；第三层次的企业是直接生产经营单位，不具有对外投资功能，只能从事生产经营业务。在20世纪80年代的经济过热期，华能集团曾经还有过第四层和第五层。但是，经过几年的重组和改进，华能集团现在只有三个层次。

以前，母公司对子公司只考评“两张表”（资产负债表和利润表）和“一个人”（总经理），对子公司监管不严。这种模式存在很大弊端，因为它无法控制子公司的决策错误及由此所产生的巨大损失，而且这类损失常常是不可逆转的。“事后控制”的风险相当大。

目前，中国华能集团对其子公司既给予一定的灵活性，又实行了必要的监控。母公司对子公司的财务控制主要体现在三个领域：一是筹资控制。集团各成员企业的筹资由集团母公司统一规划，子公司筹集的资金金额较大时必须经母公司审批。二是投资控制。现行的规定是，投资金额超过一定限额就需母公司批准。例如，对于一些大的子公司，自主投资限额为3 000万元人民币，小公司则为500万元人民币。三是财务业绩控制。每年的财务目标即为上一年的实际经营成果。财务业绩从三个方面来评价，即利润、净资产收益率和经营活动中产生的现金流量。从结果来看，几乎没有哪家子公司不能达到母公司制定的目标。期望的净资产收益率（ROE）为15%，但电力业务由于政策性补贴等因素，其净资产收益率可以稍低，为10%左右。

（2）中国华能集团业绩考评制度的基本要点。

①业绩考评范围及分级分类制度。

由中国华能集团进行业绩考评的企业有三类：一是集团公司各全资成员公司和控股成员公司；二是集团公司各分公司（办事处）及其管理的实业公司和其他全资、控股企业；三是集团公司直接管理的控股电力公司和其他全资、控股企业。中国华能集团对各企业的业绩考评采用分级分类制度。

集团公司直接考评的单位为全资成员公司、集团公司各分公司（办事处）、集团公司直接管理的控股电力公司和其他全资及控股企业。集团公司各分公司（办事处）对由其管理的实业公司和其他全资、控股企业的业绩经营指标进行汇总。集团公司对汇总指标进行考评后，再由各分公司（办事处）考评所汇总的公司。控股成员公司和控股电力公司及其他列入考评范围的控股企业，由股东会或董事会参照集团公司的经营业绩考评办法对企业进行考评。工资关系纳入华能系统管理的控股企业，其考评标准和考评结果由集团公司提出建议，由股东会或董事会确定。

华能集团根据各公司不同的经营特点和经营状况将考评单位分成四类：电力公司、非电力公司、分公司（办事处）和实行资产经营承包的公司。对不同类型的公司，设置不同的考评内容。

②业绩考评指标、考评方法和考评标准。

对于不同类型的考评单位，中国华能集团制定了不同的业绩考评指标，见表7-12。

表7-12 **华能集团业绩考评指标**

被考评单位	财务指标	经营指标
电力公司	实现利润、还贷额	发电量、安全生产
非电力公司	净资产收益率、总资产报酬率	归还贷款、上缴利润
分公司（办事处）	地区资金收回	地区发电量、安全生产

其中：净资产收益率=税后净利润÷平均净资产×100%

总资产报酬率=[（利润总额+利息支出）÷平均资产总额]×100%

需要说明的是，电力公司之所以不直接使用资产收益率指标，是因为电力项目目前尚不属于完全自主经营决策领域，而是与电价、电量政策有关。同时，电力资产流动性极差，一个电厂一旦投资建设，其固定成本就确定下来了，主观经营努力只在于对变动成本的控制。此外，由于实行资产经营承包的公司按承包协议进行考评，因此没有包括在此表内。

考虑到各公司的经营规模和行业差别很大，资产质量起点也有很大差距，因此在净资产收益率、总资产报酬率指标中，分别设置了计划值和标准值。计划值是集团公司根据被考评公司的现状和基础，于每年年初对各公司分别下达的计划指标，计划指标实行一户一率；标准值是集团公司对所有被考评公司下达的统一考评标准，基本上按照集团所属公司的平均水平确定。

考评采用记分方法。指标可分为记分指标和扣分指标两类。经济效益指标为记分指标，设基本分100分，其中净资产收益率基本分为60分，总资产报酬率基本分为40分。经营结果完成指标时得基本分，超过指标时加分，完不成指标时扣分。归还贷款、上缴利润和重点工作为扣分指标，完成指标不扣分。对于计划值低于标准值的企业，完成计划值时得基本分，完不成计划值时扣分，超过计划值但低于标准值时不加分，超过标准值时加分。对于计划值高于标准值的企业，完成计划值加分，完不成计划值但不低于标准值时不扣分，只有低于标准值才扣分。

(3) 中国华能集团的激励制度。

中国华能集团的激励制度是建立在上述业绩考评制度基础上的。集团公司给予各公司的年度奖金额根据以下规则计算：

如果某个公司业绩考评为100分，那么总的奖金额为整个公司核定工资和薪水总额的50%；如果业绩考评总得分超过100分，则每超出1分，总奖金额中增加核定工资和薪水总额的0.5%；如果业绩考评总得分低于100分，则每下降1分，总奖金额中扣去核定工资和薪水总额的0.5%。根据这个公式，一个子公司所能获得的最大奖金额是该公司核定工资和薪水总额的65%。

通过上面的计算，形成每个公司的奖励基金。各公司内部的分配则取决于其所在的组织层面和业绩等级。每个组织层面给予一定的分数，如高层管理人员为4分，中级管理人员为3分，监督人员为2.3分。将奖励基金在所有满足条件的人员所得的总分中进行分摊，从而得出每1分可以获得的奖金额。

对部门员工的业绩等级评定由其上级、同级和下属通过四个业绩指标来进行（括号中指明了各项的权重）：道德品质（20%）、努力程度（20%）、个人能力（20%）和工作业绩（40%）。在评定的分数中，上级的评定结果占50%的权重，同等级别的评定结果占30%，下属的评定结果占20%。

每个员工每年增加的报酬额中，有65%以增加月薪的形式发放，还有30%则作为一次性奖金发放。1997年，集团支付的最大一笔奖金额是30 000元人民币。虽然奖金的数额不是很大，但是员工们对这种奖金体系比较满意，因为这样的业绩考评制度对每个员工都是透明的、公正的。

对各公司总经理年度奖金额的确定办法是：超额完成指标的公司，其总经理全年奖金额为本单位员工奖金额平均数额的2.5倍到2.8倍；全面完成指标的公司，其总经理全年奖金额为本单位员工奖金额平均数的2倍到2.5倍；未完成指标但没有出现亏损的公司，其总经理全年奖金额为本单位员工奖金额平均数的1.5倍到2倍；由于经营不善造成亏损的公司，其总经理全年奖金额不能超过本单位员工奖金额的平均数。

公司经营发生重大失误，出现重大违法违纪行为及特大生产、基建责任事故的，集团公司将根据情况扣减公司奖金总额和总经理应得的奖金额。考评后如发现公司指标不实、弄虚作假等问题，集团公司将根据情况在下一年度工资总额中扣减公司奖金和总经理奖金。

问题：

1）试综述集团公司财务控制的主要模式，你认为中国华能集团财务控制制度存在哪些缺陷？应如何改进？

2）试分析中国华能集团对所属公司的业绩考评采用分级分类方法的合理性，并思考其改进方法。

3）你认为财务控制、业绩考评和激励制度设计的关键是什么？ 你对中国华能集团的做法有何改进建议？

分析：

1）集团公司财务控制的主要模式有集权制、分权制和混合式三种模式。集权制是指财权的绝大部分集中于母公司，母公司对子公司采取严格控制和统一管理的财务管理体制。分权制即子公司拥有充分的财务管理权限，母公司对子公司实行间接管理为主。在实践中，完全集权和完全分权的集团公司财务管理模式都是比较少见的，大多数集团公司采用集权和分权相结合的混合式。这种模式强调在分权基础上的集权，是一种自下而上的多层次决策的体制模式。

中国华能集团财务控制制度存在的缺陷有：指导思想方向不明；目标模式定位不准；制度设计缺乏战略思考。

2）中国华能集团对所属公司的业绩考评采用分级分类方法，符合公司实际情况，对不同的责任主体采用不同的业绩考评指标，但考评指标体系并不完善，应从定性和定量两个方面来完善。定性指标要考虑增长潜力和发展的可持续性；定量指标应围绕企业价值目标，从经营效率、财务风险和可持续发展三个角度来设计。

3）在实施财务控制时，注意平衡对下属公司“必要控制”和“经营灵活”两个目标是成功之关键。中国华能集团应当加强这样两个方面的工作：一是向员工收集他们对受其直接领导的财务经理人员的业绩反馈意见。一方面，母公司可以很好地评价每位财务经理人员与员工的关系；另一方面，还可以得知财务经理人员的优缺点。二是对于非电力生产企业应当做进一步的划分，以便更好地比较它们的净资产收益率。

业绩考评的关键是客观公正，指标科学且有可操作性。中国华能集团可以考虑：为了执行母公司的长期战略，有些特殊的层次可以使用平衡计分卡。例如，内部经营过程中的质量、装卸时间、周转时间、顾客满意指标、学习和创新指标等均可用于业绩评估制度中。增加一些关于现金流量方面的指标，以保证较好的流动性，从而最终保证子公司债务的偿还和对母公司红利的支付等。

激励制度设计的关键是形成有压力、有动力、有活力，以及责、权、利明晰的责任主体。中国华能集团在激励制度方面可以从以下几方面加以改进：鼓励员工处理好各级的关系，将个人努力包括管理技巧的提高纳入考评内容；当前激励制度只涉及全公司范围的奖金，华能集团可以考虑将子公司个人业绩的评价与奖金计算相联系，达到既激励个人，又鼓励团队协作的目的；更多地考虑对员工业绩表现的评价，调整对员工评价的上司、同级和下属的权重分配；若条件允许，可以考虑增大奖励力度，甚至采用雇员股票期权等方式，以充分调动经理人员和员工的内在积极性。

范例7.5.2

奥林巴斯舞弊案——控制活动方面善恶研判报告

（组长：　　　　组员：　　　　　　　　　　　　　　　　）

背景与情境：

在20世纪90年代末，奥林巴斯公司由于投机性投资而损失将近 1 350亿日元（17.4亿美元），而该公司高层试图通过复杂的交易来掩盖这一事实。奥林巴斯公司是日本相机和医疗设备制造商，该公司委托第三方调查委员会调查被掩盖的事实真相。调查结果显示，奥林巴斯前副总裁森久志以及前内部审计员秀雄山田精心策划了财务作假。辞去总裁职务的菊川刚以及他的前任岸本正寿亦涉及隐瞒财务亏空。

揭露了公司的财物蒸发以后，时任奥林巴斯总裁的英国人伍德福德被公司解雇。伍德福德坚持，公司应该清理自2006年以来一系列有问题的交易，然而这些交易涉及金额达1.6亿美元，却从没在公司合并财务报表时充分报告。上述交易经由菊川刚和奥林巴斯董事会批准，然而有些时候，在公司财务报表中，甚至连收到款项的当事人身份都不清不楚。在董事会那里受挫后，伍德福德雇佣了普华永道对这些可疑交易进行独立审计。伍德福德一直呼吁董事会交代这些可疑交易，最后甚至提出解散董事会的要求。但最终的结果却是涉事董事联合将伍德福德赶出了奥林巴斯。在奥林巴斯被爆出一系列财务造假的丑闻前，公司已经被告知存在收购案中可疑的巨额咨询费。伍德福德对公司财务舞弊的处理十分公正客观，相反是公司的董事、高管们严重违背了商业原则和会计制度的规定。而公司的处理却是解雇“商业英雄”伍德福德，没有严肃追究丑闻中的可疑交易及相关高管人员的责任。随后曝光的奥林巴斯财务造假更加证明了公司在 20多年的经济活动分析控制、内部报告控制上的严重缺失。

问题：

1）本案例中存在哪些道德伦理问题？

2）试对上述问题作出你的善恶研判。

3）本案例对你有哪些启示？

（资料来源：杨丽莎.财务造假暴露的内部控制问题———以奥林巴斯舞弊案为例［J］.经济视角（下），2013（11）.）

分析：

1）公司的董事、高管们严重违背了商业原则和会计制度的规定，以及解雇“商业英雄”伍德福德都存在道德伦理问题。

2）日本在经济发展过程中逐渐将集体定位为公司集体，集体主义被具体化为公司集体主义，确立了以公司为中心的价值观念。奥林巴斯财务造假案暴露出财务信息生成各环节人员的职业道德的共同丧失，如高层管理者未履行受托责任、公司财务人员未按会计准则正确核算、独立审计师未履行审计监督职责等，但同时也暴露出公司伦理的丧失。

3）建立高层管理者道德自律与他律机制；推行现代集体主义观念和推进制度和伦理的融合等。

范例7.5.3

投资中心决策分析实训报告

（组长： 组员： ）

资料：

某市高新技术区有一个投资项目，兰花公司董事会开会讨论认为，本公司能获得该项目投资将是公司发展的一次战略机遇，但另有三家企业在竞争。董事会要求投资中心收集三家企业的资料，分析其投资意愿，同时提出本公司的投资决策方案，供董事会研究决策。

投资中心接受董事会的任务，收集三家投资企业资料。

（1）投资项目情况。

某市高新技术区的投资项目为光纤通信工程，该工程的投资报酬率为11%。

（2）三家投资企业资料见表7-13。

表7-13 **三家投资企业资料表**

项目	文坛公司	城建公司	信达公司
利润（万元）	950	6 000	3 800
净资产平均占用额（万元）	8 000	85 000	30 000
股东权益（万元）	7 000	65 000	25 000
规定的最低投资报酬率	12%	8%	10%

要求：

1）计算剩余收益。

2）分析投资意愿。

3）撰写《投资中心决策分析实训报告》。

实训步骤解答：

步骤一：制订实训工作计划书

将学生按6~8人分为一组，选定正、副组长为公司投资中心正、副主任。投资中心正、副主任队组内学生按投资决策分析要求合理分工。每个小组制订一份工作计划书，见表7-14。工作计划书根据工作内容，由小组学生讨论制订，并经指导老师审阅批准后实施。各小组学习任务目标和任务描述，研究任务工单和应完成的任务。

表7-14 **兰花公司投资中心投资决策分析工作计划书**

主要内容	实施时间	实施形式	主要负责人
研究投资中心决策分析的任务、要求与分工	××年××月××日	小组讨论	组长
复习投资中心的考核指标和投资评价方法	××年××月××日	成员自学	每位学生
计算投资者的剩余收益	××年××月××日	小组工作	3~4人为一组

续表

主要内容	实施时间	实施形式	主要负责人
分析投资者的投资意愿	××年××月××日	小组工作	3~4人为一组
撰写《投资中心决策分析实训报告》	××年××月××日	小组工作	组长

其他：

学习小组组长：××× 学习小组成员：××× ×××

××年××月××日

指导老师审阅意见：

同意或指出应修改的意见

签名：×××

××年××月××日

步骤二：计算三家投资企业的剩余收益

三家投资企业的剩余收益见表7-15。

表7-15 **三家投资企业剩余收益表**

企业名称	剩余收益
文坛公司	剩余收益=950-8 000×12%=-10(万元)
城建公司	剩余收益=6 000-85 000×8%=-800(万元)
信达公司	剩余收益=3 800-30 000×10%=800(万元)

学习小组成员签字： ××× ×××

步骤三：分析三家企业投资意愿

(1) 文坛公司投资意愿。

由于文坛公司的剩余收益为-10万元，该企业规定的最低投资报酬率为12%，而投资工程的报酬率为11%，因此，该企业会放弃投资。

(2) 城建公司投资意愿。

由于城建公司的剩余收益为-800万元，该企业规定的最低投资报酬率为8%，而投资工程的报酬率为11%，因此，该企业会愿意投资，但资金会受到限制，在激烈的竞争中可能会放弃投资。

(3) 信达公司投资意愿。

由于信达公司的剩余收益为800万元，该企业规定的最低投资报酬率为10%，而投资工程的报酬率为11%，因此，该企业会愿意投资，而且由于资金充足，会积极去争取投资。

步骤四：撰写《投资中心投资决策分析实训报告》(见表7-16)

表7-16 **投资中心投资决策分析实训报告**

项目实训班级：1004201	项目小组：07	项目组成员：吴昊等
实训时间：2015年1月5日	实训地点：多媒体教室	
实训目的： 熟悉剩余收益和投资中心等概念，掌握投资中心的决策方法和剩余收益的计算，进一步理解企业财务控制		
实训步骤： ①以小组为单位，制订实训工作计划书；②各小组计算三家投资企业的剩余收益；③各小组分析三家企业的投资意愿；④各小组撰写《投资中心投资决策分析实训报告》；⑤讨论评价		
实训结果： 文坛公司不会投资；城建公司会愿意投资，但资金会受到限制，在激烈的竞争中可能会放弃投资；信达公司会愿意投资，而且由于资金充足，会积极去争取投资。具体分析过程见上述步骤		
结果说明： ①做好应对城建公司和信达公司竞争的准备；②做好应对城建公司竞争的准备，要在投资资金上占优势；③做好充分应对信达公司竞争的准备，不但要在投资资金上占优势，而且要在技术、服务等方面占优势		
实训感言： 通过本实训，熟悉了剩余收益和投资中心等概念，掌握了投资中心的决策方法和剩余收益的计算，进一步理解了企业的财务控制。这一切有助于理解和掌握本章的基本概念与理论，有助于提高动手能力		
关于“能力与道德领域”其他训练的补充说明： 实训前，我们对责任中心的考核指标进行了计算，对责任预算和责任报告的含义进行了预习，接受了指导老师对责任中心的考核指标计算、责任预算编制和责任报告编制方法的培训。通过参加“知识准备”第（2）、（3）项的培训，我们了解了本章涉及的“专业能力”各项技能、“职业核心能力”和“职业道德”选项的“规范与标准”，克服了实训过程中对相关操作规范的盲目性 实训过程中，我们全组同学在体验本章责任中心考核指标计算技能、责任预算编制技能、责任报告编制技能和撰写关于“财务控制”的相应《实训报告》技能等“专业能力”基本训练的同时，“自我学习”“与人合作”和“解决问题”等“职业核心能力”也得到了强化训练，“职业情感”“职业理想”“职业良心”和“职业作风”等“职业道德”的相关训练得以进一步深入。通过对这些相关问题的训练，我们的“学习迁移能力”和“可持续发展能力”将不断提高。经过本课程和后续课程的同类学习和训练，在建构“职业胜任力”的过程中，我们将不断增强自身的“职业核心能力”，不断提高自身的“职业道德”水平		
不足与改进：（略）		
附件：（略）		
指导老师点评：（略）		
项目组长签字：		指导教师签字：

步骤五：讨论评价

首先，各小组用PPT汇报交流，限时不超过10分钟；其次，各小组听取汇报交流并打分互评；最后，指导老师打分并点评。

7.6 参考答案与提示

教学互动1-1

引导提示

（1）该报告要求企业的管理者承担起建立合理的内部控制系统、审核内部控制有效性、向股东报告有关发现的职责。

（2）对控制系统的审核应覆盖所有的控制，包括经营性、合规性控制以及风险管理。

（3）同时，执行风险控制政策是管理层的职责，并应进一步确认内部控制在风险管理方面是有效的。

教学互动1-2

引导提示

（1）投资中心独立性较高，它一般应向公司的总经理或董事会直接负责。

（2）投资中心不仅要对成本、收入和利润负责，还要对投资效果负责。

（3）在组织形式上，成本中心一般不是独立法人，利润中心可以是也可以不是独立法人，而投资中心一般是独立法人。

（4）投资中心是企业最高层次的责任中心，它在企业内部具有最大的决策权，也承担最大的责任。投资中心的管理特征是实施较高程度的分权管理。一般而言，大型集团所属的子公司、分公司、事业部往往都是投资中心。

“7.2 客观题”参考答案

7.2.1 理论题

1）单项选择题

（1）B （2）B （3）A （4）D （5）B （6）A

2）多项选择题

（1）ABCD （2）ABCD （3）ABCD （4）ABCD （5）BCD （6）ABD

3）判断题

（1）√ （2）× （3）× （4）√ （5）× （6）√

7.2.2 实务题

1）单项选择题

（1）D （2）B （3）B （4）A （5）B （6）B

2）多项选择题

（1）ABCD （2）AB （3）ACD （4）ACDE （5）ABD （6）AB

3）混合选择题

（1）B （2）C （3）C （4）ABD （5）AB （6）ABCDE

4）判断题

（1）√ （2）√ （3）√ （4）√ （5）√ （6）√

7.2.3 案例题

1）BCD 2）AB 3）A 4）A 5）ABC

7.2.4 实训题

1）单项选择题

（1）D （2）C （3）D （4）A （5）B （6）B

2）多项选择题

（1）AB （2）ABC （3）BC （4）DE （5）AB （6）ABC

“7.3 主观题”参考答案

7.3.1 理论题

参考答案：

1）简答题

（1）投资利润率的优点是：可促使投资中心尽可能地降低费用，减少资金占用或投资，有利于合理使用资金，从而达到增加利润的目的。但投资利润率也存在一些缺陷：一是投资利润率并没有摆脱利润最大化带来的负面影响，特别是在会计信息失真、通货膨胀的前提下，投资利润率很难反映投资中心的实际经营效果；二是投资利润率往往会使投资中心只顾本身的经济利益，而放弃了对整个企业有利的投资机会；三是投资利润率的计算与资本支出预算所用的现金流量不一致，不便于投资项目建成后，其投资效果与原定目标的比较；四是投资中心分摊到的一些共同费用，并不能为投资中心所控制，因此投资利润率的高低，并不完全取决于投资中心本身。

（2）剩余收益指标有两个特点：一是体现了投入与产出的关系。剩余收益的本质是，投资中心获得的收益除了满足最低收益的要求之外，还有多少剩余。剩余收益大，说明投资中心以较少的投资获取了较大的收益。该指标也可以全面考核投资中心的业绩。二是避免了本位主义。用剩余收益作为考核指标，可以在一定程度上减少投资中心为片面追求利润而放弃一些对企业有利的投资机会。

（3）业绩考核是以责任报告为依据，分析、评价各责任中心责任预算的实际执行情况，找出差距，查明原因，借以考核各责任中心的工作成果，实施奖罚，促使各责任中心积极纠正行为偏差，完成责任预算的过程。

2）理解题

（1）财务控制的方式主要有以下几种类型：

①授权控制。这是指在某项财务活动发生之前，按照既定的程序对其正确性、合理性、合法性加以审核，并确定是否让其发生所进行的控制。

②职务分离控制。这是指将处理某种经济业务所涉及的职责分派给不同的人员，使每个人的工作都是对其他有关人员的工作的一种自动检查。职务分离控制的主要目的是预防和及时发现职工在履行职责过程中产生错误和舞弊行为。

③全面预算控制。这是以全面预算为手段，对企业财务收支和现金流量所进行的控制。

④财产保全控制。这是最传统的财务控制方法，具体包括限制接触财产、定期盘点清查、记录保护、财产保险、财产记录监控。

⑤独立检查控制。这是指由业务执行者以外的人员对已执行的业务的正确性所进行的验证，又称内部稽核。

⑥业绩评价。这是指通过将实际业绩与其评价标准，如前期业绩、预算和外部基准尺度等进行比较，对企业一定期间的经营业绩等进行的评价。

（2）投资中心也属于利润中心，二者的主要区别表现在：

①权力不同。利润中心没有投资决策权，仅具有产品生产和销售上的自主权；而投资中心不但具有生产和销售上的决策权，而且有权进行投资决策，有权运用所掌握的资金购置设备，扩大或缩减生产规模。

②考核办法不同。考核利润中心业绩时，只考核利润的完成情况，不考核投资和资金占用状况，不进行投入产出的比较；而考核投资中心业绩时，既要考核投资利润的实现程度，又要考核资金的使用状况，需要进行投入产出的比较。

③投资中心是最高层次的责任中心，它具有最大的决策权，也承担最大的经济责任，一般属于独立的法人；而利润中心可以是独立的法人，也可以不是独立的法人。

（3）一般来讲，责任中心具有以下特征：责任中心是企业内部一个责、权、利相结合的相对独立的实体；责任中心应当具有承担经济责任的条件；责任中心所承担的责任和行使的权力都是可控的；在责任中心内部，应具有相对独立的经济业务和财务收支活动；在责任中心内部，应能够进行责任核算或单独的会计核算。

7.3.2　实务题

参考答案：

1）规则复习

（1）成本中心的考核指标主要有绝对指标和相对指标。绝对指标采用成本（费用）变动额考核，相对指标采用成本（费用）变动率考核。

成本（费用）变动额=实际责任成本（费用）-预算责任成本（费用）

$$成本(费用)变动率=\frac{成本(费用)变动额}{预算责任成本(费用)}\times100\%$$

（2）$$\begin{array}{c}某利润中心\\税前利润\end{array}=\begin{array}{c}该利润\\中心收入\end{array}-\begin{array}{c}该利润中心\\可控成本\end{array}-\begin{array}{c}该利润中心负担的\\不可控成本（共同成本）\end{array}$$

（3）投资中心的考核指标主要有投资利润率和剩余收益。

$$投资利润率=\frac{利润}{投资额}\times100\%$$

剩余收益=利润-最低投资收益额

其中，最低投资收益额=投资额×预期最低投资报酬率

2）业务解析

（1）无论采用哪一种授权方式，企业都必须建立授权控制体系，并且应当在企业内部财务制度中加以明确。授权控制体系包括授权范围、授权层次、授权责任和授权程序。

授权控制体系要求做到：企业所有人员不经合法授权，不能行使相应权力；不经合法授权，任何人不能审批；有权授权的人应在规定的权限范围内行事，不得超越授权；企业的所有业务不经授权不能执行；财务权限一经授予必须执行。

（2）检查工作由一个和原业务活动、记录、保管相独立的人员来执行；不管采用全部复核还是抽样复核，复核工作必须经常进行；错误和例外必须迅速地传达给有关人员以便更正，重复犯错或重大错误及所有不当行为必须向适当管理层报告。

（3）在企业的不同管理层次上，责任报告的侧重点应有所不同。最低层次的责任中心的责任报告应当最详细，随着层次的升高，责任报告的内容应以更为概括的形式来表现。这一点与责任预算自上而下的分解过程不同，责任预算是由总括到具体，而责任报告是由具体到总括。责任报告应能突出产生差异的重要影响因素。为此，责任报告应遵循“例外管理”的原则，突出重点，使报告的使用者能把注意力集中到少数严重脱离预算的因素或项目上来。

7.3.3　案例题

1）案例分析

分析提示：

（1）预期总资产息税前利润率=10%

（2）A投资中心剩余收益=8.6−100×10%=−1.4（万元）

B投资中心剩余收益=20.5−150×10%=5.5（万元）

（3）因为−1.4<−1，所以A投资中心不应追加投资；因为5.5>5，所以B投资中心应追加投资。

2）善恶研判

研判提示：

（1）没有向买家披露公司已因卖空期权将面临上亿美元亏损，也没有向投资者和公众宣布15%股份配售所获资金目标用途的更改。中航油集团垄断了航空油料的进口，赚取暴利。

（2）没有及时披露信息，欺骗投资者和公众，随便更改筹资用途，违背契约；因为行政行为而形成的行业垄断导致社会财富和社会福利向垄断者一方转移，垄断者通过行政权利向国家和社会“合法寻租”，这种赚取暴利的行为实质上是将公众利益私利化。利用垄断获取高利润，管理层获得高额薪酬，薪酬设计存在明显缺陷。

（3）制定一套操作性强的财务伦理规范体系，强化财务伦理他律；建立财务伦理评价体系，完善财务伦理的奖惩机制。

7.3.4　实训题

教学建议：

实训任务中的基本技能训练尽量要求全部在课堂内严格按照实训步骤分组一次完

成，“实训目标”“能力与道德领域”和“知识准备”等则可以在教师的辅导下，学生利用课余时间完成（其中：“职业核心能力”的“‘知识准备’参照范围”所列各项知识，学生可自行通过网络收集，并通过自学完成实训操练前的准备）。

“7.4 实训资料”参考答案

实训资料7.4.1

1）甲车间的成本变动额为-11 200元，成本变动率为-3.33%。

2）乙部门的边际贡献总额为40 000元，利润中心负责人可控利润总额为28 000元，利润中心可控利润总额为17 000元。

3）丙部门的剩余收益为-20万元，愿意投资。

实训资料7.4.2

华信公司的责任预算见表7-17。

表7-17 华信公司责任预算表

2015年 单位：万元

公　司	责任中心类型	项　目	责任预算	责任人
甲分公司	利润中心	甲分公司营业利润	300	甲分公司经理
乙分公司	利润中心	乙分公司营业利润	200	乙分公司经理
合计			500	公司总经理
总公司	投资中心	剩余收益	112.5	公司总经理

实训资料7.4.3

华信公司的责任报告见表7-18至表7-20。

表7-18 成本中心责任报告

2015年 单位：万元

项　目	实　际	预　算	差　异
甲分公司第一车间可控成本			
变动成本			
直接材料	54	50	4
直接人工	26	30	(4)
变动制造费用	13	10	3
变动成本合计	93	90	3
固定成本			
固定制造费用	13	15	(2)
合　计	106	105	1
甲分公司第二车间可控成本			
变动成本			

续表

项　目	实　际	预　算	差　异
直接材料	46	45	1
直接人工	25	25	0
变动制造费用	11	10	1
变动成本合计	82	80	2
固定成本			
固定制造费用	9.5	10	(0.5)
合　计	91.5	90	1.5
甲分公司制造部可控成本			
第一车间			
变动成本	93	90	3
固定成本	13	15	(2)
小　计	106	105	1
第二车间			
变动成本	82	80	2
固定成本	9.5	10	(0.5)
小　计	91.5	90	1.5
制造部其他费用	7	5	2
合　计	204.5	200	4.5
甲分公司可控成本			
制造部	204.5	200	4.5
行政管理部	18	20	(2)
销售部	39	40	(1)
总　计	261.5	260	1.5

表7-19　**利润中心责任报告**

2015年　单位：万元

项　目	实　际	预　算	差　异
甲分公司销售收入			
东北地区	110	120	(10)
中南地区	120	100	20
西北地区	59	60	(1)
东南地区	140	150	(10)
西南地区	75	70	5

续表

项 目	实 际	预 算	差 异
出口销售	80	60	20
小 计	584	560	24
甲分公司变动成本			
第一车间	93	90	3
第二车间	82	80	2
小 计	175	170	5
甲分公司边际贡献总额	409	390	19
甲分公司固定成本			
制造部			
第一车间	13	15	(2)
第二车间	9.5	10	(0.5)
制造部其他费用	7	5	2
小 计	29.5	30	(0.5)
行政管理部	18	20	(2)
销售部	39	40	(1)
小 计	86.5	90	(3.5)
甲分公司利润	322.5	300	22.5
总公司利润			
甲分公司利润	322.5	300	22.5
乙分公司利润	220	200	20
合 计	542.5	500	42.5

表7-20 **投资中心责任报告**

2015年

单位：万元

项 目	实 际	预 算	差 异
甲分公司利润	322.5	300	22.5
乙分公司利润	220	200	20
小 计	542.5	500	42.5
总公司所得税（按25%）	135.63	125	10.63
合 计	406.87	375	31.87
净资产平均占用额	1 502.2	1 750	(247.8)
投资利润率	27%	21.4%	5.6%
行业平均最低报酬率	18%	15%	3%
剩余收益	136.48	112.5	23.98

综合训练

综.1 客观题

综.1.1 理论题

1）单项选择题

（1）（　　）是指企业根据其生产经营、对外投资以及资本结构调整等需要，通过一定的渠道，采取适当的方式，获取所需资金的一种财务行为。

A.资金预测　　B.资金筹集

C.资金管理　　D.资金控制

（2）（　　）是指投资项目从投资建设开始到最终清理结束的全部时间。

A.项目计算期　　B.项目经营期

C.项目投资期　　D.项目建设期

（3）（　　）是指客户获得企业的交易信用所应具备的最低条件，通常以预期的坏账损失率表示。

A.信用政策　　B.信用标准

C.信用条件　　D.收账政策

（4）（　　）保证率是指在一定会计期间内必须收现的应收账款占全部应收账款的比重。

A.应收账款收现　　B.应收账款账龄

C.应收账款追踪　　D.应收账款坏账

（5）能反映出企业偿还到期债务能力的最直接的项目是（　　）。

A.有足够的资产　　B.有足够的流动资产

C.有足够的存货　　D.有足够的现金和现金等价物

（6）（　　）是全面预算的起点。

A.生产预算　　B.销售预算

C.现金预算　　D.直接材料预算

（7）（　　）是对财务活动的最终结果所进行的分析、评价、考核。

A.事后控制　　B.过程控制

C.事前控制　　D.事中控制

（8）以下不属于企业财务管理的内容的是（　　）。

A.投资决策　　B.筹资决策

C.人事任免决策　　D.股利分配决策

(9)(　　)是指在某一时点每一基金单位或基金股份所具有的市场价值，是评价基金价值的最直观指标。

A.基金的价值　　B.基金的报价

C.基金单位净值　　D.基金收益率

(10)(　　)是银行具有法律义务地承诺提供不超过某一最高限额的贷款协定。

A.信贷限额　　B.周转信贷协定

C.补偿性余额　　D.借款抵押

(11)目前认同度较高的企业财务管理的基本目标是(　　)。

A.企业价值最大化　　B.利润最大化

C.股东财富最大化　　D.社会价值最大化

(12)非股份制企业筹集权益资金最主要的方式是(　　)。

A.发行股票　　B.吸收直接投资

C.发行债券　　D.银行借款

(13)一般认为，企业进行短期债券投资的主要目的是(　　)。

A.控制被投资企业

B.获得稳定收入

C.调节现金余额，使现金余额达到合理水平

D.增强资产流动性

(14)属于储存成本的变动成本是(　　)。

A.仓库折旧　　B.差旅费

C.存货的保险费用　　D.仓库职工的固定月工资

(15)一般认为，速动比率应保持在(　　)以上时，资产的流动性较好。

A.2　　B.1

C.0.5　　D.3

2)多项选择题

(1)属于资金筹集费的有(　　)。

A.律师费　　B.资信评估费

C.发行手续费　　D.股息

E.利息

(2)财务控制的要素包括(　　)。

A.控制环境　　B.风险评估

C.信息与沟通　　D.监控

E.人员控制

(3)存货周转速度快(　　)。

A.表明存货管理效率高　　B.会增强企业短期偿债能力

C.会提高企业的获利能力　　D.会增加存货占用的资金

E.会提高企业的营运能力

(4)滚动预算方法编制预算的主要优点有(　　)。

A.工作量较大　B.远期指导性强
C.灵活性差　D.连续性好
E.能适应业务量变动的需要

（5）信用条件包括（　　）。
A.信用期限　B.现金折扣
C.信用标准　D.折扣期限
E.信用政策

（6）日常业务预算包括（　　）。
A.直接材料采购预算　B.固定资产投资预算
C.销售预算　D.生产预算
E.制造费用预算

（7）现金流量的假设有（　　）。
A.全投资假设
B.建设期投入全部资金假设
C.时期指标假设
D.项目投资的经营期与折旧年限一致假设
E.时点指标假设

（8）在财务管理中，经常用来衡量风险大小的指标有（　　）。
A.标准离差　B.边际成本
C.风险报酬率　D.标准离差率
E.无风险报酬率

（9）反映企业资产营运能力的指标有（　　）。
A.总资产周转率　B.流动资产周转率
C.固定资产周转率　D.存货周转率
E.应收账款周转率

（10）影响净资产收益率的财务指标有（　　）。
A.销售成本率　B.资产负债率
C.销售净利率　D.资产周转率
E.权益乘数

（11）以“企业价值最大化”作为理财目标的优点是（　　）。
A.考虑了资金的时间价值和风险价值
B.有利于社会资源的合理配置
C.有利于克服管理上的短期行为
D.反映了对资产保值增值的要求
E.会追求短期利益

（12）可以筹措长期资金的融资方式有（　　）。
A.应付票据　B.融资租赁
C.商业信用　D.发行可转换债券

E.吸收直接投资

(13) 贴现指标包括（　　）。

A.净现值　　B.净现值率

C.现值指数　　D.内含报酬率

E.回收期

(14) 营运资金周转是指企业的营运资金从现金投入生产经营开始，到最终转化为现金为止的过程。营运资金周转通常与现金周转密切相关，现金周转的过程主要包括（　　）。

A.存货周转期　　B.预收账款周转期

C.应付账款周转期　　D.应收账款周转期

E.预付账款周转期

(15) 实行股票分割的主要动机有（　　）。

A.降低股票市价　　B.为新股发行做准备

C.有助于公司并购政策实施　　D.优化资本结构

E.提高股票市价

3) 判断题

(1) 任何证券都可能存在违约风险。（　　）

(2) 财务管理的核心是财务分析、业绩评价与激励。（　　）

(3) 现值指数法是相对数指标，反映投资的效益，但不适用于独立投资机会获利能力的比较。（　　）

(4) 每股收益无差别点是指每股收益不受融资方式影响的销售水平。（　　）

(5) 现金是一种非收益性资产。（　　）

(6) 资金时间价值是指资金的价值量的差额。（　　）

(7) 如果企业当期利息保障倍数低于1，则表示企业无法支付到期债务。（　　）

(8) 预计资产负债表是指用于总括反映预算期末财务状况的一种财务预算。（　　）

(9) 财务控制系统是最具有连续性、系统性和综合性的子系统，它是以综合经济业务为控制对象的。（　　）

(10) 财务风险较高是债券筹资的缺点。（　　）

(11) 拒绝与不守信用的厂商进行业务往来属于规避风险。（　　）

(12) 我国不允许公司在设立时直接申请股票上市。（　　）

(13) 高风险的投资项目一定获得高收益。（　　）

(14) 现金持有量过多，它所提供的流动性边际效益便会随之上升，从而使企业的收益水平提高。（　　）

(15) 固定股利支付率政策有可能导致公司股价波动，很难使公司价值达到最大。（　　）

综.1.2　实务题

1）单项选择题

（1）财务管理方法不包括（　　）。

A.财务预测方法　　B.财务核算方法

C.财务预算方法　　D.财务控制方法

（2）某企业每季度销售收入中，本季度收到现金60%，另外的40%现金要到下季度才能收到，若预算年度的第四季度销售收入为40 000元，则预计资产负债表中年末应收账款项目金额为（　　）元。

A.16 000　　B.24 000

C.40 000　　D.20 000

（3）下列各项中，不属于速动资产的是（　　）。

A.转增资本　　B.集体福利性开支

C.集体福利性设施建设　　D.弥补亏损

（4）在其他条件不变的情况下，下列哪些业务会引起总资产周转率指标下降（　　）。

A.用现金偿还负债　　B.借入一笔短期借款

C.用银行存款购入一台设备　　D.用银行存款支付一年的保险费

（5）调整资本结构并不能（　　）。

A.降低资本成本　　B.降低财务风险

C.降低经营风险　　D.增加融资弹性

（6）当建设期不为零且经营期各年现金净流量相等时，经营期各年现金净流量的现值之和的计算可采用的方法是（　　）。

A.先付年金现值　　B.永续年金现值

C.后付年金现值　　D.递延年金现值

（7）某投资项目，折现率为10%时，净现值为500元，折现率为15%，净现值为-480元，则该项目的内含报酬率是（　　）。

A.13.15%　　B.12.75%

C.12.55%　　D.12.25%

（8）其他因素不变，如果折现率提高，下列指标中数值会变小的是（　　）。

A.净现值　　B.会计收益率

C.内含报酬率　　D.回收期

（9）已知某企业目标资金结构中长期债务的比重为20%，债务资金的增加额在0~10 000元范围内，其利率维持5%不变，则该企业与此相关的筹资总额分界点为（　　）元。

A.5 000　　B.20 000

C.50 000　　D.200 000

（10）设立集中银行是为了（　　）。

A.延缓付款　　B.加速采购

C.加速收款　　D.延缓收款

（11）在允许缺货的情况下，经济进货批量是（　　）的进货批量。

A.进货费用与储存成本之和最小

B.进货费用等于储存成本

C.进货费用、储存成本与短缺成本之和最小

D.进货费用等于储存成本与短缺成本之和

（12）假设其他情况相同，则下列说法错误的是（　　）。

A.权益乘数越高，公司价值越大

B.权益乘数提高，财务风险加大

C.在其他条件不变时，权益乘数提高，净资产收益率提高

D.权益乘数越高，资产负债率越高

（13）在计算应收账款周转率时，一般用（　　）代替赊销收入净额。

A.销售净收入　　B.销售收入

C.赊销净额　　D.现销净额

（14）如果将限制销售增长的财务约束力降低，其前提条件是（　　）。

A.发行新股　　B.发行债券

C.向银行借款　　D.采用商业信用

（15）如果公司新增的股东权益仅来自留存收益，则当年留存收益增加额的计算公式是（　　）。

A.净利润×股利支付率　　B.净利润×（1-股利支付率）

C.净利润　　D.净利润-股利支付率

2）多项选择题

（1）下列表述正确的有（　　）。

A.当利率大于零，计息期一定的情况下，年金现值系数一定都大于1

B.当利率大于零，计息期一定的情况下，年金终值系数一定都大于1

C.当利率大于零，计息期一定的情况下，复利终值系数一定都大于1

D.当利率大于零，计息期一定的情况下，复利现值系数一定都小于1

（2）下列关于投资风险分析的论述正确的有（　　）。

A.对于高风险的项目，应采用较高的折现率去计算净现值

B.调整现金流量法是用调整净现值公式中分子的办法来考虑风险

C.风险调整折现率法是调整净现值公式分母的办法来考虑风险

D.调整现金流量法克服了风险调整贴现率法夸大远期风险的缺点

E.对于低风险的项目，应采用较高的折现率去计算净现值

（3）以下属于直接投资的项目有（　　）。

A.向甲企业投资货币资金100万元

B.向乙企业投入机器设备一台，价值120万元

C.向丙企业投入专利权一项，作价300万元

D.购买丙企业股票2万股

E.购买丁企业发行的债券

(4) 现金支出管理的方法包括（　　）。

A.合理利用“浮游量”　　B.推迟支付应付款

C.采用汇票付款　　D.改进工资支付方式

E.增加现金销售比例

(5) 实行数量折扣的条件下，决策的相关成本有（　　）。

A.变动性储存成本　　B.变动性进货费用

C.存货的进价成本　　D.缺货成本

E.转换成本

(6) 对于资产负债率的分析，对其正确的评价有（　　）。

A.从债权人角度看，负债比率越大越好

B.从债权人角度看，负债比率越小越好

C.从股东角度看，负债比率越高越好

D.从股东角度看，当全部资本利润率高于债务利息率时，负债比率越高越好

E.从经营者角度看，负债比率越高越好

(7) 放弃现金折扣的成本受折扣百分比、折扣期和信用期的影响。下列各项中，使放弃现金折扣成本提高的情况有（　　）。

A.信用期、折扣期不变，折扣百分比提高

B.折扣期、折扣百分比不变，信用期延长

C.折扣百分比不变，信用期和折扣期等量延长

D.折扣百分比、信用期不变，折扣期延长

E.折扣百分比、折扣期不变，信用期缩短

(8) 从杜邦分析体系可知，可能直接影响企业净资产收益指标的措施有（　　）。

A.提高营业净利率　　B.提高资产负债率

C.提高总资产周转率　　D.提高流动比率

E.提高产权比率

(9) 在哪些情况下可以采用增量预算（　　）。

A.现有的业务活动是企业所必需的

B.原有的各项开支都是合理的

C.增加费用预算是值得的

D.准备剥离部分效益不好的业务

E.各职能部门都能从整体利益出发，按需预算

(10) 计算每股收益，需知道的条件有（　　）。

A.息前税前盈余　　B.债务利息

C.所得税税率　　D.流通在外普通股股数

E.利润总额

(11) 财务分析常用的方法有（　　）。

A.因素分析法　　B.比较分析法

C.趋势分析法　　D.比率分析法

E.综合分析法

（12）如果企业调整资本结构，则企业的资产和权益总额（　　）。

A.可能同时增加　　B.可能同时减少

C.可能保持不变　　D.一定会发生变动

E.可能发生变动

（13）若NPV<0，则下列关系式中正确的有（　　）。

A.NPVR>0　　B.NPVR<0

C.PI<1　　D.IRR<i

E.PI<0

（14）存货日常控制方法有（　　）。

A.归口分级法　　B.经济批量法

C.订货点法　　D.ABC法

E.保本期控制法

（15）如果净资产收益率变动，导致其变动的因素可能是（　　）。

A.息税前利润率　　B.总资产周转率

C.财务成本比率　　D.权益乘数

E.所得税税率

3）判断题

（1）剩余收益=利润-最低投资收益额。（　　）

（2）编制现金预算时，需考虑最低现金持有量。（　　）

（3）财务控制的最终效率的高低取决于是否有切实可行的奖罚制度，以及是否严格执行这一制度。（　　）

（4）在编制零基预算时，应以企业现有的费用水平为基础。（　　）

（5）临近资产负债表日，大量购入存货必然会导致速动比率下降。（　　）

（6）信用期过短，不足以吸引顾客，信用期过长，对销售额增加有利，但如果盲目放宽信用期，所得的收益有时会被增长的费用抵消，造成利润减少。（　　）

（7）开放型基金买卖价格取决于市场供求关系。（　　）

（8）投资项目评价所运用的内含报酬率指标的计算结果与项目预定的折现率高低有直接关系。（　　）

（9）已知（F/P，5%，5）=1.2763，则由此可以算出（P/A，5%，5）=4.3295。（　　）

（10）当企业资本结构达到最佳时，企业价值最大，财务风险最小。（　　）

（11）普通年金现值是一系列复利现值之和。（　　）

（12）经营杠杆并不是经营风险的来源，而只是放大了经营风险。（　　）

（13）基金净资产价值=基金资产总额-基金负债总额。基金的负债金额是相对固定的，所以基金净资产的价值主要取决于基金资产总额的账面价值。（　　）

（14）只要花费必要的收账费用，积极做好收账工作，坏账损失是完全可以避免

的。 (　　)

(15) 利用简单线性回归方法可以直接预测外部资金需要量。 (　　)

综.1.3　案例题

央视广告标王之"死"

"127亿元，同比增长15.52%!" 11月8日晚9时，寒风中的北京梅地亚中心内，中央电视台（以下简称"央视"）2011年黄金资源广告招标，在一片惊叹声中落幕。在诸多门户网站的微博上，适时更新着每一家参与竞标的企业的动向。在这个"你方唱罢我方登场"的央视舞台，产业资本跨行业的纵情搏杀，留下的并非全是"佳话"。回首间，往日央视的众多标王，已经陨落。

1）太子奶的悲歌

太子奶集团曾经是我国最大的发酵型乳酸菌奶饮料集科、工、贸于一体的集团。集团以乳酸菌生物科技为企业核心竞争力，以实业报国为己任，其主导产品"日出"牌太子奶，被列为中国食品饮料行业唯一的"国家火炬计划"高科技产品、中国食品科学技术学会连续十年推荐产品。经过十年发展，集团拥有固定资产逾30亿元，员工万余人，在中国发酵奶行业中，其产量、销量、市场占有率均遥遥领先。

自2002年开始，集团先后投资了30多亿元，在湖南株洲、北京密云、湖北黄冈、江苏昆山、四川成都兴建了五大乳酸菌奶生产基地，全国战略布局宣告完成。至此，亚洲最大的乳制品工业基地——太子奶湖南栗雨工业园正式投产，产业规模达到世界一流。

新世纪的太子奶，以其领衔世界的乳酸菌生物科技优势、引领时尚的市场潜力优势和百万产业大军的营销网络优势，得到了高盛、摩根斯坦利、英联投资等世界顶级金融巨头的青睐，并于2006年11月完成私募，从而向国际化迈出了最坚实的步伐。"红日初升，其道大光；河出伏流，一泻汪洋。"一个五年跻身中国乳业三甲，十年挺进世界五百强，打造中国最大民营科技企业集团、最大食品集团、最大投资机构的宏伟蓝图正徐徐展开。

据媒体报道，2001年到2007年，鼎盛之时的太子奶集团的销售额从5 000万元跃升到30亿元，连续6年业绩翻番。这种增速发展，得益于1998年李途纯在央视以8 888万元夺得食品类企业标王的营销结果。广告投放后，订单雪花一般飘至。有知情人士回忆称：当时来太子奶集团提货的人，排起的队伍一眼看不到头。然而，这一切在2010年4月集团宣布破产后，都被掩盖了。

从1998年以8 888万元竞得央视标王为标志，太子奶集团多年来一直致力于品牌的塑造。近年来，集团更是投入数亿元，用于品牌推广，连续赞助央视春节晚会等诸多营销领域的大手笔，使太子奶品牌的无形资产已经高达60亿元。事实上，当年太子奶集团对央视的竞标，并最终竞得标的成为标王，完全是以赊账的形式完成的。"他们不停地举手要价，其实资产总额还没有竞标价格高。"一位知情人士称，"太子奶集团赢得央视标王的1998年，其实际销售额才3 000多万元。"

成为央视标王后，太子奶集团按照千亿的战略目标开始布局。2002—2006年，集团投入数十亿元在湖南株洲、北京密云等地，启动五大乳酸菌生产研发基地，并启动使集团进入亏损黑洞的“多元化”战略。以太子奶集团为载体，向社会融资维持运转和增长，是其多年来从一家小企业运筹为销售额达数十亿元的大企业的法宝。一份国外著名审计师事务所出具的尽职调查表明，以2005年为例，太子奶集团对外宣称的上亿元净利润，实际连3 000万元都不到。曾经的标王太子奶已经走向末路。

2）秦池酒厂“昙花一现”

太子奶并非是过去20年间，层出不穷的央视标王没落者中的孤例。在2010年11月8日晚结束的新闻联播报时单元的竞标中，白酒类企业表现了凶猛的本性。你来我往的疯狂争夺中，从3 000多万元到3.2亿元。在20个世纪最后10年，酒类品牌不断刷新央视标王的新高，而酒类品牌在历届没落的标王中却占有多席，包括孔府家酒、孔府宴酒等。其中，最具代表性的是两届蝉联标王的秦池酒。

秦池酒厂是山东临朐县的一家生产秦池白酒的公司。1995年，临朐县人口88.7万人，人均收入1 150元，低于山东省平均水平。1995年，秦池酒厂厂长赴京参加第一届“标王”竞标，以6 666万元的价格夺得了央视黄金时段的广告“标王”，这大大出乎了人们的意料，秦池酒厂一夜成名，秦池白酒也身价倍增。中标后的一个多月，秦池酒厂就签订了销售合同4亿元；头两个月秦池酒厂的销售收入就达到2.18亿元，实现利税6 800万元，相当于秦池酒厂建厂以来前55年的总和。1995年6月底，订货已排到了年底。1996年，秦池酒厂的销售也由1995年只有7 500万元一跃到9.5亿元。事实证明，巨额的广告投入确实带来了“惊天动地”的效果。对此，时任厂长十分满意。此后一年，秦池酒厂又以3.2亿元夺得了1997年的央视标王。

然而，新华社1998年6月25日报道：“秦池酒厂目前的生产、经营已经陷入了困境，今年亏损已成定局……”秦池酒最终因为“勾兑门”事件，走向没落。

请根据案例在下列题目中填入适当选项：

1）巨额固定成本支出给公司带来更大的（　　）。

A.生产风险　　B.联合风险

C.财务风险　　D.经营风险

2）要想达到企业财务管理目标，企业需重视以下方面（　　）。

A.资金筹集　　B.资金投放

C.财务预算　　D.财务控制

E.营运资金管理

3）公司持续发展需要持续的财务资源的支持，其基本前提是（　　）。

A.资产结构与资本结构的有机协调

B.现金流动上形成良性的循环

C.注重产品质量

D.强有力的广告支持

E.加强信息披露

4）案例企业失败的主要原因有（　　）。

A.对经营杠杆作用与经营风险认识不足

B.盲目加大酌量性固定成本投资

C.财务资源有限

D.风险管理意识薄弱

E.产品质量不高

5）案例给我们的启示说法不正确的有（　　）。

A.固定成本的存在使公司在产生经营杠杆作用的同时，也带来相应的经营风险

B.财务管理的重点在资产负债表的左边

C.合理的资金调度需要以资产结构的平衡、资本结构的平衡以及资产负债表左右双方的结构性平衡为前提

D.好产品是广告宣传出来的

综.1.4　实训题

就“职业道德”相关领域的“规范与标准”“职业核心能力”和“专业能力”各技能点的“规范与标准”（参见“操练题”的“能力与道德领域”），以及“职业核心能力强化训练‘知识准备’参照范围”（参见“附录一”），在下列题中填入正确的选项：

1）“财务管理基础”这一“专业能力领域”包括的技能点有（　　）。

A.财务管理目标选择技能　　B.财务管理环境把握技能

C.财务关系处理技能　　D.资金时间价值计算技能

E.风险与报酬衡量技能

2）“解决问题（中级）”能力包括的技能点有（　　）。

A.分析问题、提出问题，实施计划、解决问题，验证方案、改进计划

B.分析问题、提出方案，实施方案、解决问题，验证方案、改进计划

C.分析问题、提出对策，实施方案、解决问题，验证方案、改进计划

D.分析问题、提出方案，实施计划、解决问题，验证方案、改进方式

3）“现金流量测算技能”的“规范与标准”有（　　）。

A.能正确掌握现金流量、现金流入量、现金流出量和现金净流量等概念

B.能正确掌握项目的计算期和投资额等概念

C.能正确计算项目各时期的现金净流量

D.能正确计算投资利润率和投资回收期

E.能正确选择适合企业实际情况的筹资方式

4）“经济进货批量确定技能”的“规范与标准”有（　　）。

A.能正确掌握进货成本、储存成本、缺货成本和经济进货批量等概念

B.能运用比较资本成本法确定企业最优资本结构

C.能运用每股收益无差别点分析法确定企业最优资本结构

D.能正确计算进货成本、储存成本和经济进货批量

E.能正确运用经营杠杆和财务杠杆

5）“自我学习（中级）”能力包括的技能点有（　　）。

A.确定中期学习目标

B.能证明取得的学习成果，并能将学到的东西用于新的工作任务

C.实施中期学习计划

D.能开展学习和活动，通过简单的课程和技能训练，提高工作能力

E.检查学习进度

6）不属于“与人交流（中级）”能力的“规范与标准”有（　　）。

A.能为发言作准备，当众讲话并把握讲话内容、方式，借助各种手段说明主题

B.能根据工作要求从多种资料中筛选有用信息，看懂资料的观点、思路和要点，并整理汇总资料

C.能掌握应用文体，注意行文格式；组织利用材料，充实内容要点；掌握写作技巧，清楚表达主题；注意文章风格，提高说服力

D.能为讲演作准备，把握讲演的内容、方式，借助各种手段强化主题

7）“革新创新（中级）”能力包括的技能点有（　　）。

A.揭示不足，提出改进

B.作出并实施创新方案

C.能从多种选择中确认最佳方案，并利用外界信息、资源和条件实施创新活动

D.能揭示事物不足，提出改进意见

E.能用专业术语正确分析财务控制环境因素对企业财务控制决策的影响

8）“撰写关于‘资金筹集管理’的相应《实训报告》技能”的“规范与标准”有（　　）。

A.能合理设计关于“资金筹集管理”的相应《实训报告》，其结构、层次较分明

B.能熟练掌握经营风险和财务风险的含义

C.能较规范地撰写关于“资金筹集管理”的相应《实训报告》

D.能如实地填写实训班级、小组、成员名称，实训时间、地点

E.能运用较规范的文字如实地描述实训目的、实训步骤、实训感言等

综.2　主观题

综.2.1　理论题

1）简答题

（1）简述企业价值最大化作为财务管理目标的优缺点分别是什么？

（2）简述财务管理的环节？

（3）简述财务管理环境？

2）理解题

（1）试理解筹资与投资的关系。

（2）试理解复合杠杆与企业风险的关系。

（3）试理解股票回购对上市公司的影响。

综.2.2　实务题

1）规则复习

（1）项目投资评价指标有哪些？这些指标的计算公式是什么？

（2）试用计算公式说明杜邦分析法中主要指标之间的关系？

（3）责任中心的考核指标有哪些？这些指标的计算公式是什么？

（4）年金的种类有哪些？各种年金的终值和现值的计算公式是什么？

（5）最优资本结构确定方法有哪些？确定办法如何？

2）业务解析

（1）项目投资评价指标之间的关系是怎样的？

（2）财务管理目标应如何协调？

（3）风险和报酬的关系是怎样的？

（4）营运资金周转过程包括哪些？如何表示？

（5）投资中心与成本中心有哪些区别？

综.2.3　案例题

巨人集团失败的财务分析

背景与情境：

1989年8月，从深圳大学软件科学管理系硕士毕业的史玉柱和三个伙伴，用借来的4 000元钱承包了天津大学深圳科技工贸发展公司的电脑部，并用手头仅有的这4 000元钱在《计算机世界》利用先打广告后付款的方式做了8 400元的广告，将其开发的M-6401桌面排版印刷系统推向市场。广告打出后13天，史玉柱的银行账户第一次收到了3笔汇款，共15 820元，巨人集团的事业由此起步。到9月下旬，史玉柱将收到的款项全部再次投向广告。4个月后，M-6401的销售额一举突破百万大关，从而奠定了巨人集团创业的基石。

1991年4月，珠海巨人新技术公司注册成立，公司共15人，注册资金200万元，史玉柱任总经理。8月，史玉柱投资80万元，组织10多个专家开发出M-6401汉卡上市。11月，公司员工增加到30人，M-6401汉卡销售量跃居全国同类产品之首，纯利润达1 000万元。

1992年7月，巨人公司实行战略转移，将管理机构和开发基地由深圳迁往珠海。9月，巨人公司改为珠海巨人高科技集团公司（以下简称“巨人集团”），注册资金1.19亿元。史玉柱任总裁，公司员工发展到100人。12月底，巨人集团主推的M-6401汉卡年销售量为2.8万套，销售产值共1.6亿元，实现纯利润3 500万元。年发展速度达500%。

1993年1月，巨人集团在北京、深圳、上海、成都、西安、武汉、沈阳、香港成立了8家全资子公司，员工增至190人。12月，巨人集团发展到290人，在全国各地成立了38家全资子公司。巨人集团在1年之内推出中文手写电脑、中文笔记本电脑、巨人传真卡、巨人中文电子收款机、巨人钻石财务软件、巨人防病毒卡、巨人加密卡等产品。同年，巨人实现销售额300亿元，实现利税4 600万元，成为中国极具实力的计算机企业。

由于国际电脑公司的进入，电脑业于1993年步入低谷，巨人集团也受到重创。1993年至1994年，全国兴起房地产和生物保健品热，为寻找新的产业支柱，巨人集团开始走多元化经营之路——计算机、生物工程和房地产。在公司1993年开始的生物工程刚刚打开局面但尚未稳固的情况下，巨人集团毅然向房地产这一完全陌生的领域进军。想在房地产业中大展宏图的巨人集团一改初衷，拟建的巨人科技大厦设计方案一变再变，楼层节节拔高，从最初的18层一直涨到70层，投资也从2亿元涨到12亿元，1994年2月破土动工，气魄越来越大。对于当时仅有1亿元资产规模的巨人集团来说，单凭巨人集团的实力，根本无法承受这项浩大的工程。对此，史玉柱的想法是：1/3靠卖楼花，1/3靠贷款，1/3靠自有资金。但令人惊奇的是，巨人科技大厦从1994年2月破土动工到1996年7月，巨人集团未申请过一分钱的银行贷款，全凭自有资金和卖楼花的钱支撑。1994年3月，巨人集团推行体制改革，公司实行总裁负责制，史玉柱任集团董事长。1994年8月，史玉柱突然召开全体员工大会，提出“巨人集团第二次创业的总体构想”。其总目标是：跳出电脑产业，走产业多元化的扩张之路，以发展寻求解决矛盾的出路。1995年2月，巨人集团隆重召开表彰大会，对在巨人“脑黄金”战役第一阶段作出重大贡献的一批“销售功臣”予以重奖。5月18日，巨人集团在全国发动促销电脑、保健品、药品的“第二大战役”。霎时间，巨人集团以集中轰炸的方式，一次性推出电脑、保健品、药品三大系列的30个产品。巨人产品广告同时以整版篇幅跃然于全国各大报纸之上。不到半年，巨人集团的子公司就从38家发展到228家，公司员工也从原来的200人发展到2 000人。

多元化的快速发展使得巨人集团自身的弊端暴露无遗。1995年7月11日，史玉柱在提出第二次创业的一年后，不得不再次宣布进行整顿，在集团内部进行了一次干部大换血。8月，巨人集团向各大销售区域派驻财务总监和监察审计总监，财务总监和监察审计总监直接对总部负责，同时，两者又各自独立，相互监控。但是，整顿并没有从根本上扭转这一局面。9月，巨人集团的发展形势急转直下，步入低潮。伴随着10月份发动的“秋季战役”的黯然落幕，1995年年底，巨人集团面临着前所未有的严峻形势，财务状况进一步恶化。

1996年年初，史玉柱为挽回局面，将公司重点转向减肥食品“巨不肥”。3月，“巨不肥”营销计划顺利展开，销售量大幅上升，公司情况有所好转。可是，一种产品销售得不错并不代表公司整体状况好转，公司旧的制度弊端及管理缺陷并没有得到解决。相反，“巨不肥”带来的利润还被一些人私分了。集团公司内各种违规违纪、挪用贪污事件层出不穷。其属下的全资子公司康元公司，由于公司财务管理混乱，集团公司也未派出财务总监对其进行监督，导致公司内部浪费现象严重，债台高筑。截至1996年年底，康元公司累计债务已达1亿元，且大量债务存在水分，相当一部分是由于公司内部人员侵吞造成的，公司资产流失严重。而此时，更让史玉柱焦急的是预计投资亿元的巨人大厦。他决定将生物工程的流动资金抽出投入巨人大厦的建设，而不是停工。进入7月份，全国保健品市场普遍下滑，巨人保健品的销量也急剧下降，维持生物工程正常运作的基本费用和广告费用不足，生物产业的发展受到了极大影响。

按原合同，巨人大厦施工三年，应当盖到20层，1996年年底兑现，但由于施工不顺利而没有完工。巨人大厦动工时为了筹措资金，巨人集团在中国香港卖楼花得到了6 000万元港币，在内地卖楼花得到了4 000万元人民币。其中，在内地签订的楼花买卖协议规定，三年大楼一期工程（盖20层）完工后履约，如未能如期完工，应退还定金并给予经济补偿。而当1996年年底大楼一期工程未能完成时，巨人大厦动工时所得的4 000万元人民币楼花就成了导致巨人集团财务危机的导火索。巨人集团终因财务状况不良而陷入了破产的危机之中。

问题：

1）多元化经营的陷进何在？

2）企业在财务资源有限的条件下，如何解决资金短缺？

3）你认为巨人集团财务管理的做法有哪些教训？

分析要求：

1）形成性要求

（1）学生根据案例中提出的问题，分别拟定《案例分析提纲》；进行小组讨论，形成小组《案例分析报告》；班级交流并修订小组《案例分析报告》，教师对经过交流和修改的各小组的《案例分析报告》进行点评；在班级内展出附有“教师点评”的小组优秀《案例分析报告》，供学生研究借鉴，并将其纳入本校该课程的教学资源库。

（2）了解“附录二”中附表2-1“形成性考核”的“考核指标”与“考核内容”。

2）成果性要求

（1）案例课业要求：以经班级交流和教师点评的《案例分析报告》为最终成果。

（2）课业的结构、格式与体例要求：参照“课业范例”的范例综-4-1。

（3）其他要求：了解“附录二”中附表2-1“课业考核”的“考核指标”与“考核内容”。

综.2.4　实训题

“财务管理”业务胜任力训练

【实训目的】

参加“财务管理”业务胜任能力的实践训练。在了解和把握本实训所涉及“能力与道德领域”相关技能点的“规范与标准”的基础上，通过切实体验“财务管理”各实训任务的完成，系列技能操作的实施，各种实训报告编制的准备、撰写、讨论与交流等，有质量、有效率地活动，培养学生“财务管理”的专业能力，强化其“自我学习”“信息处理”“数字应用”“与人交流”“与人合作”“解决问题”和“革新创新”（中级）等职业核心能力（中级），并通过“认同级”践行“职业观念”“职业情感”“职业理想”“职业态度”“职业良心”“职业作风”和“职业守则”等行为规范，促进健全职业人格的塑造。

【实训内容】

专业能力训练：其“领域”“技能点”“名称”和操作“规范与标准”见表综-1。

表综-1　　**专业能力训练领域、技能点、名称及其参照规范与标准**

能力领域	技能点	名称	参照规范与标准
财务管理	技能I	财务管理观念运用技能	（1）能正确计算货币的终值和现值 （2）能用货币时间价值评判投资方案优劣 （3）能正确计算投资项目的期望值、标准离差、标准离差率和无风险报酬率

续表

能力领域	技能点	名称	参照规范与标准
财务管理	技能Ⅱ	资金筹集管理技能	（1）能正确预测资金需要量 （2）能合理选择筹资方式 （3）能正确计算资本成本 （4）能正确衡量经营风险和财务风险 （5）能合理确定最优资本结构
	技能Ⅲ	投资管理技能	（1）能正确测算现金流量 （2）能正确运用非贴现指标进行评价 （3）能正确运用贴现指标进行评价 （4）能合理估算证券价值 （5）能正确计算证券投资收益率
	技能Ⅳ	营运资金管理技能	（1）能合理确定最佳现金持有量 （2）能正确制定信用政策 （3）能合理确定经济进货批量
	技能Ⅴ	利润分配管理与财务报表分析技能	（1）能合理分配企业利润 （2）能正确计算单一财务指标并进行简单分析 （3）能对企业财务报表进行综合分析
	技能Ⅵ	财务预算技能	（1）能正确运用财务预算方法 （2）能正确编制财务预算
	技能Ⅶ	财务控制技能	（1）能正确计算责任中心考核指标 （2）能正确编制责任预算 （3）能正确编制责任报告
	技能Ⅷ	撰写关于“财务管理”的相应《实训报告》技能	（1）能合理设计关于“财务管理”的相应《实训报告》，其结构、层次较分明 （2）能较规范地撰写所述《实训报告》 （3）本教材网络教学资源包中《学生考核手册》考核表综-1和考核表综-2所列各项“考核指标”和“考核标准”

职业核心能力和职业道德训练：其内容、种类、等级与选项见表综-2。

表综-2　**职业核心能力与职业道德训练内容、种类、等级与选项表**

内容	职业核心能力							职业道德						
种类	自我学习	信息处理	数字应用	与人交流	与人合作	解决问题	革新创新	职业观念	职业情感	职业理想	职业态度	职业良心	职业作风	职业守则
等级	中级	中级	中级	中级	中级	中级	中级	认同级	认同级	认同级	认同级	认同级	认同级	认同级
选项	√	√	√	√	√	√	√	√	√	√	√	√	√	√

【组织形式】

将班级学生分成若干实训小组，根据实训内容和项目需要进行角色划分。

【实训任务】

(对表综-1所列专业能力领域各技能点，依照其“参照规范与标准”实施阶段性基本训练。

【实训要求】

(1) 实训前学生要了解并熟记本实训的“实训目的”“能力与道德领域”“实训任务”与“实训要求”，了解并熟记本教材网络教学资源包中《学生考核手册》考核表综-1各表和考核表综-2中的“考核指标”与“考核标准”的内涵，将其作为本实训的操练点和考核点来准备。

(2) 通过“实训步骤”，将“实训任务”所列三种训练整合并落实到本实训的“活动过程”和“成果形式”中。

(3) 实训后学生要对本次“财务管理”的实训活动进行总结，在此基础上撰写实训报告。

【情境设计】

将学生分成若干实训组，各组从“实训课业”题目中任选其一，结合题目内容和本课程相关“实训资料”，进行关于“财务管理”的实训。各实训组通过参与和体验所述项目的运作、实训任务的完成，以及相应《实训报告》的准备、撰写、讨论与交流等实践活动，完成各自实训任务。

【指导准备】

知识准备：

(1)“财务管理”的理论与实务知识。

(2)“附录一”附表1的“知识准备”中，与本章“职业核心能力‘强化训练项’”各技能点相关的“‘知识准备’参照范围”。

(3)“附录二”附表2-2、附表2-3中，涉及本章“职业核心能力领域‘强化训练项’”各技能点和“职业道德领域‘相关训练项’”的“规范与标准”知识。

操作指导：

(1) 教师向学生阐明“实训目的”“能力与道德领域”和“知识准备”。

(2) 教师就“知识准备”中的第(2)、(3)项，对学生进行培训。

(3) 教师指导学生就操练项目企业的财务管理资料进行熟悉、分析、判断，并根据分析、判断结果准确地进行归类。

(4) 教师指导学生就操练项目“财务管理观念运用”“资金筹集管理”“投资管理”“营运资金管理”“利润分配管理与财务报表分析”“财务预算”“财务控制”进行正确分析。

(5) 教师指导学生撰写关于“财务管理”的相应《实训报告》。

【实训时间】

全书课堂教学内容结束后的双休日和课余时间，为期一周。

【实训步骤】

（1）将学生组成若干个实训组，每8～10位同学分成一组，每组确定1～2人负责。

（2）对学生进行“财务管理”实训的“知识准备”培训。

（3）指导各实训组熟悉操练项目企业的财务管理资料。

（4）指导各实训组结合课业题目和所选资料，分别讨论完成“财务管理观念运用”“资金筹集管理”“投资管理”“营运资金管理”“利润分配管理与财务报表分析”“财务预算”“财务控制”。

（5）各实训组在实施上述训练的过程中，融入对“自我学习”“信息处理”“数字应用”“与人交流”“与人合作”“解决问题”“革新创新”职业核心能力各技能点的“中级”强化训练，以及对“职业观念”“职业情感”“职业理想”“职业态度”“职业良心”“职业作风”“职业守则”职业道德领域各素质点的“认同级”相关训练。

（6）各实训组成员撰写、交流和完善作为最终成果形式的关于“财务管理”的相应《实训报告》。

【成果形式】

实训课业（任选其一）：

《瑞利公司财务管理观念运用实训报告》

《阳光股份有限公司筹资管理实训报告》

《郑馨公司投资管理实训报告》

《新有公司营运资金管理实训报告》

《华瑞公司利润分配管理和财务报表分析实训报告》

《瑞安公司预计财务报表编制实训报告》

《新盛集团财务控制实训报告》

课业要求：

（1）实训报告的内容、结构与体例参照“课业范例”的范例综-4-2。

（2）各组成员撰写的《实训报告》初稿应先经小组讨论，然后选拔优胜者参加班级交流讨论。

（3）各组成员在班级交流的基础上进一步完善《实训报告》。

（4）各组成员完成的《实训报告》应由项目指导教师、项目组长、项目组成员三方签字负责。

（5）将附有“教师点评”的优秀实训报告在班级展出，并纳入本校该课程的教学资源库。

综.3　实训资料

实训资料综-3-1

瑞利公司财务管理观念运用

背景与情境：

瑞利公司相关资料如下：

1）经营一幢位于甲城市繁华地段的高档写字楼，现打算将写字楼的裙楼的商铺使用权进行出租，租期为10年。目前有A和B两家企业最具有能力承租。A企业的付款方案是：从取得使用权第1年开始，每年支付租金1 000万元，直到10年期结束。B企业的付款方案是：在取得使用权时，一次性预付租金4 000万元，8年后再付6 000万元。假设瑞利公司年投资回报率为15%。

2）现有四个待选方案的投资分析工作，各方案的投资期都一样，具体资料见表综-3。

表综-3 **四个待选方案投资分析表**

经济状况	概　率	方案一	方案二	方案三	方案四
衰退	0.2	10%	6%	22%	5%
一般	0.6	10%	11%	14%	15%
繁荣	0.2	10%	31%	-4%	25%

问题：

1）瑞利公司应将裙楼商铺出租给哪一家企业？

2）计算四个方案的期望收益率、标准离差和标准离差率。

实训资料综-3-2

阳光股份有限公司筹资管理

背景与情境：

阳光股份有限公司2010年为扩大生产规模，在现有资本规模的基础上，拟再筹资5 000万元。财务部经过反复研究，拟订了两套筹资方案：发行股票筹资5 000万元或发行公司债券筹资5 000万元。计算综合资本成本和每股收益无差别点，并进行筹资风险分析，撰写筹资结构决策分析报告提交公司董事会决策。相关资料如下：

1）阳光股份有限公司销售部门制订的《公司生产经营可行性分析报告》摘要表见表综-4。

表综-4 **《公司生产经营可行性分析报告》摘要表**

项　目	内　容
主要产品销售调查分析	原有老产品甲和乙均处于成长期，产品销售量迅速增长，产品成本明显降低，企业可以组织大批量生产。随着产销量的迅速增长，企业利润也迅速上升。公司在扩大甲、乙产品生产经营规模的同时，新开发的丙产品，市场前景较好，发展潜力较大
经营预测分析	本公司2009年销售额为6 800万元，息税前利润为2 800万元。据市场调查预测，公司扩大生产经营规模后，产品市场占有率进一步提高，销售预计将增长15%，息税前利润预计将达到3 700万元

2）阳光股份有限公司财务部门拟订的资金筹集方案见表综-5。

表综-5　**资金筹集方案**

项　目	内　容
企业原资本结构	公司目前资本结构为权益资本15 000万元，股本面值10元，股权资本成本率为12.5%；债务资本10 000万元，负债年利率8%，每年还本付息一次，负债资本成本率为7.8%，期限5年
方案A：发行股票5 000万元	为扩大经营规模，公司可按面值发行普通股5 000万元，面值为12.5元；筹资费用率为5%，第一年预计每股发放股利1.5元，预计未来股利每年增长5%
方案B：发行债券5 000万元	为扩大经营规模，发行公司债券5 000万元，票面年利率为12%，每年付息一次，发行价为5 000万元，发行费用率为4%，所得税税率为25%
合计	30 000万元

问题：

1）计算个别资本成本率和综合资本成本率。

2）计算每股收益无差别点的息税前利润。

3）运用比较资本成本法和每股收益无差别点法进行资本结构决策分析。

4）撰写资本结构决策分析报告。

实训资料综-3-3

郑馨公司投资管理

背景与情境：

郑馨公司现有资金2 000万元，拟进行如下投资：

1）准备购入一项设备以扩充公司的生产能力。该方案需投资1 000万元，使用寿命为7年，采用直线法计提折旧，7年后设备无残值。7年中每年销售收入为600万元，每年的付现成本为200万元。该公司所得税税率为25%，资本成本率为8%。

2）准备购入庆尚公司发行的债券。该方案需投资1 000万元，假设债券面值为100元，票面利率为8%，期限5年，郑馨公司要对这种债券进行投资，当前的市场利率为6%。

问题：

试计算如下指标：

1）该方案的各年现金净流量是多少？

2）该方案的投资回收期和会计收益率是多少？

3）该方案的净现值、现值指数和内含报酬率是多少？

4）如果你是财务经理，运用贴现评价指标决策该方案是否可行？

5）债券价格为多少时才能进行投资？

实训资料综-3-4

新有公司营运资金管理

背景与情境：

新有公司营运资金管理情况如下：

1）现有四种可供选择的现金持有方案，见表综-6。

表综-6 **现金持有方案表** 单位：万元

项目	甲方案	乙方案	丙方案	丁方案
现金持有量	200	250	300	400
机会成本	20	25	30	40
管理成本	2	2	2	2
短缺成本	40	30	10	2
总成本				

该公司投资收益率为10%，可作为机会成本率。

2）为扩大销售，提高竞争力，在原有信用标准的基础上拟订了甲、乙两个备选方案。原方案与甲、乙方案的有关资料见表综-7。

表综-7 **备选方案资料表** 金额单位：万元

项目	原方案	甲方案	乙方案
年赊销收入总额	3 000	3 400	3 800
坏账损失率	2%	2.5%	5%
应收账款平均收账期（天）	30	45	90
收账费用	25	45	70

该公司的生产能力尚有剩余，增加产量只增加变动成本，变动成本率为65%，应收账款的机会成本率为9.5%。假设不考虑所得税因素。

3）公司每年需耗用甲材料72 000千克，该材料的单位采购成本为20元，单位储存成本5元，平均每次进货费用50元。假设不考虑缺货成本和数量折扣。

问题：

假如你是新有公司财务经理，将如何处理以下问题：

1）选择哪一个现金持有方案？

2）为该公司作出信用标准的决策？

3）为该公司确定最佳采购批量、相关总成本、年度最佳进货批次和经济进货批量平均占用资金？

实训资料综-3-5

华瑞公司利润分配管理和财务报表分析

背景与情境：

华瑞公司2010年资产负债表和利润表见表综-8和表综-9。

表综-8 **资产负债表**

编制单位：华瑞公司　　2010年12月31日　　单位：万元

资　产	期末余额	年初数	负债及所有者权益	期末余额	年初数
流动资产：		（略）	流动负债：		（略）
货币资金	2 500	5 650	短期借款	5 000	
以公允价值计量且变动计入当期损益的金融资产	1 500	1 500	以公允价值计量且变动计入当期损益的金融负债		
应收票据			应付票据	500	500
应收账款	900	6 300	应付账款	2 000	4 420
预付款项			预收款项		
应收利息			应付职工薪酬	270	270
应收股利			应交税费	340	340
其他应收款			应付利息		
存货	5 100	2 210	应付股利	20	2 165
划分为持有待售的资产			其他应付款		
一年内到期的非流动资产			划分为持有待售的负债		
其他流动资产			一年内到期的非流动负债		
流动资产合计	10 000	15 660	其他流动负债		
非流动资产：			流动负债合计	8 130	7 695
可供出售金融资产			非流动负债：		
持有至到期投资			长期借款		5 000
长期应收款			应付债券	5 000	5 000
长期股权投资			长期应付款		
投资性房地产			专项应付款		
固定资产	13 700	14 750	预计负债		
在建工程			递延收益		

续表

资　产	期末余额	年初数	负债及所有者权益	期末余额	年初数
工程物资	800	800	递延所得税负债		
固定资产清理			其他非流动负债		
生产性生物资产			非流动负债合计	5 000	10 000
油气资产			负债合计	13 130	17 695
无形资产	500	500	所有者权益（或股东权益）:		
开发支出			实收资本（或股本）	9 000	9 000
商誉			资本公积	700	700
长期待摊费用			减：库存股		
递延所得税资产			其他综合收益		
其他非流动资产			盈余公积	1 390	1 819
非流动资产合计	15 000	16 050	未分配利润	780	2 496
			所有者权益合计	11 870	14 015
资产总计	25 000	31 710	负债及所有者权益总计	25 000	31 710

表综-9　　**利润表**

编制单位：华瑞公司　　2010年12月　　单位：万元

项目	行次	本期金额	上期金额
一、营业收入		78 000	65 000
减：营业成本		62 400	52 000
营业税金及附加		3 832.5	3 250
销售费用		3 120	2 600
管理费用		2 340	1 950
财务费用		587.5	500
资产减值损失		11 750	（略）
加：公允价值变动收益（损失以“-”号填列）		5	（略）
投资收益（损失以“-”号填列）		216 900	600
其中：对联营企业和合营企业的投资收益			（略）
二、营业利润（亏损以“-”号填列）		5 720	5 300

续表

项目	行次	本期金额	上期金额
加：营业外收入		30 000	（略）
减：营业外支出		220	100
其中：非流动资产处置损失			（略）
三、利润总额（亏损以“-”号填列）		5 720	5 200
减：所得税费用		1 430	1 300
四、净利润（亏损以“-”号填列）		4 290	3 900
五、每股收益			（略）
（一）基本每股收益			（略）
（二）稀释每股收益			（略）
六、其他综合收益			（略）
七、综合收益总额			（略）

假定公司2011年需筹集资金1 500万元，并且面临着从外部筹资的困难，只能从内部筹资。

问题：

1）分析华瑞公司的偿债能力、营运能力和盈利能力。

2）根据所给资料，分析华瑞公司2010年的净利润应如何分配？

实训资料综-3-6

瑞安公司预计财务报表编制

背景与情境：

瑞安公司为一家商业企业，该企业财务总监晓晓拟编制20×8年2月份的预计财务报表，想了解通过各部门的努力后预计的财务状况及经营成果。

有关资料见表综-10。

表综-10　**瑞安公司2月初资产负债表**　单位：元

项　目	2月初金额
货币资金	45 000
应收账款(含坏账准备)	60 400
减：坏账准备	804
应收账款净额	59 596
存货	180 000

续表

项　目	2月初金额
流动资产合计	284 596
固定资产净值	36 000
资产总额	320 596
短期借款	40 596
应交税费	
应付职工薪酬	
流动负债合计	40 596
实收资本	200 000
未分配利润	80 000
权益合计	320 596

假设该公司的期初应收账款按净额收回，坏账准备采用个别认定法计提，本期没有发生坏账，其他资料见表综-11。

表综-11　**瑞安公司相关预算资料**　金额单位：元

预算资料	金额与比率
2月份销售额预算数	140 000
3月份销售额预算数	120 000
预计销售当月可收回货款	60%
次月收回销售款	38%
坏账发生率	2%
毛利率	30%
每月进货总额为下月计划销售额	70%
本期新增固定资产	20 000
每月折旧	5 000
每月现金支付其他费用	20 000
所得税税率	25%
本期分配利润	4 000
本期向银行进行流动资金借款	5 000
本期偿还短期借款	4 000

问题：

1）编制瑞安公司20×8年2月份预计利润表。

2）编制瑞安公司20×8年2月份预计资产负债表。

实训资料综-3-7

新盛集团财务控制

背景与情境：

新盛集团是一家生产日化产品的企业集团。该集团现有多个责任中心，其中三个责任中心的基本情况如下：

甲车间是一个成本中心。生产护肤品，预算产量为10 000件，单位成本为40元，实际产量为11 000件，单位成本为41元。

乙部门是一个人为利润中心。本期实现内部销售收入2 000万元，销售变动成本为1 500万元，该中心负责人可控固定成本为180万元，中心负责人不可控应由该中心负担的固定成本为100万元。

丙部门是一个投资中心，利润为3 000万元，净资产平均占用额为30 000万元，股东权益为28 000万元，规定的最低投资报酬率为11%。

问题：

1）计算甲车间的成本变动额和成本变动率？

2）计算乙部门的边际贡献总额、利润中心负责人可控利润总额和利润中心可控利润总额？

3）计算丙部门的剩余收益，如果现有一投资机会，可带来13%的投资报酬率，试分析丙部门是否愿意投资？

综.4 课业范例

范例综-4-1

中石化财务管理目标演进案例分析报告

（组长：　　　　　　组员：　　　　　　　　　　　　　　　　　　　　）

背景与情境：

中国石油化工股份有限公司（简称“中石化”）是一家上中下游一体化、石油石化主业突出、拥有比较完备销售网络、境内外上市的股份制企业。中石化是由中国石油化工集团公司依据《中华人民共和国公司法》，以独家发起方式于2000年2月25日设立的股份制企业。中石化167.8亿股H股股票于2000年10月18、19日分别在香港、纽约、伦敦三地交易所成功发行上市；2001年7月16日在上海证券交易所成功发行28亿股A股股票。截至2006年年底，中石化总股本为867亿股，中石化集团公司持股占75.84%，外资股占19.35%，社会公众股占4.81%。

中石化是中国最大的一体化能源化工公司之一，主要从事石油与天然气勘探开发、开采、管道运输、销售；石油炼制、石油化工、化纤、化肥及其他化工生产与产品销售、储运；石油、天然气、石油产品、石油化工及其他化工产品和其他商品、技术的进出口、代理进出口业务；技术、信息的研究、开发、应用。中石化是中国最大的石油产品（包括汽油、柴油、航空煤油等）和主要石化产品（包括合成树脂、合成纤维单体及聚合物、合成橡胶、化肥和中间石化产品）生产商和供应商，也是中国第二大原油生产商。中石化建立了规范的法人治理结构，实行集中决策、分级管理和专业化经营的事业部制管理体制。中石化现有全资子公司、控股和参股子公司、分公司等共80余家，包括油气勘探开发、炼油、化工、产品销售以及科研、外贸等企业和单位，经营资产和主要市场集中在中国经济最发达、最活跃的东部、南部和中部地区。

综合中石化相关数据以及国有企业改革的历程，可以得出以下结论：

(1) 包干制和激励机制阶段。

这一阶段即90年代中期以前，工业生产总值持续高速增长，而这个时期的工业生产总值最大化一直是中石化的主要生产经营目标。

(2) 现代企业制度阶段。

随着企业自主权的进一步加大，市场经济体系的进一步完善，以及国有企业亏损的不断恶化，政府希望通过建立现代企业制度和引进国外先进的企业管理经验来激励国有企业实现利润最大化。但是实现利税总额、利润（总额）与净利润在1999年之前有多个年度处于负增长，这说明利润最大化的目标没有实现。

(3) 国有企业上市阶段。

由于股票初始上市IPO效应，利润（总额）与净利润在1999年有较大幅度增长，在2000年稍有下降，之后平稳增长；每股收益率在2000年有较大幅度的增长，在2001年稍有下降，之后平稳增长。中石化香港股票市场股价持续波动增长，涨幅远高于道琼斯股票指数以及上证综合指数。这表明股东价值最大化是财务管理的目标之一。

(4) 国有资产保护和可持续发展阶段。

随着科学发展观和建立和谐社会要求的提出，中石化更加关注企业社会责任。此阶段财务管理的目标是社会价值最大化。社会价值最大化要求企业在实现自身利益的同时，还要正确处理其与国家、社会、消费者和债权人等之间的关系，并尽可能使这些社会公众的利益得到最大满足。社会价值最大化是一个综合目标，即投资人、债权人、经营者、政府和社会各方利益最大化。

问题：

1）中石化在发展过程中的财务管理目标主要有哪些？

2）财务管理目标的制定需遵循哪些原则？

3）你认为中石化能否将社会价值最大化作为企业的财务管理目标？

分析：

1）中石化在发展过程中的财务管理目标主要有：产值最大化目标、利润最大化目标、股东财富最大化目标和企业价值最大化目标。

2）财务管理目标的制定需遵循如下原则：(1) 价值导向和风险控制原则。财务管理目标首先必须激发企业创造更多的利润和价值，但同时也必须时刻提醒经营者要控制经营风险。(2) 兼顾更多利益相关者的利益而不偏袒少数人利益的原则。企业是一个多方利益相关者利益的载体，财务管理的过程就是一个协调各方利益关系的过程，而不是激发矛盾的过程。(3) 兼顾适宜性和普遍性原则。企业既要考虑财务管理目标的可操作性，又要考虑财务管理目标的适用范围。(4) 绝对稳定和相对变化原则。财务管理目标既要保持绝对的稳定，以便制定企业的长期发展战略，同时又要考虑对目标的及时调整，以适应环境的变化。(5) 与经济和社会发展阶段相适应原则。例如，中石化在包干制和激励机制阶段，选择产值最大化作为其目标；在现代企业制度阶段，选择利润最大化作为其目标；在国有企业上市阶段，选择股东价值最大化作为其目标；在国有资产保护和可持续发展阶段，选择社会价值最大化作为其目标。

无论是股东财富最大化目标，还是其他财务管理目标，如产值最大化目标、利润最大化目标、企业价值最大化目标，甚至包括非主流财务管理目标——相关者利益最大化目标，都在存在诸多优点的同时，也存在一些自身无法克服的缺点。在选择财务管理目标时，可以同时选择两个以上的目标，以便克服各目标的不足，在确定具体选择哪几个组合财务管理目标时，可遵循以下原则：(1) 组合后的财务管理目标必须有利于企业提高经济效益，有利于企业提高“三个能力”(营运能力、偿债能力和盈利能力)，有利于维护社会的整体利益。(2) 组合后的财务管理目标之间必须要有主次之分，以便克服各财务管理目标之间的矛盾和冲突。

3) 社会价值最大化观点认为，企业利益与社会利益之间存在经常性的矛盾，因此，在强调企业所有者的利益时，必须将企业的社会责任考虑进去，并认为一家企业对社会应承担的基本责任不仅是可以明确的，而且是可以量化的，不应该将其排除在企业或公司理财目标之外。该观点强调企业利益必须与社会利益相一致，企业必须履行其社会责任。

特别是随着新经济时代的到来，在强调实现企业价值、利益的同时，已经不可能忽视社会公众的利益问题，如保护消费者的合法权益、合理雇用员工、支持社会教育及福利事业、积极参与环境保护、满足社会需求、保证社会资源的合理配置等。换而言之，在当今社会中，企业不可能单纯地为追求价值最大化而不顾其他方面的问题。况且，任何企业都不可能脱离社会而独立存在，所以社会价值最大化也是企业财务管理目标之一。

社会利益的承担虽然在某种程度上会增加企业资金的支出，从表面上看似乎会减少企业利润，进而影响企业价值。但是，企业存在于社会之中，离开社会，企业便成了无本之木。在市场经济中，企业为社会提供商品和劳务这一基本职能的体现尤为突出。因此，履行和承担社会责任是市场经济中任何企业生存与发展的基本条件。如果企业在确定经营战略和生产计划时，不考虑社会公众利益，不承担相应的社会责任，只顾追求本企业的利益最大化，那么这家企业就得不到社会的支持，生产经营就难以持续，最终会导致破产。对于投资者而言，他们也不会选择那些不愿承担社会责任的企业作为投资对象。因为，只顾眼前利益、忽视社会责任是一种短期行为，给这样的企业投资，投资回报率很不确定，风险性极大。所以，企业要正确处理提高本企业经济效益与履行社会责任之间的关系，在谋求自身经济利益的同时，必须追求相应的社会公众利益。同时，社会公众利益的承担也有利于企业树立良好的社会形象，符合企业自身发展的长远利益。

总之，社会价值最大化的观点是企业更深层次的认识，是财务管理目标理论的又一次飞跃。中石化能够将社会价值最大化作为企业的财务管理目标。

范例综-4-2

万科2006—2007年财务报表分析综合实训报告

背景与情境：

万科（000002）是我国房地产上市公司，某投资机构需要对该公司进行财务报表分析。

（1）万科2005—2007年有关财务数据见表综-12、表综-13和表综-14。

表综-12　**资产负债表**　单位：元

项目 \ 日期	2007-12-31	2006-12-31	2005-12-31
流动资产：			
货币资金	17 046 504 584	10 743 695 198	3 249 034 711
交易性金融资产		1 009 054	
应收票据			
应收账款	864 883 013	364 609 673	377 307 701
预付款项	8 284 197 851	2 087 918 059	702 577 950
应收利息			
应收股利			
其他应收款	2 764 056 869	671 005 747	704 969 707
存货	66 472 876 871	30 805 028 159	14 849 481 106
划分为持有待售的资产			
一年内到期的非流动资产			
其他流动资产		4 527 867	1 554 913
流动资产合计	95 432 519 188	44 677 793 757	19 884 926 088
非流动资产：			
可供出售金融资产	488 844 114		
持有至到期投资			

续表

项目 \ 日期	2007-12-31	2006-12-31	2005-12-31
长期应收款			
长期股权投资	2 438 609 165	3 252 548 432	1 844 129 697
投资性房地产	277 090 575		
固定资产	575 205 555	507 019 034	216 704 103
在建工程	271 270 240	3 272 023	19 699 697
工程物资			
固定资产清理			
生产性生物资产			
油气资产			
无形资产			
开发支出			
商誉			
长期待摊费用	6 871 652	67 284 325	26 932 476
递延所得税资产	604 057 419		
非流动资产合计	4 661 948 720		
资产总计	100 094 467 908	48 507 917 571	21 992 392 061
流动负债：			
短期借款	1 104 850 000	2 715 470 000	900 000 000
交易性金融负债	20 957 112		
应付票据			3 781 990
应付账款	11 103 797 390	56 528 238 924	33 356 802 808
预收款项	21 622 747 401	8 836 350 970	4 664 152 791
应付职工薪酬	729 790 790	31 488 783	17 719 177
应交税费	795 716 627	60 895 704	43 491 656
应付利息			
其他应交款		11 354 128	-67 030

续表

项目 \ 日期	2007-12-31	2006-12-31	2005-12-31
应付股利			
其他应付款	5 907 447 421	2 611 077 190	1 210 901 611
一年内到期的非流动负债	7 488 676 903	1 090 094 000	662 980 000
其他流动负债：			
流动负债合计	48 773 983 644	21 884 969 699	10 859 763 003
非流动负债：			
长期借款	16 362 079 840	9 510 878 981	1 194 889 180
应付债券			884 762 649
长期应付款		57 003 864	428 573 864
专项应付款			
预计负债	37 962 953	31 677 271	23 979 011
递延所得税负债	991 004 611		
其他非流动负债	9 913 831	17 391 620	19 201 126
非流动负债合计	17 400 961 235	9 616 951 736	2 551 405 830
负债合计	66 174 944 879	31 501 921 435	13 411 168 833
所有者权益（或股东权益)：			
实收资本（或股本）	6 872 006 387	4 369 898 751	3 722 687 670
资本公积	12 830 465 899	5 431 777 483	1 075 553 874
库存股			
盈余公积	5 395 470 156	4 402 087 927	2 893 840 406
未分配利润	4 032 906 218	668 538 493	613 894 468
外币报表折算差额	147 798 941	10 068 656	3 626 139
归属于母公司股东权益合计	29 278 647 601	14 882 371 310	8 309 602 557
少数股东权益	4 640 875 428	2 123 624 826	27 162 0671
所有者权益(或股东权益)合计	33 919 523 029	17 005 996 136	8 581 223 228
负债和所有者权益(或股东权益)总计	100 094 467 908	48 507 917 571	21 992 392 061

表综-13　　**利润表**　　单位：元

日期 项目	2007-12-31	2006-12-31	2005-12-31
一、营业收入	35 526 611 302	17 846 778 414	10 571 422 711
减：营业成本	20 607 338 964	11 201 866 800	6 884 920 800
营业税金及附加	4 115 772 994	1 573 596 770	641 346 742
销售费用	1 194 543 702	625 716 845	466 289 324
管理费用	1 763 765 824	851 962 870	519 869 226
财务费用	359 500 074	140 151 592	16 197 148
资产减值损失	18 570 156		
加：公允价值变动收益	-22 252 784		
投资收益	208 030 696	-64 553 151	-84 428 400
其中：对联营企业和合营企业的投资收益	128 643 368		
二、营业利润	7 652 897 500	3 388 930 386	1 958 371 071
加：营业外收入	31 457 800	21 307 390	28 255 030
减：营业外支出	42 749 615	13 719 549	10 444 440
其中：非流动资产处置损失	675 525.30		
三、利润总额	7 641 605 685	3 396 518 227	1 976 181 661
减：所得税费用	2 324 104 868	1 088 077 748	542 755 949
四、净利润	5 317 500 817	2 308 440 479	1 433 425 712
归属于母公司所有者的净利润	4 844 235 494	2 154 639 316	1 350 362 817
少数股东损益	473 265 323	153 801 163	83 062 895
五、每股收益			
（一）基本每股收益	0.73		
（二）稀释每股收益	0.73		

表综-14 **现金流量表** 单位：元

项目 \ 日期	2007-12-31	2006-12-31	2005-12-31
一、经营活动产生的现金流量：			
销售商品、提供劳务收到的现金	44 712 799 355	19 063 303 001	12 700 258 932
收到的税费返还			
收到的其他与经营活动有关的现金	1 251 115 827	477 318 096	128 679 650
经营活动现金流入小计	45 963 915 182	19 540 621 097	12 828 938 582
购买商品、接受劳务支付的现金	46 171 068 846	17 453 843 968	8 428 090 284
支付给职工以及为职工支付的现金	1 107 413 006	749 263 248	452 287 228
支付的各项税费	4 864 723 045	1 992 112 569	1 329 180 409
支付的其他与经营活动有关的现金	4 258 426 101	2 369 522 794	1 775 941 526
经营活动现金流出小计	56 401 630 998	22 564 742 579	11 985 499 447
经营活动产生的现金流量净额	-10 437 715 816	-3 024 121 482	843 439 135
二、投资活动产生的现金流量：			
收回投资所收到的现金	60 714 271	341 092 673	
取得投资收益所收到的现金	88 698 832	677 600	84 384 155
处置固定资产、无形资产和其他长期资产收回现金净额	1 008 581	11 450 255	10 184 689
处置子公司及其他营业单位收到的现金净额	70 715 899	6 895 655	98 717 571
收到的其他与投资活动有关的现金	167 527 344	77 473 253	
投资活动现金流入小计	388 664 927	437 589 436	193 286 415
购建固定资产、无形资产和其他长期资产所支付的现金	257 897 785	136 018 239	47 439 552
投资所支付的现金	536 167 215	1 853 392 042	523 604 081
取得子公司及其他营业单位支付的现金净额	4 198 635 152		112 483 247
支付的其他与投资活动有关的现金			
投资活动现金流出小计	4 992 700 152	1 989 410 281	571 043 633
投资活动产生的现金流量净额	-4 604 035 225	-1 551 820 845	-377 757 218

续表

项目 \ 日期	2007-12-31	2006-12-31	2005-12-31
三、筹资活动产生的现金流量:			
吸收投资收到的现金	11 949 769 156	5 501 690 723	9 000 000
取得借款收到的现金	18 558 699 204	11 422 040 181	2 551 425 705
收到其他与筹资活动有关的现金			
筹资活动现金流入小计	30 508 468 360	16 923 730 904	2 560 425 705
偿还债务支付的现金	7 156 929 771	3 681 696 980	2 313 450 000
分配股利、利润或偿付利息所支付的现金	1 990 536 759	1 177 873 627	600 297 644
支付其他与筹资活动有关的现金			
筹资活动现金流出小计	9 147 466 530	4 859 570 607	2 913 747 644
筹资活动产生的现金流量净额	21 361 001 830	12 064 160 297	-353 321 939
四、汇率变动对现金及现金等价物的影响	-16 441 403	6 442 517	4 675 212
五、现金及现金等价物净增加额	6 302 809 386	7 494 660 488	117 035 189
加:期初现金及现金等价物余额	10 743 695 198		
六、期末现金及现金等价物余额	17 046 504 584		

(2) 2008年3月伊始，万科东莞房价优惠再创新高，“银行购房团”得到了7折的优惠价格，这是万科掀起降价风潮以来，在二线城市降价幅度最大的一次。

万科集团执行副总裁肖莉接受记者的专访时表示:

“快速开发，快速销售，这是万科一贯坚持的策略。”

“在利润率和周转率之间，万科一直偏重的是后者。过去的经营业绩已经证明这一发展模式的合理性。”

“快速周转的开发和销售模式，仍然具有强有力的刚性需求支撑。”

“对投资者来说，真正重要的指标是净资产收益率。万科的策略一向是追求尽可能快的周转速度，以及在此基础上合理的利润率。我们目前的定价策略也是基于这一原则，在合理的利润率和周转率之间寻求平衡。对股东们来说，这也是最符合他们利益的选择。”

(资料来源：徐广蓉.果然不简单：万科首次正面回应全线降价背后的策略[EB/OL].[2008-03-07]. http：//finance.sina.com.cn/g/20080307/04394591676.shtml.)

要求:

1) 你作为企业的职业经理人，通过阅读资产负债表、利润表、现金流量表，说明该企业2008年的资产分布、利润的主要来源，及其现金流的基本情况。

2）计算并分析该企业最近两年的偿债能力、营运能力、盈利能力、发展能力指标，并根据计算成本结果得出分析结论。

3）请采用因素分析法，对2007年净资产收益率的变动原因进行分析，并提出在2008年保持或提高净资产收益率的策略。

4）请采用杜邦财务分析方法，分析评价2008年万科集团执行副总裁肖莉的观点的合理性。

5）通过本实训工作的全程参与和体验，能基本完成实训操练任务，并能独立形成财务报表分析实训报告。

实训步骤解答：

步骤一：确定财务报表分析重点

经理人员为了更好地为企业发展服务，需要进行内容广泛的财务分析，几乎包括外部使用人关心的所有问题，如资产营运能力、偿债能力、盈利能力、发展能力等。因此，本实训将对上述内容进行全面分析，最后通过杜邦财务分析体系作出整体综合评价。

步骤二：财务报表的初步阅读

从资产负债表中可以看出，该公司的资产总额近三年来呈现出快速增长，而同期的负债、股本及未分配利润项目也呈现出增长趋势，可以初步得出分析结论，公司的资产增长受到企业的筹资行为、经营行业的影响。在资产的构成中，流动资产所占的比重较高，而存货又占了绝大部分的比重；尽管企业的总负债高于净资产，但是在流动负债中，企业有大量的预收账款，这在一定程度上降低了企业的财务风险，也预示着企业在未来有良好的业绩支撑。因此，通过阅读资产负债表，可以初步得出结论，公司目前的经营状况良好。

从利润表中可以看出，该公司近三年来的收入、营业利润、利润总额均呈现出快速增长的势头，企业业绩良好。营业外收支、公允价值变动损益所占的比重较小，显示了企业盈利质量较高。

从现金流量表中可以看出，该公司近两年的经营活动现金净流量、投资活动现金净流量均为负，而在最近一年中的筹资活动现金净流量也为负，这显示公司在经营扩张过程中面临着资金紧张的局面，筹资是企业面临的一个主要问题。经营活动现金净流量连续两年为负值，而存货比重居高不下，也将迫使企业采取一定的策略来扭转这个局面。

综上所述，通过对三张报表的初步阅读可得出这样一个结论：企业的经营业绩稳定，但资金需求大，存在较高的融资压力。

步骤三：计算分析各种财务比率指标

由各实训组成员根据财务报表资料，分别计算出偿债能力、营运能力、盈利能力、发展能力各种财务指标，分析见表综-15至表综-18。

从表综-15中可以看出，作为一家房地产企业，资产负债率在65%左右，财务风险适度，但从短期偿债能力指标来看，短期的财务风险压力较大，但由于公司存在大量的预收账款，所以实际的偿债能力比财务指标显示得要强一些。

表综-15　　**偿债能力财务指标分析表**

项目＼日期	2007-12-31	2006-12-31
流动比率（<200%偏低）	196%	204%
速动比率（<100%偏低）	59%	63%
利息保障倍数	22.26	25.23
资产负债率	66.11%	64.94%
流动负债率（%）	73.70%	69.57%
产权比率	66.11%	64.94%
平均资产负债率	65.73%	63.71%
权益乘数	291.80%	275.53%

表综-16　　**营运能力财务指标分析表**

项目＼日期	2007-12-31	2006-12-31
应收账款周转率（次）	57.79	48.11
应收账款周转期（天）	6	8
存货周转率（次）	0.42	0.49
存货周转期（天）	869	745
流动资产周转率（次）	0.51	0.55
流动资产周转期（天）	716	664
固定资产周转率（次）	65.65	49.32
总资产周转率（次）	0.48	0.51

从表综-16中可以看出，除了固定资产周转率外，其他各项周转率均有所下降，在收入快速增长的时候，企业的周转率指标呈现出下降的现象，也暗示着企业资金被大量占用，这在一定程度上加剧了企业对资金的需求。

表综-17　　**盈利能力财务指标分析表**

项目＼日期	2007-12-31	2006-12-31
营业净利率	14.97%	12.93%
营业毛利率	41.99%	37.24%
资产报酬率	10.77%	10.03%
资产净利率	7.16%	6.55%
净资产收益率	21.79%	19.91%

从表综-17中可以看出，企业的盈利能力较强，产品的毛利率高，能给企业带来较大的贡献。在良好的经济效益的情况下，企业的负债能充分发挥财务杠杆作用，给股东带来更高的收益。

表综-18 **发展能力财务指标分析表**

项目＼日期	2007-12-31	2006-12-31
主营收入增长率	99.05%	69.04%
营业利润增长率	121.60%	69.06%
净利润增长率	130.35%	61.04%
总资产增长率	106.35%	120.57%
税息前利润增长率	126.23%	77.51%
股东权益增长率	127.92%	79.10%

从表综-18可以看出，企业近年来的收入、利润、资产、净资产均有快速地增长，显示了企业发展状态良好。

步骤四：利用因素分析法分析万科净资产收益率的变动原因

以万科2006—2007年的财务比率和相关报表的资料为基础，采用因素分析法中的连环替代法，对影响净资产报酬率的因素进行分解，从数量上确定各因素对净资产收益率指标的影响方向和影响程度。连环替代分析见表综-19。

通过表综-19可知，营业利润率的提高，使净资产收益率提高了3.13%，而资产周转率的下降，使净资产收益率下降了1.28%；资产负债率的提高，使净资产收益率提高了0.04%。通过分析，若要保持或提高当前的净资产收益率水平，企业应在提高资产周转率和适当加大财务杠杆的作用方面下工夫。

表综-19 **连环替代分析表**

项　目	股东（所有者）权益报酬率	销售净利率	资产周转率	权益乘数	影响程度
2006年	19.91%	12.93%	0.51次	303.99%	
第一次替换	23.04%	14.97%	0.51次	303.99%	3.13%
第二次替换	21.76%	14.97%	0.48次	303.99%	-1.28%
第三次替换	21.79%	14.97%	0.48次	304.50%	0.04%
合　计					1.88%

步骤五：进行杜邦财务综合分析

采用杜邦财务分析体系，对净资产收益率指标进行分解。

(1) 净资产收益率分解示例见表综-20。

表综-20　　净资产收益率分解示例

年　份	净资产收益率	总资产净利率	权益乘数
2006	19.91%	6.55%	303.99%
2007	21.79%	↑7.16%	↑304.50%

通过分解，可以明显地看出，该公司的净资产收益率的变动在于资本结构（权益乘数）变动和资产利用效果（总资产净利率）变动两方面共同作用的结果。而该公司总资产净利率的提高，又充分利用了财务杠杆，从而进一步提高了2007年的净资产收益率。

（2）总资产净利率分解示例见表综-21。

表综-21　　总资产净利率分解示例

年　份	总资产净利率	营业净利率	总资产周转率
2006	6.55%	12.93%	0.51次
2007	7.16%	↑14.97%	↓0.48次

通过分解可以看出，2007年的总资产周转率有所下降，表明该公司利用其总资产产生营业收入的效率在下降。总资产周转率下降的同时，营业净利率的增加扭转了总资产净利率下降带来的影响。因此，要重点分析总资产周转率。

（3）总资产周转率分解示例见表综-22。

总资产周转率还可以分解到营业收入、成本、固定资产、存货等指标。从表综-20中可以看出，主要是由于销售未能有效提高而导致存货周转率下降，这将是2008年需要扭转的工作重点。所以，提出“快速开发，快速销售，这是万科一贯坚持的策略”是合理的。

表综-22　　总资产周转率分解示例

日期 项目	2007-12-31	2006-12-31
应收账款周转率（次）	↑57.79	48.11
应收账款周转天数（天）	6	8
存货周转率（次）	↓0.42	0.49
存货周转天（天）	861	744
流动资产周转率（次）	↓0.51	0.55
流动资产周转天数（天）	720	660
固定资产周转率（次）	↓65.65	49.32
总资产周转率（次）	0.48	0.51

步骤六：撰写《财务报表分析实训报告》(见表综-23)

表综-23 **《财务报表分析实训报告》**

项目实训班级：0408201　　项目小组：01　　项目组成员：叶晓秀等

实训时间：2015年1月8日　　实训地点：多媒体教室

实训目的：

掌握财务报表的初步阅读，掌握财务指标的计算与分析，掌握杜邦财务分析方法的应用

实训步骤：

①项目组根据企业资产负债表、利润表、现金流量表进行报表的初步阅读，能够对企业的财务状况、经营成果、现金流量情况作出恰当的分析判断；②以小组为单位，分别对企业偿债能力、营运能力、盈利能力、发展能力各项指标进行计算，并进行前后各期比较分析，综合报表初步阅读结论，得出更加准确的分析结论；③采用杜邦财务分析体系，对引起企业净资产收益率增减变化的原因进行剖析，并对提高下一年度净资产收益率提出具体的建议；④由各成员根据财务报表分析结论撰写实训报告

实训结果：

编制《万科2006—2007年财务报表分析报告》

企业财务报表分析结论简单说明：

由于销售未能有效提高而导致存货周转率下降，这将是万科2008年需要扭转的工作重点。所以，提出“快速开发，快速销售，这是万科一贯坚持的策略”是合理的

实训感言：

通过本实训，掌握了资产负债表、利润表、现金流量表的初步阅读分析方法，进一步熟悉了三者之间的对应关系，掌握了偿债能力、盈利能力、营运能力、发展能力各种财务指标的计算，能够根据计算结果结合报表阅读对企业整体的经营状况作出客观的评价，掌握了杜邦财务分析方法在经营管理中的应用。这一次实训有助于理解和掌握各种财务指标的计算与含义，有助于自身职业素质的养成关于“能力与道德领域”其他训练的补充说明：

实训前，我们对列入本章“实训题”【指导准备】中“知识准备”如资产负债表、利润表、现金流量表之间的对应关系，以及偿债能力、营运能力、盈利能力、发展能力各项指标的计算及含义进行了必要预习，接受了指导老师对Excel、杜邦财务分析体系的应用原理的应用指导。通过参加“知识准备”第（2）、（3）项的培训，使我们了解了本章涉及的“专业能力”各项技能“职业核心能力”和“职业道德”选项的“规范与标准”，克服了实训过程中对相关操作规范的盲目性。

实训过程中，我们全组同学在体验了“财务管理观念运用”“资金筹集管理”“投资管理”“营运资金管理”“利润分配管理与财务报表分析”“财务预算”“财务控制”技能和撰写关于“财务管理”的相应《实训报告》技能等“专业能力”基本训练的同时，“自我学习”“信息处理”“数字应用”“与人交流”“与人合作”“解决问题”“革新创新”的“职业核心能力”也得到了强化训练，“职业观念”“职业情感”“职业理想”“职业态度”“职业良心”“职业作风”“职业守则”的“职业道德”相关训练也得以进一步深入。有了这些相关问题的训练，我们的“学习迁移能力”和“可持续发展能力”将不断提高。经过本课程和后续课程的同类学习和训练，在建构“职业胜任力”的过程中，我们将不断增强自身的“职业核心能力”，不断提高自身的“职业道德”水平。当我们的“专业能力”“职业核心能力”（特别是“问题思维”与“革新创新”）和“职业道德”由单纯重复变为习惯，由习惯变为本能之时，我们将无往而不胜

续表

不足与改进：（略）
附件：（略）
指导老师点评：（略）
项目组长签字：　　　　　　　　　　　　　　　　　指导教师签字：

综.5　参考答案与提示

"综.1　客观题"答案

综.1.1　理论题

1）单项选择题

（1）B　（2）A　（3）B　（4）A　（5）D　（6）B　（7）A　（8）C　（9）C　（10）B　（11）A　（12）B　（13）C　（14）C　（15）B

2）多项选择题

（1）ABC　（2）ABCD　（3）ABCE　（4）BD　（5）ABD　（6）ACDE　（7）ABDE　（8）AD　（9）ABCDE　（10）BCDE　（11）ABCD　（12）BDE　（13）ACD　（14）ACD　（15）ABC

3）判断题

（1）√　（2）×　（3）×　（4）√　（5）√　（6）×　（7）×　（8）√　（9）√　（10）√　（11）√　（12）√　（13）×　（14）×　（15）√

综.1.2　实务题

1）单项选择题

（1）B　（2）A　（3）D　（4）B　（5）C　（6）D　（7）C　（8）A　（9）C　（10）C　（11）C　（12）A　（13）A　（14）A　（15）B

2）多项选择题

（1）BCD　（2）ABCD　（3）ABC　（4）ABCD　（5）ABC　（6）BD　（7）ADE　（8）ABCE　（9）ABCE　（10）ABCD　（11）ABCDE　（12）ABCE　（13）BCD　（14）ABCDE　（15）ABCDE

3）判断题

（1）√　（2）√　（3）√　（4）×　（5）√　（6）√　（7）×　（8）√　（9）√　（10）×　（11）√　（12）√　（13）×　（14）×　（15）×

综.1.3　案例题

1）D　2）ABCDE　3）AB　4）ABCD　5）D

综.1.4　实训题

1）ABCDE　2）B　3）ABC　4）AD　5）ACE　6）D　7）AB　8）AC

"综.2　主观题"答案与提示

综.2.1　理论题

参考答案：

1）简答题

（1）优点：考虑了资金的时间价值和投资的风险价值；反映了对企业资产保值增值的要求；有利于克服管理上的片面性和短期行为；有利于社会资源的合理配置。缺点：不能够直接揭示企业的盈利能力；法人股东对企业价值最大化目标没有足够兴趣；企业价值确定比较困难。

（2）财务管理的环节包括财务规划和财务预测、财务决策、财务预算、财务控制、财务分析、业绩评价和激励。

（3）财务管理环境包括经济环境、法律环境和金融环境等。

2）理解题

（1）筹资是企业吸收资金，即通过贷款、借款、吸收投资等方式得到资金。投资是企业对外投出资金，如对其他企业投入资本金等。

企业的筹资方式有吸收直接投资、银行借款、发行债券、发行股票、商业信用、融资租赁等。

从财务的角度来讲，公司未来财务活动主要是三大财务政策（投资政策、筹资政策、股利政策）的决策与调整。在正常情况下，公司收益的大小取决于投资的规模、组合及效益；而投资规模、组合及效益又取决于筹资的规模、结构和成本。股利支付率对投资和筹资的规模、结构、收益或成本都有一定的影响。在投资既定的条件下，公司股利政策的选择，实际上是公司筹资政策的选择，即将股利政策看做筹资的一个组成部分。如果公司已确定了投资方案和目标资本结构，这意味着公司资本需要量和负债比率是确定的，这时公司或者改变现存的股利政策，或者增发新股；如果公司的目标资本结构和股利政策已定，那么，在进行投资决策时，或者减少资本支出，或者从外部筹措资本。

（2）企业复合杠杆系数越大，每股利润的波动幅度越大。由于复合杠杆的作用使普通股每股利润大幅度波动而造成的风险，称为复合风险。复合风险直接反映企业的整体风险。在其他因素不变的情况下，复合杠杆系数越大，复合风险就越大。通过计算分析复合杠杆系数及普通股每股利润的标准离差和标准离差率，可以揭示复合杠杆同复合风险的关系。

（3）股票回购对上市公司的影响主要有：需要大量资金支付回购成本，容易造成资金紧张，资产流动性降低，影响公司的后续发展；在一定程度上削弱了对债权人利益的保障；使公司发起人更注重创业利润的兑现，而忽视了公司的长远发展；容易导致公司操纵股价。

综.2.2　实务题

参考答案：

1）规则复习

（1）$投资利润率=\frac{年平均利润额}{平均投资总额}\times 100\%$

$投资回收期=\frac{投资总额}{年现金净流量}$

$$投资回收期=\frac{累计现金净流量最后}{一次出现负值的年数}+\frac{当年累计现金净流量绝对值}{下年现金净流量}$$

$$NPV=\sum_{k=0}^{n}\frac{I_K}{(1+i)^K}-\sum_{k=0}^{n}\frac{O_K}{(1+i)^K}$$

$$PV=\sum_{k=0}^{n}\frac{I_K}{(1+i)^K}\div\sum_{k=0}^{n}\frac{O_K}{(1+i)^K}$$

$$\sum_{K=0}^{n}\frac{I_K}{(1+IRR)^K}-\sum_{K=0}^{n}\frac{O_K}{(1+IRR)^K}=0$$

（2）净资产收益率=总资产净利率×权益乘数

=营业净利率×总资产周转率×权益乘数

（3）成本中心的考核指标有成本（费用）变动额和成本（费用）变动率。

成本（费用）变动额=实际责任成本（费用）-预算责任成本（费用）

$$成本（费用）变动率=\frac{成本(费用)变动额}{预算责任成本(费用)}\times100\%$$

利润中心的考核指标有利润中心边际贡献总额、利润中心负责人可控利润总额、利润中心可控利润总额。

利润中心边际贡献总额=该利润中心销售收入总额-该利润中心可控成本总额

利润中心负责人可控利润总额=该利润中心边际贡献总额-该利润中心负责人可控固定成本

利润中心可控利润总额=该利润中心负责人可控利润总额-该利润中心负责人不可控固定成本

投资中心的考核指标有投资利润率和剩余收益。

$$投资利润率=\frac{利润额}{投资额}\times100\%$$

剩余收益=利润-最低投资收益额

（4）年金包括普通年金、预付年金、递延年金和永续年金。

普通年金终值计算公式：$S=A\times[(1+i)^n-1/i]$

普通年金现值计算公式：$P=A\times\left[\frac{1-(1+i)^{-n}}{i}\right]$

预付年金终值计算公式：$S=A\times\left[\frac{(1+i)^{n+1}-1}{i}-1\right]$

预付年金现值计算公式：$P=A\times\left[\frac{1-(1+i)^{-(n-1)}}{i}+1\right]$

递延年金终值计算公式：递延年金的终值大小与递延期无关，故计算方法和普通年金终值相同。

递延年金现值计算公式：假设递延期中也进行支付，先求出（m+n）期的年金现值，然后扣除实际并未支付的递延期（m）的年金现值。

永续年金无终值。

永续年金现值计算公式：$P=\frac{A}{i}$

（5）比较资本成本法：第一步，计算各备选方案的个别资本成本和加权平均资本成本；第二步，比较各备选方案的加权平均资本成本，选择最优资本结构。

每股收益无差别点分析法：$\frac{(S-VC_1-F_1-I_1)(1-T)}{N_1}=\frac{(S-VC_2-F_2-I_2)(1-T)}{N_2}$

企业价值分析法：第一步，确定企业市场价值模型；第二步，测算债务资本价值和权益资本价值；第三步，测算不同资本结构下的加权平均资本成本；第四步，作出决策。企业价值最高，且加权平均资本成本最低的资本结构为最合理的资本结构。

2）业务解析

（1）作为项目评价的动态贴现指标——净现值（NPV）、现值指数（PV）以及内含报酬率（IRR）之间存在下列数量关系：当NPV>0时，PV>1，IRR>i；当NPV=0时，PV=1，IRR=i；当NPV<0时，PV<1，IRR<i；但是，在这三个指标中，净现值（NPV）是绝对数，现值指数（PV）是相对数，它们都必须在贴现率已知的条件下才能进行项目的评价；而内含报酬率（IRR）的计算与贴现率无关，它只用来与预期的贴现率相比较，只有满足条件IRR>i或者IRR=i时，项目才可行。贴现指标作为评价决策的主要指标，非贴现指标作为评价决策的辅助指标。

（2）财务管理活动所涉及的不同利益主体如何进行协调是企业财务管理必须解决的问题。股东和经营者矛盾的协调：把经营者的报酬与企业的业绩联系起来，并对经营管理者实施必要的监督；股东和债权人矛盾的协调：寻求立法保护、限制性借款和收回借款等。

（3）风险越大，要求的必要报酬率越高。

（4）营运资金周转过程包括：营运资金周转通常与现金周转密切相关。现金的周转过程主要包括如下三个方面：存货周转期是指将原材料转化成产成品并出售所需要的时间；应收账款周转期是指将应收账款转换为现金所需要的时间；应付账款周转期是指从收到尚未付款的材料开始到现金支出之间所用的时间。

现金周转期=存货周转期+应收账款周转期-应付账款周转期

（5）投资中心是指既要对收入、成本、利润负责，又要对投资效果负责的责任中心。投资中心也属于利润中心；而成本中心是指对企业的成本或费用承担责任的责任中心。成本中心只考核成本费用，不考核收入、利润、投资，成本中心仅对可控成本承担责任。

综.2.3　案例题

分析提示：

1）多元化经营实际上是证券投资组合理论在生产经营活动中的应用，因而，证券投资组合理论是多元化经营的理论基础。

证券投资组合理论认为，金融资产投资组合可以由一种以上的金融证券构成。投资人可以通过持有多种不同证券的方式，将隐含在个别证券中的风险分散掉，但存在于证券与证券之间的共同风险则无法分散。通过多角化投资来分散的个别证券风险，称为可分散风险（或非系统风险）。至于那些无法用多角化投资分散的风险，称为不可分散风险（或系统风险）。当这一原理应用到企业生产经营活动时，即为企业的多元化经营活动。然而，证券组合投资具有其特定的条件，如果不加分析地盲目应用，必然陷入多元化经营的陷阱——丧失核心竞争能力、资金短缺和协调困难、财务失控。

2）在财务资源有限的条件下，实行多元化投资，必须充分考虑并合理解决企业资产结构与资本结构的有机协调、盈利性与流动性的有机协调等财务问题。从盈利性来看，基于流动资产与固定资产盈利能力上的差别，以及短期资金与长期资金筹资成本上的差别，净营运资本越多，意味着企业可以把更大份额的筹资成本和较多的长期资金运用到盈利能力较低的流动资产上，从而使企业整体的盈利水平相应地降低；反之，亦然。从风险性来看，企业的净营运资本越多，意味着流动资产与流动负债之间的差额越大，陷入技术性无力清偿的可能性也就越小；反之，亦然。因此，资产结构性管理的目的在于在确定一个既能维持企业的正常生产经营活动，又能在减少或不增加风险的前提下，给企业带来尽可能多利润的流动资金水平。由于预期现金流动很难与债务的到期及数量保持协调一致，这就要求负债的结构性管理把重点放在负债到期结构问题上，即在允许现金流动波动的前提下，在负债到期结构上应保持多大的安全边际。长期、短期负债的盈利能力与风险各不相同，负债的结构性管理要求对其盈利能力与风险进行权衡，以确定出既能使风险最小，又能使企业盈利能力最大化的负债结构。

3）公司的多元化发展必须与其核心竞争能力紧密联系，并以培植公司新的核心竞争能力为中心，这有助于维持公司的竞争优势，确保公司的长期稳定发展，确保公司有限财务资源的合理配置和有效利用，从而保持资产结构与资本结构、资产盈利性与流动性的有机协调，在资金上保证公司的健康发展。同时，公司集团化必须与财务控制制度建设保持同步发展，集团公司能否稳定健康发展的关键在于能否有效整合集团，而财务控制制度建设是集团公司整合的重要而关键的一个环节。

综.2.4　实训题

教学建议：

实训任务中的基本技能训练尽量要求全部在课堂内严格按照实训步骤分组一次完成，“实训目标”“能力与道德领域”“知识准备”等则可以在教师的辅导下，学生利用课余时间完成（其中：“职业核心能力”的“‘知识准备’参照范围”所列各项知识，学生可自行通过网络收集，并通过自学完成实训操练前的准备）。

“综.3　实训资料”答案

实训资料综-3-1

1）瑞利公司应将裙楼商铺出租给B企业。

2）方案一：期望收益率为10%，标准离差为0，标准离差率为0；方案二：期望收益率为14%，标准离差为8.72%，标准离差率为62.27%；方案三：期望收益率为12%，标准离差为8.58%，标准离差率为71.49%；方案四：期望收益率为15%，标准离差为6.32%，标准离差率为42.16%。

实训资料综-3-2

1）新增5 000万元股权资本成本率为17.63%，方案A的综合资本成本率为11.79%；新增5 000万元债务资本成本率为9.38%，方案B的综合资本成本率为10.41%。

2）每股收益无差别点的息税前利润为3 650万元。

3）根据比较资本成本法，10.41%小于11.79%，应选择负债筹资方案。根据每股收益无差别点法，如果预计息税前利润大于3 650万元，应选负债筹资方案；如果预计息税前利润小于3 650万元，应选股权筹资方案。

4）（略）。根据以上计算结果，比较分析，提出筹资决策分析报告，提交董事会。参考结论：应选择负债筹资为宜。

实训资料综-3-3

1）该方案的各年现金净流量：第0年为-1 000万元，第1~7年都为335.72万元。

2）投资回收期为2.98年，会计收益率为19.3%。

3）净现值为747.9万元，现值指数为1.75，内含报酬率为27.45%。

4）因为NPV=747.9万元>0，PI=1.75>0，IRR=27.45%>8%，所以该方案财务上可行。

5）债券价格必须低于108.43元才值得购买。

实训资料综-3-4

1）丙方案。

2）甲方案。

3）最佳采购批量为1 200千克，相关总成本为6 000元，年度最佳进货批次为60次，经济进货批量平均占用资金12 000元。

实训资料综-3-5

1）偿债能力：流动比率为203.5%，速动比率为175%，资产负债率为55.8%；营运能力：总资产周转率2.75次，固定资产周转率为5.48次，应收账款周转率为21.7次，存货周转率为17.1次；盈利能力：营业净利率为5.5%，营业毛利率为20.5%，资产报酬率为33.1%。

2）华瑞公司2010年的净利润应提取10%的公积金429万元，分配2 361万元。

实训资料综-3-6

1）瑞安公司20×8年2月份预计利润表见表综-24。

表综-24 **预计利润表** 单位：元

项　目	金　额
营业收入	140 000
营业成本	98 000
管理费用	2 800
其他费用	20 000
折旧费用	5 000
利润总额	14 200
所得税	3 550
净利润	10 650

2）瑞安公司20×8年2月份预计资产负债表见表综-25。

表综-25　　**预计资产负债表**　　单位：元

项　目	2月初金额	2月末预计金额
货币资金	45 000	65 596
应收账款（含坏账准备）	60 400	52 804
减：坏账准备	804	3 604
应收账款净额	59 596	49 200
存货	180 000	166 000
流动资产合计	284 596	280 796
固定资产净值	36 000	51 000
资产总额	320 596	331 796
短期借款	40 596	41 596
应交税费		3 550
应付职工薪酬		
流动负债合计	40 596	45 146
实收资本	200 000	200 000
未分配利润	80 000	86 650
权益合计	320 596	331 796

实训资料综-3-7

1）甲车间的成本变动额为11 000元，成本变动率为2.5%。

2）乙部门的边际贡献总额为500万元，利润中心负责人可控利润总额为320万元，利润中心可控利润总额为220万元。

3）丙部门的剩余收益-300万元，愿意投资。

附录一　职业核心能力强化训练“知识准备”参照范围

章后“单元训练”和书后“综合训练”实训“操练题”的“职业核心能力‘强化训练’”需要在操练前，由教师对学生进行“知识准备”的培训，其“参照范围”详见“附表1”。

附表1　　**职业核心能力强化训练“知识准备”参照表**

领域	等级	技能点	“知识准备”参照范围
自我学习	初级	确定短期学习目标	激发学习动力的方法；学习的基本原理；确定目标的原则和方法；编写学习计划的基本规则；取得他人帮助和支持的方法与技巧
		实施短期学习计划	学习的基本原理；学习的方法和技巧；计划落实、控制和调整的方法和技巧；节约时间的诀窍
		检查学习进度	学习方法与学习效果的关系；检查目标进度的方法和技巧(总结、归纳、测量)；成功学的基本要求
	中级	确定中期学习目标	学习的基本原理；确定目标的原则和方法；编写学习计划的基本规则；取得他人帮助和支持的方法或技巧
		实施中期学习计划	学习的基本原理；学习的方法和技巧；计划落实、控制和调整的方法和技巧；关于学习方法的知识；时间管理的诀窍
		检查学习进度	成功学的基本要点；项目目标检查、总结、归纳的方法；学习迁移的原理与应用知识；学习的观察、认知记忆及提高效率的规律；养成良好学习习惯的方法
	高级	确定长期学习目标	收集和运用信息的方法；有效资源利用的策略；项目论证和测评的方法；编写计划和检查调控计划执行的方法；团队合作的策略和方法
		实施长期学习计划	学习的方法和技巧；有关学习与实践关系的原理；计划落实、控制和调整的方法和技巧；关于思维方法的知识；目标管理的诀窍
		检查学习进度	成功学的基本要点；项目目标检查、总结、归纳的方法；学习迁移的原理与应用知识；学习的观察、认知记忆及提高效率的规律；养成良好学习习惯的方法
信息处理	初级	获取信息	信息的含义、特征与种类；信息收集的原则、渠道和方式；文献和网络索引法；一般阅读法；计算机和网络相关知识
		整理信息	信息的分类方法与原则；信息筛选方法与要求；信息资料手工存储方法；计算机信息存贮方法；计算机其他相关知识
		传递信息	信息传递的种类与形式；口语和文字符号的信息传递技巧；现代办公自动化技术；计算机和网络相关技术
	中级	获取信息	信息的特征与种类；信息收集的范围、渠道与原则；信息收集方法（观察法、询访法）；计算机相关知识；网络相关知识
		开发信息	信息筛选、存储的方法与原则；信息资料分析、加工的方法；新信息生成或信息预测的方法
		展示信息	口语和文字符号信息展示的技巧；多媒体制作与使用技术；计算机相关应用技术
	高级	获取信息	调查研究的方法和原理；信息收集的范围、方法（问卷法、检索法、购买法、交换法）和原则；信息收集方案选择；计算机和网络相关技术
		开发信息	信息资料鉴别方法；信息资料核校方法；信息资料分析方法；信息资料编写方法（主题提炼、标题选择、结构安排、语言组织）；信息资料加工方法；计算机信息生成知识
		展示信息	口语和文字符号的信息表达技巧；多媒体制作技术；科学决策知识；信息反馈方式与要求；网页设计与网络使用知识；知识产权知识

续表

领域	等级	技能点	“知识准备”参照范围
数字应用	初级	采集和解读数据信息	获取数据的方法（测量法、调查法、读取法）；数的意义（整数、小数、分数及百分数）；常用测量器具的功能与使用方法，常用单位，单位的换算；近似的概念与精度；图表（数表、扇形统计图、条形统计图、示意图）知识
		进行数字计算	计算方法（笔算、口算、珠算、计算器计算）；整数、分数四则运算；近似计算法；验算（逆算法、估算法、奇偶对应法）
		展示和使用数据信息	评价指标；最大值，最小值；平均值；精度
	中级	解读数据信息	获取数据信息的渠道与方法（测量法、调查法、读取法）；数的意义（整数、分数、正数、负数）；总量与分量，比例；误差，精度，估计；复合单位（速度、速率）；图表（数表、扇形统计图、条形统计图、折线图、示意图）知识
		进行数据计算	计算方法（笔算、计算器计算、查表计算、Excel等软件计算）；整式、分式四则运算，乘方，开方；近似计算（误差估计）；验算（逆算法、估算法、奇偶对应法）
		展示和使用数据信息	评价指标；最大值，最小值；平均值，期望值，方差；绝对误差，相对误差；图表的制作
	高级	解读数据信息	数据信息源的筛选原则（多样性、代表性、可靠性）；数据的采集方案；图表（数表、坐标、比例尺）；频率，频率稳定性；平均，加权平均；误差分析，估算
		进行数据计算	计算方法（笔算、计算器计算、查表计算、编程计算，Excel等软件计算）；整式、分式四则计算，乘方，开方；函数（幂函数、指数函数、对数函数、三角函数、反三角函数、复合函数）；近似计算（误差分析）；验算（逆算法、估算法）
		展示和使用数据信息	评价指标；最大值，最小值；平均值，期值，方差；绝对误差，相对误差；图表的制作
与人交流	初级	交谈讨论	与人交谈主题相关的信息和知识；正确使用规范语言的基本知识；口语交谈方式和技巧；身体语言运用技巧
		阅读和获取资料	资料查询和搜索的方法；一般阅读的方法；文件资料归类的方法；词典类工具书的功能和使用方法；各种图表的功能；网上阅读的方法
		书面表达	与工作任务相关的知识；实用文体的应用；图表的功能和应用；素材选用的基本方法；写作的基本技法；逻辑和修辞初步技法
	中级	交谈讨论	与交谈主题相关的知识和信息；正确使用规范语言的基本知识；口语交谈的技巧；身体语言的运用技巧；掌握交谈心理的方法；交谈的辅助手段或多媒体演示技术；会谈和会议准备基本要点
		简短发言	与发言主题相关的知识和信息；当众讲话的技巧（包括运用身体语言的技巧）；简短发言的辅助手段或多媒体演示技术
		阅读和获取资料	资料查询和搜索的方法；快速阅读的原理与方法；文件归类的方法；各种图表的功能
		书面表达	与工作任务相关的知识；实用文体的应用；图表的功能和应用；素材选用的基本方法；文稿排版和编辑的技法；写作的基本技法；逻辑和修辞常用技法
	高级	交谈讨论	与会谈主题相关的知识和信息；语言交流的艺术和技巧；交谈的辅助手段或多媒体演示技术；总结性话语运用的技巧；谈判的心理和技巧；会议准备的基本要点；主持会议的相关程序
		当众讲演	与发言主题相关的知识和信息；演讲的技巧和艺术；演讲辅助手段或多媒体演示技术
		阅读和获取资料	资料查询和搜索的方法；快速阅读的技巧；各种图表的功能
		书面表达	与工作任务相关的知识；实用文体的应用；图表的功能和应用；素材选用的基本方法；文稿排版和编辑的技法；写作的基本技法；逻辑和修辞技法

续表

领域	等级	技能点	“知识准备”参照范围
与人合作	初级	理解合作目标	活动要素的群体性与分工合作的关系；职业团队的概念、特征与种类，组织的使命、目标、任务；自身的职业价值，个人在组织中的作用
		执行合作计划	服从的基本概念，指令、命令的含义；求助的意义，人的求助意识；职业生活的互助性，帮助他人的价值
		检查合作效果	工作进度的概念，影响工作进度的因素；工作进程的检查，调整工作程序；工作汇报的程序、要领
	中级	制订合作计划	聚合型团队、松散型团队和内耗型团队的特征；组织内部的冲突情况，剖析内耗型团队的心理根源；合作双方的利益需求和社会心理需求
		完成合作任务	民族、学历、地域、年龄等差异；人的工作和生活习惯、办事规律；宽容的心态，容忍的方法
		改善合作效果	使他人接受自己意见、改变态度的策略；在会议上提出意见和建议的规则；改变自己的态度，接受他人批评指责的心理准备
	高级	调整合作目标	领导科学与管理方法；组织文化的形成与发展；目标管理与时间管理
		控制合作进程	人际交往与沟通的知识和相关能力；有效激励的方法与技巧；批评的途径、方法和注意事项
		达到合作目标	信息的采集与整理，组织经济效益的统计学知识；员工绩效测评的基本方法和程序；合作过程的风险控制意识和防范
解决问题	初级	分析问题，提出方案	分析问题的方法；归纳问题的方法；对比选择的方法；判断和决策的方法；关于相关问题本身的专业知识和发展规律的认识
		实施计划，解决问题	撰写工作计划的相关知识；信息检索、文献查询的有关方法；逻辑判断、推理的相关知识；解决问题的技巧
		验证方案，改进方式	分析和检查问题的方法；跟踪调查的方法；工作总结的规则和写作方法
	中级	分析问题，提出方案	分析问题的方法；归纳问题的方法；对比选择的方法；判断决策的方法；关于相关问题本身的专业知识和变化规律的认识
		实施计划，解决问题	应用写作学中关于撰写工作计划的相关知识；信息检索、文献查询的有关方法；逻辑判断、推理的相关知识；解决问题的技巧；与他人合作的知识和方法
		验证方案，改进计划	分析和检查问题的方法；跟踪调查的方法；工作总结的规则和写作方法
	高级	分析问题，提出对策	决策科学的系统知识；形式逻辑、辩证逻辑思维的系统知识和方法；分析问题的系统知识和技巧；群体创新技法的系统知识；数学建模方法；关于相关问题本身的专业知识和变化规律的认识
		实施方案，解决问题	关于撰写工作计划的系统知识；信息检索、文献查询的系统知识和方法；有关价值工程、现场分析和形态分析的知识；解决问题的技巧；有关进度评估的知识；与人合作的系统知识和方法
		验证方案，改进计划	分析和检查问题的方法；跟踪调查的方法；工作总结的规则和写作方法；创新技法

续表

领域	等级	技能点	“知识准备”参照范围
革新创新	初级	揭示不足，提出改进	关于思维和创造性思维的一般知识；关于思维定势和突破思维障碍的知识；关于相关事物本身的专业知识和发展规律的认识
		做出创新方案	列举类技法和设问类技法的原理、特点、适用范围和具体操作的知识；有关分解类技法、组合类技法、分解组合类技法的原理、特点、适用范围和具体操作方法的知识；收集信息、案例的知识和方法
		评估创新方案	有关创新成果价值评定的知识；可行性分析的知识；撰写可行性报告的知识
	中级	揭示不足，提出改进	有关思维障碍形成的知识；横向、逆向、灵感思维的知识；换向、换位思维的知识；逻辑判断和推理知识；关于相关事物本身的专业知识和发展规律的认识
		做出并实施创新方案	有关类比类技法和移植类技法的知识；有关德尔菲法和综摄法的知识；有关还原法、换向思考类技法的知识
		评估创新方案	有关项目可行性测评的技术；有关最佳方案评估的知识；撰写评估报告的知识
	高级	揭示不足，提出改进	创新能力构成和提升的知识；有关事物运动、变化和发展的知识；灵活运用各种思维形式的知识；关于相关事物本身的专业知识和发展规律的认识
		做出并实施创新方案	有关价值工程、现场分析和形态分析的知识；针对不同事物运用不同创新方法的知识；综合运用各种创新方法的知识
		评估创新方案	可持续创新的知识；有关创新原理的知识；有关知识产权的知识；技术预测和市场预测知识

（资料来源　中华人民共和国劳动和社会保障部职业技能鉴定中心：职业核心能力培训测评标准（共7册）[M].北京：人民出版社，2007.本表参照“资料来源”所列文献相关内容提炼与编制。）

附录二　案例分析、职业核心能力和职业道德训练与考核参照规范

附表 2-1　　　　案例分析题考核表

考核指标		考核内容	分项成绩
形成性考核 Σ50	个人准备 Σ20	案例概况；讨论主题；问题理解；揭示不足；创新意见；决策标准；可行性方案	
	小组讨论 Σ15	上课出席情况；讨论发言的参与度；言语表达能力；说服力大小；思维是否敏捷	
	班级交流 Σ15	团队协作；与人交流；课堂互动等方面的满意度；讨论参与的深度与广度	
课业考核 Σ50	分析依据 Σ8	分析依据的客观性与充分性	
	分析步骤 Σ8	分析步骤的恰当性与条理性	
	理论思考 Σ8	理论思考的正确性、深刻性与全面性	
	解决问题 Σ8	理解问题与解决问题能力的达标性	
	革新创新 Σ10	揭示不足与提出改进能力的达标性	
	文字表达 Σ8	文字表达能力的强弱性	
总成绩Σ100			
教师评语	签名： 20　年　月　日		
学生意见	签名： 20　年　月　日		

附表 2-2　　　　**职业核心能力考核参照规范与标准**

领域	等级	基本要求	技能点	规范与标准
自我学习	初级	具备学习的基本能力，在常规条件下能运用这些能力适应工作和学习要求	确定短期学习目标	能明确学习动机和目标，并计划时间和寻求指导
			实施短期学习计划	能按照行动要点开展工作并按时完成任务，使用不同方式、选择和运用不同的学习方法实现目标，并能对计划及时作出调整
			检查学习进度	能对学习情况提出看法、改进意见和提高学习能力的设想
	中级	主要用理解式接受法，对有兴趣的任务可以用发现法掌握知识信息；在更广泛的工作范围内灵活运用这些能力，以适应工作岗位各方面的需要	确定中期学习目标	能明确提出多个学习目标，列出实现各目标的行动要点，确定实现目标的计划，并运筹时间
			实施中期学习计划	能开展学习和活动，通过简单的课程和技能训练，提高工作能力
			检查学习进度	能证明取得的学习成果，并能将学到的东西用于新的工作任务
	高级	能较熟练灵活地运用各种学习方法，在最短的时间内掌握急需的知识信息；能广泛地收集、整理、开发和运用信息，善于学习、接受新的事物，以适应复杂工作和终身发展的要求	确定长期学习目标	能根据各种信息和资源确定要实现的多个目标及途径，明确可能影响计划实现的因素，确认实现目标的时限，制定行动要点和时间表，预计困难和变化
			实施长期学习计划	能保证重点、调整落实、处理困难、选择方法，通过复杂的课程和技能训练提高工作能力
			检查学习进度	能汇总学习成果、成功经验和已实现的目标，证明新学到的东西能有效运用于新选择的职业或工作任务
信息处理	初级	具备进入工作岗位最基本的信息处理能力，在常规条件下能收集、整理并传递适应既定工作需要的信息	获取信息	能通过阅读、计算机或网络获取信息
			整理信息	能使用不同方法、从多个资源中选择、收集和综合信息，并通过计算机编辑、生成和保存信息
			传递信息	能通过口语、书面形式，用合适的版面编排、规范的方式展示、电子手段传输信息
	中级	在更广泛的工作范围内获取需要的信息，进行信息开发处理，并根据工作岗位各方面的需要展示组合信息	获取信息	能定义复杂信息任务，确定搜寻范围，列出资源优先顺序，通过询访法和观察法搜寻信息
			开发信息	能对信息进行分类、定量筛选、运算分析、加工整理，用计算机扩展信息
			展示信息	能通过演说传递信息，用文字、图表、计算机排版展示组合信息，用多媒体辅助信息传达
	高级	广泛地收集、深入地整理开发、多样地传递、灵活地运用信息，以适应复杂的工作需要；具备信息处理工作的设计与评估能力，并表现出较强的组织与管理能力	获取信息	能分析复杂信息任务，比较不同信息来源的优势和限制条件，选择适当技术，使用各种电子方法发现和搜寻信息
			开发信息	能辨别信息真伪，定性核校、分析综合、解读与验证资料，建立较大规模的数据库，用计算机生成新的信息
			展示信息	能用新闻方式发布、平面方式展示、网络技术传递，利用信息预测趋势、创新设计，收集信息，评估使用效果

续表

领域	等级	基本要求	技能点	规范与标准
数字应用	初级	具备进入工作岗位最基本的数字应用能力，在常规条件下能运用这些能力适应既定工作的需要	采集和解读数据信息	能按要求测量并记录结果，准确统计数目，解读简单图表，读懂各种数字并汇总数据
			进行数字计算	能进行简单计算并验算结果
			展示和使用数据信息	能正确使用单位，根据计算结果说明工作任务
	中级	在更广泛的工作范围内，灵活地运用数字应用能力，以适应工作岗位各方面的需要	解读数据信息	能从不同信息源获取信息，读懂、归纳、汇总数据，编制图表
			进行数据计算	能从事多步骤、较复杂的计算，使用公式计算结果
			展示和使用数据信息	能使用适当方法展示数据信息和计算结果，设计并使用图表，根据结果准确说明工作任务
	高级	具备熟练把握数字和通过数字运算来解决实际工作中的问题的能力，以适应更复杂的工作需要	解读数据信息	能组织大型数据采集活动，通过调查和实验获取、整理与加工数据
			进行数据计算	能从事多步骤的复杂计算，统计与分析数据
			展示和使用数据信息	能选择合适的方法阐明和比较计算结果，检查并论证其合理性，设计并绘制图表，根据结果作出推论，说明和指导工作
与人交流	初级	具备进入工作岗位最基本的与人交流能力，在常规条件下能运用这些能力适应既定工作的需要	交谈讨论	能围绕主题，把握讲话的时机、内容与长短，倾听他人讲话，多种形式回应；使用规范易懂的语言、恰当的语调和连贯的语句清楚地表达意思
			阅读和获取资料	能通过有效途径找到所需资料，识别有效信息，归纳内容要点，整理确认内容，会做简单笔记
			书面表达	能选择基本文体，利用图表、资料撰写简单文稿，并掌握基本写作技巧
	中级	在更广泛的工作范围内，灵活运用这些能力，以适应工作岗位各方面的需要	交谈讨论	能始终围绕主题参与，主动把握讲话时机、方式和内容，理解对方谈话的内容，推动讨论进行，全面准确地传达一个信息或观点
			简短发言	能为发言作准备，当众讲话并把握讲话内容、方式，借助各种手段说明主题
			阅读和获取资料	能根据工作要求从多种资料中筛选有用信息，看懂资料的观点、思路和要点，并整理汇总资料
			书面表达	能掌握应用文体，注意行文格式；组织利用材料，充实内容要点；掌握写作技巧，清楚表达主题；注意文章风格，提高说服力
	高级	在工作岗位上表现出更强的组织和管理能力，通过运用与人交流的能力适应更复杂的工作需要	交谈讨论	始终把握会议主题，听懂他人讲话内容并作出反应，主持会议或会谈，全面准确地表述复杂事件或观点
			当众讲演	能为讲演作准备，把握讲演的内容、方式，借助各种手段强化主题
			阅读和获取资料	能为一个问题或课题找到相关资料，看懂资料的思路、要点、价值和问题，分析、筛选和利用资料表达主题
			书面表达	能熟悉专业文书，把握基本要求；有效利用素材，说明内容要点；掌握写作技巧，清楚恰当表达主题；采用适当的风格，增强说服力

续表

领域	等级	基本要求	技能点	规范与标准
与人合作	初级	理解个人与他人、群体的合作目标，有效地接受上级指令；准确、顺利地执行合作计划；调整工作进度，改进工作方式；检查工作效果	理解合作目标	能确定合作的基础和利益共同点，掌握合作目标要点和本单位人事组织结构，明确个人在团队中的职责和任务
			执行合作计划	能接受上级指令，准确、顺利地执行合作计划
			检查合作效果	能通过检查工作进展情况，改进工作方式，促进合作目标的实现
	中级	与本部门同事、内部横向部门、外部相关部门共同制订合作计划；协调合作过程中的矛盾关系，按照计划完成任务；在合作过程中遇到障碍时提出改进意见，推进合作进程	制订合作计划	能与本部门同事、组织内部横向部门、组织外部相关部门共同制订合作计划
			完成合作任务	能与他人协同工作，处理合作过程中的矛盾
			改善合作效果	能判断合作障碍，表达不同意见，接受批评建议，弥补双方失误
	高级	根据情况变化和合作各方的需要，调整合作目标；在变动的工作环境中，控制合作进程；预测和评价合作效果，达成合作目的	调整合作目标	能发现各方问题，协调利益关系，进行有效沟通，调整合作计划与工作顺序
			控制合作进程	能整合协调各方资源，妥善处理矛盾，排除消极因素，激发工作热情
			达到合作目标	能及时、全面地检查工作成效，不断改善合作方式
解决问题	初级	具备进入工作岗位最基本的解决问题的能力，在常规条件下能根据工作的需要，解决一般简单和熟悉的问题	分析问题，提出方案	能用几种常用的办法理解问题，确立目标，提出对策或方案
			实施计划，解决问题	能准备、制订和实施被人认可并具有一定可行性的计划
			验证方案，改进方式	能寻找方法，实施检查，鉴定结果，提出改进方式
	中级	在有限的资源条件下，根据工作岗位的需要，解决较复杂的问题	分析问题，提出方案	能描述问题，确定目标，提出并选择较佳方案
			实施计划，解决问题	能准备、制订和实施获得支持的较具体计划，并充分利用相关资源
			验证方案，改进计划	能确定方法，实施检查，说明结果，利用经验解决新问题
	高级	在工作岗位上表现出更强的解决问题的能力，在多种资源条件下，根据工作需要解决复杂和综合性的问题	分析问题，提出对策	在提出解决问题的对策时，能分析探讨问题的实质，提出解决问题的最优方案，并证明这种方案的合理性
			实施方案，解决问题	在制订计划、实施解决办法时，能制订并实施获得认可的详细计划与方案，并能在实施中寻求信息反馈，评估进度
			验证方案，改进计划	在检查问题、分析结果时，能优选方法，分析总结，提出解决同类问题的建议与方案

续表

领域	等级	基本要求	技能点	规范与标准
革新创新	初级	在常规工作条件下，能根据工作需要，初步揭示事物的不足，运用创新思维和创新技法进行创新活动	揭示不足，提出改进	能揭示事物的不足，提出改进意见
			做出创新方案	能在采纳各方意见的基础上，确定创新方案的目标、方法、步骤、难点和对策，指出创新方案需要的资源和条件
			评估创新方案	能进行自我检查，正确地对待反馈信息和他人意见，对创新方案及实施作出客观评估，并根据实际条件加以调整
	中级	根据工作发展需要，在更广泛的工作范围内揭示事物的不足，较熟练地运用创新思维和创新技法进行创新活动，并对创新成果进行分析总结	揭示不足，提出改进	能在新需求条件下揭示事物的不足，提出改进事物的创新点和具体方案
			做出并实施创新方案	能从多种选择中确认最佳方案，并利用外界信息、资源和条件实施创新活动
			评估创新方案	能按常规方式和专业要求，对创新改进方法和结果的价值进行评估，根据实际条件进行调整，并指导他人的创新活动
	高级	在工作岗位上表现出更强的创新能力，在复杂的工作领域，能根据工作需要揭示事物的不足，熟练运用创新思维和创新技法进行创新活动，对创新成果进行理论分析、论证、总结和评估，并指导他人的创新活动	揭示不足，提出改进	能通过客观分析事物发展与需求之间的矛盾，揭示事物的不足，提出首创性的改进意见和方法
			做出并实施创新方案	能根据实际需要，设计并实施创新工作方案，并在条件变化时坚持创新活动
			评估创新方案	能按常规方式和专业要求，对创新方法和结果进行检验和风险预测；针对问题调整工作方案，总结经验，指导他人，提出进一步创新改进的方法

（资料来源：中华人民共和国劳动和社会保障部职业技能鉴定中心.职业核心能力培训测评标准（试行）（共7册）及其训练手册（共6册）[M].北京：人民出版社，2007.）

本表参照“资料来源”所列文献相关内容提炼与编制。

附表2-3 **职业道德考核参照规范与标准**

领域	规范与标准
职业观念	对职业、职业选择、职业工作、职业道德和企业伦理等问题具有正确的看法
职业情感	对职业或职业模拟有愉快的主观体验、稳定的情绪表现、健康的心态、良好的心境，具有强烈的职业认同感、职业荣誉感和职业敬业感
职业理想	对将要从事的职业种类、职业方向与事业成就有积极的向往和执著的追求
职业态度	对职业选择或模拟选择有充分的认知，以及积极的倾向与行动
职业良心	在履行职业义务时具有强烈的道德责任感和较高的自我评价能力
职业作风	在职业模拟、职业实践或职业生活的自觉行动中，具有体现职业道德内涵的一贯表现
职业守则	爱岗敬业，诚实守信，廉洁自律，客观公正，坚持原则，提高技能，参与管理，强化服务

附表 2-4　　**能力考核采分系数表**

系数	达标程度
90% ~ 100%	能依照全部考核要求，圆满、高质地完成此种能力所属各项技能操作，其效率与稳定性俱佳
80% ~ 89%	能依照多数考核要求，圆满、高质地完成此种能力所属各项技能操作，其效率与稳定性较佳
70% ~ 79%	能依照多数考核要求，较圆满、高质地完成此种能力所属各项技能操作，其效率与稳定性一般
60% ~ 69%	能依照多数考核要求，基本完成此种能力所属各项技能操作，其效率与稳定性一般
60%以下	只能依照少数考核要求，基本完成此种能力所属各项技能操作，其效率与稳定性较低